总体国家安全观普及读本

政治安全 国土安全 军事安全 经济安全
文化安全 社会安全 科技安全 网络安全
生态安全 资源安全 核安全 海外利益安全
太空安全 深海安全 极地安全 生物安全

居安思危

新时代安全教育通论

张 岩 ◎ 主编

首都师范大学出版社
CAPITAL NORMAL UNIVERSITY PRESS

图书在版编目（CIP）数据

居安思危：新时代安全教育通论 / 张岩主编. —北京：首都师范大学出版社，2022.6

ISBN 978-7-5656-6983-5

Ⅰ.①居… Ⅱ.①张… Ⅲ.①大学生－安全教育 Ⅳ.① G641

中国版本图书馆 CIP 数据核字（2022）第 080003 号

JU AN SI WEI: XINSHIDAI ANQUAN JIAOYU TONGLUN
居安思危：新时代安全教育通论
张　岩　主编

责任编辑	林　尧

首都师范大学出版社出版发行

地　　址	北京西三环北路 105 号
邮　　编	100048
电　　话	68418523（总编室）　68982468（发行部）
网　　址	http://cnupn.cnu.edu.cn
印　　刷	江西峰澜瞭远印刷有限公司
发　　行	全国新华书店
版　　次	2022 年 6 月第 1 版
印　　次	2022 年 6 月第 1 次印刷
开　　本	787mm×1092mm　1/16
印　　张	13
字　　数	300 千字
定　　价	45.00 元

版权所有　违者必究
如有质量问题　请与出版社联系退换

编 委 会

主　编：张　岩

副主编：王君毅　周晓芳　周　蓉　许双子

编　委：隋向萍　邱　梅　黄　菲　王占林
　　　　王美元　金　萍　周萌梦　张焕男
　　　　黄　凯　袁恩伟　蒋　雪　吴紫玉
　　　　许　馨

前　言

我们生活在一个伟大的时代，比历史上任何时期都更接近民族的伟大复兴；我们生活在一个剧变的时代，世界正经历百年未有之大变局；我们生活在一个跨越的时代，中国从大国走向强国，从高速发展走向高质量发展……与此同时，我们也必须清醒地看到，国家安全形势依然严峻。国际战略形势风云变幻，大国利益关系错综复杂，极端主义、恐怖主义不断蔓延，传统安全威胁与非传统安全威胁相互交织、日益凸显。

"居安思危，思则有备，有备无患。"居安思危是治国理政的重大原则，国泰民安是人民群众最基本、最普遍的愿望。实现中华民族伟大复兴的中国梦，保证人民安居乐业，国家安全是头等大事。2014年4月15日，习近平总书记在中央国家安全委员会第一次会议上首次提出"总体国家安全观"，指出"增强忧患意识，做到居安思危，是我们治党治国必须始终坚持的一个重大原则"。

近年来，党中央高度重视国家安全，将坚持总体国家安全观纳入新时代坚持和发展中国特色社会主义的基本方略并写入党章。党的十九大报告明确指出要加强国家安全教育，增强全党全人民国家安全意识，推动全社会形成维护国家安全的强大合力。

"明者防祸于未萌，智者图患于将来。"我们必须积极主动、未雨绸缪，下好先手棋，打好主动仗，做好应对任何形式的矛盾风险挑战的准备。为推动学习贯彻总体国家安全观走向深入，引导广大公民增强维护国家安全的责任感、使命感，培养担当民族复兴大任的时代新人，我们组织编写了《居安思危：新时代安全教育通论》这一普及性读本。

全书共分为"准确把握国家安全形势""深刻领会总体国家安全观""维护重点领域国家安全""走好中国特色国家安全道路""加强国家安全法治建设""践行总体国家安全观"六个章节，围绕总体国家安全观和国家安全各领域进行展开，旨在帮助读者深入理解和准确把握总体国家安全观，牢固树立忧患意识、国家利益至上的观念，将国家安全意识转化为自觉行动，强化责任担当。本书内容详实、栏目丰富、导向正确，设置了"思维导图""课堂导入""延伸阅读""专题讲堂""阅读推荐""思考练习"等栏目，理论知识与实践活动有效结合，拓展读者知识视野，优化读者阅读体验。

本书编写始终坚持政治性、思想性和通俗性的有机统一，体现党中央最新精神，反映国家安全形势新变化，紧贴国家安全工作实际，力求简明扼要、精准务实，对于普及国家安全教育和提高公民"大安全"意识具有较强的针对性和实用性，是广大读者学习并自觉践行总体国家安全观的必备读物。

本书由中国人民解放军国防大学国家安全学院张岩教授担任主编，并邀请国防大学教授参与审稿，对稿件严把质量关。本书严格遵守政治、保密等纪律规定，并已通过国家安全学院政治审查。由于编者水平有限，加之我国国家安全理论不断创新和发展，编写工作难免存在疏漏和不当之处，希望广大读者予以批评指正。

编　者

2022 年 4 月

目 录

第一章　准确把握国家安全形势 … 1

第一节　国家安全概述 … 3
一、国家安全的基本内涵 … 3
二、国家安全的主要内容 … 4
三、国家安全的影响因素 … 5
四、国家安全工作的基本原则 … 6
五、维护国家安全的职责 … 8

第二节　国家安全呈现崭新气象 … 10
一、传统安全继续巩固 … 10
二、非传统安全成果斐然 … 11

第三节　国家安全面临挑战风险 … 15
一、国家安全形势的复杂性和严峻性 … 15
二、传统与非传统挑战相交织 … 16

第二章　深刻领会总体国家安全观 … 21

第一节　总体国家安全观的形成背景 … 23
一、时代呼唤总体国家安全观 … 23
二、总体国家安全观的思想基础 … 26
三、总体国家安全观的理论基础 … 27

第二节　总体国家安全观的基本内涵 … 28
一、总体国家安全观的正式提出 … 28
二、总体国家安全观的丰富内涵 … 28
三、总体国家安全观的主要内容 … 29
四、总体国家安全观的关键特征 … 30

第三节　总体国家安全观的重要意义 ·················· 32
一、总体国家安全观具有新时代新趋势新要求的时代意义 ·············· 33
二、总体国家安全观具有指导新时代国家安全的理论意义 ·············· 33
三、总体国家安全观具有推进新时代国家安全的实践意义 ·············· 34
四、总体国家安全观具有倡导人类命运共同体的世界意义 ·············· 35

第四节　总体国家安全观的最新成果 ·················· 36
一、统筹国内国际两个大局 ·················· 36
二、共创安全合作崭新局面 ·················· 37
三、加快国家安全法治建设 ·················· 38
四、确立当前国家安全战略 ·················· 39

第三章　维护重点领域国家安全 ·················· 43

第一节　维护政治安全 ·················· 47
一、政治安全的基本内涵 ·················· 47
二、政治安全的重要意义 ·················· 47
三、政治安全面临的威胁与挑战 ·················· 48
四、维护政治安全的途径与方法 ·················· 50

第二节　维护国土安全 ·················· 52
一、国土安全的基本内涵 ·················· 52
二、国土安全的重要意义 ·················· 52
三、国土安全面临的威胁与挑战 ·················· 53
四、维护国土安全的途径与方法 ·················· 55

第三节　维护军事安全 ·················· 57
一、军事安全的基本内涵 ·················· 57
二、军事安全的重要意义 ·················· 58
三、军事安全面临的威胁与挑战 ·················· 59
四、维护军事安全的途径与方法 ·················· 60

第四节　维护经济安全 ·················· 63
一、经济安全的基本内涵 ·················· 63
二、经济安全的重要意义 ·················· 63
三、经济安全面临的威胁与挑战 ·················· 65
四、维护经济安全的途径与方法 ·················· 67

第五节　维护文化安全 ·················· 69

一、文化安全的基本内涵 ··· 69
　　二、文化安全的重要意义 ··· 69
　　三、文化安全面临的威胁与挑战 ··································· 70
　　四、维护文化安全的途径与方法 ··································· 71

第六节　维护社会安全 ·· 74
　　一、社会安全的基本内涵 ··· 74
　　二、社会安全的重要意义 ··· 75
　　三、社会安全面临的威胁与挑战 ··································· 76
　　四、维护社会安全的途径与方法 ··································· 78

第七节　维护科技安全 ·· 80
　　一、科技安全的基本内涵 ··· 80
　　二、科技安全的重要意义 ··· 81
　　三、科技安全面临的威胁与挑战 ··································· 82
　　四、维护科技安全的途径与方法 ··································· 83

第八节　维护网络安全 ·· 84
　　一、网络安全的基本内涵 ··· 84
　　二、网络安全的重要意义 ··· 85
　　三、网络安全面临的威胁与挑战 ··································· 86
　　四、维护网络安全的途径与方法 ··································· 87

第九节　维护生态安全 ·· 88
　　一、生态安全的基本内涵 ··· 89
　　二、生态安全的重要意义 ··· 89
　　三、生态安全面临的威胁与挑战 ··································· 91
　　四、维护生态安全的途径与方法 ··································· 91

第十节　维护资源安全 ·· 94
　　一、资源安全的基本内涵 ··· 94
　　二、资源安全的重要意义 ··· 94
　　三、资源安全面临的威胁与挑战 ··································· 95
　　四、维护资源安全的途径与方法 ··································· 96

第十一节　维护核安全 ·· 97
　　一、核安全的基本内涵 ·· 97
　　二、核安全的重要意义 ·· 98
　　三、核安全面临的威胁与挑战 ······································ 99

四、维护核安全的途径与方法 …… 101

第十二节　维护海外利益安全 …… 103
　　一、海外利益安全的基本内涵 …… 103
　　二、海外利益安全的重要意义 …… 104
　　三、海外利益安全面临的威胁与挑战 …… 105
　　四、维护海外利益安全的途径与方法 …… 107

第十三节　维护太空安全 …… 109
　　一、太空安全的基本内涵 …… 109
　　二、太空安全面临的威胁与挑战 …… 110
　　三、维护太空安全的途径与方法 …… 111

第十四节　维护深海安全 …… 113
　　一、深海安全的基本内涵 …… 113
　　二、深海安全面临的威胁与挑战 …… 113
　　三、维护深海安全的途径与方法 …… 115

第十五节　维护极地安全 …… 118
　　一、极地安全的基本内涵 …… 118
　　二、极地安全面临的威胁与挑战 …… 119
　　三、维护极地安全的途径与方法 …… 121

第十六节　维护生物安全 …… 122
　　一、生物安全的基本内涵 …… 122
　　二、生物安全面临的威胁与挑战 …… 123
　　三、维护生物安全的途径与方法 …… 126

第四章　走好中国特色国家安全道路 …… 131

第一节　坚持党对国家安全工作的绝对领导 …… 133
　　一、坚持党的绝对领导是国家安全工作的根本政治原则 …… 133
　　二、保证政权安全和制度安全是国家安全首要任务 …… 134
　　三、切实加强党对国家安全工作的绝对领导 …… 136

第二节　坚持国家利益至上 …… 137
　　一、国家利益的内涵 …… 138
　　二、国家利益至上的本质和表现 …… 138
　　三、坚决捍卫国家利益是国家安全工作的根本使命 …… 140

四、做好国家安全工作是维护国家利益的重要途径 ……………… 141

第三节　坚持以人民安全为宗旨 …………………………………………… 142
　　一、保障人民安全是国家安全工作的根本目的 ……………………… 142
　　二、以人民安全为宗旨是国家安全工作的出发点和落脚点 ………… 143
　　三、在维护国家安全工作中始终坚持走群众路线 …………………… 144

第四节　坚持共同安全 ……………………………………………………… 145
　　一、共同安全理念的科学内涵 ………………………………………… 145
　　二、坚持共同安全是维护国家安全工作的必然要求 ………………… 146
　　三、坚持共同安全需要相关各方相向而行共同合作 ………………… 147

第五节　坚持促进中华民族伟大复兴 ……………………………………… 150
　　一、实现中华民族伟大复兴是当代中国的伟大梦想 ………………… 150
　　二、维护国家安全工作是实现中华民族伟大复兴的重要保障 ……… 152

第五章　加强国家安全法治建设 …………………………………………… 157

第一节　全面推进依法治国 ………………………………………………… 159
　　一、依法治国基本方略 ………………………………………………… 159
　　二、开创全面依法治国新局面 ………………………………………… 160

第二节　依法维护国家安全 ………………………………………………… 164
　　一、我国国家安全法制建设基本情况 ………………………………… 164
　　二、我国国家安全法制体系构建 ……………………………………… 165

第三节　解读《国家安全法》……………………………………………… 168
　　一、《国家安全法》的制定 …………………………………………… 168
　　二、《国家安全法》的亮点 …………………………………………… 170
　　三、《国家安全法》的重要意义 ……………………………………… 172

第六章　践行总体国家安全观 ……………………………………………… 177

第一节　贯彻好党中央决策部署 …………………………………………… 179
　　一、完善国家安全制度体系 …………………………………………… 179
　　二、落实国家安全主体责任 …………………………………………… 180
　　三、切实抓好国家安全工作 …………………………………………… 182

第二节　提高维护国家安全的能力 ………………………………………… 183
　　一、落实好国家安全战略法律法规 …………………………………… 183
　　二、推进维护国家安全能力建设 ……………………………………… 185

第三节　更注重宣传教育工作 ·· 186
　一、组织"国家安全教育日"主题活动 ······················· 186
　二、加强国家安全新闻宣传和舆论引导 ······················· 187
　三、构建国家安全教育体系 ······································ 188
　四、维护国家安全法治意识 ······································ 189
第四节　全社会共筑安全防线 ·· 190
　一、维护国家安全人人有责 ······································ 190
　二、维护国家安全人人可为 ······································ 192

参考文献 ·· 196

第一章 准确把握国家安全形势

思维导图

第一章 准确把握国家安全形势
- 第一节 国家安全概述
  - 国家安全的基本内涵
  - 国家安全的主要内容
  - 国家安全的影响因素
  - 国家安全工作的基本原则
  - 维护国家安全的职责
- 第二节 国家安全呈现崭新气象
  - 传统安全继续巩固
  - 非传统安全成果斐然
- 第三节 国家安全面临挑战风险
  - 国家安全形势的复杂性和严峻性
  - 传统与非传统挑战相交织

居安思危：新时代安全教育通论

学习目标

1. 了解国家安全的基本内涵。
2. 掌握国家安全的主要内容。
3. 认识维护国家安全的职责。
4. 学习我国国家安全的基本情况。
5. 了解我国国家安全的挑战风险。

学习要点

国家安全；国家安全委员会；国家安全的崭新气象；国家安全的挑战风险

课堂导入

1860年英法联军侵华，被誉为"中国之凡尔赛宫"的圆明园遭受浩劫，园内无数宝物被抢走、美轮美奂的园林建筑葬身火海。这段惨痛的历史告诉我们，没有国家安全，其他一切自不必谈。而新中国成立尤其是改革开放以来，我国取得了举世瞩目的巨大发展成就，这是建立在和平稳定的国内外安全环境之上的。随着社会经济的快速发展和时代的变迁，我国国家安全形势发生了巨大变化，维护国家安全的任务和要求也发生了很大变化。

民为邦本，本固邦宁。正如习近平总书记在首个全民国家安全教育日到来之际作出的重要指示中所言："实现中华民族伟大复兴的中国梦，保证人民安居乐业，国家安全是头等大事。要以设立全民国家安全教育日为契机，以总体国家安全观为指导，全面实施国家安全法，深入开展国家安全宣传教育，切实增强全民国家安全意识。"只有动员全社会的力量，唤醒培育每一个国民的国家安全意识，才能汇聚起维护国家安全的强大力量，才能为国家安全厚植社会土壤。

思考讨论

1. 什么是国家安全？
2. 我国国家组织体系包括哪些内容？
3. 维护国家安全，我们应该怎么做？

1 准确把握国家安全形势

第一节 国家安全概述

国家安全是人民幸福安康的基本要求，是安邦定国的重要基石。维护国家安全是全国各族人民的根本利益所在。习近平总书记强调："我们党要巩固执政地位，要团结带领人民坚持和发展中国特色社会主义，保证国家安全是头等大事。"

一、国家安全的基本内涵

"国家安全"一词用于法律文件以来，其内涵和外延并未达成共识。从一些国家的安全战略和相关国家安全立法中，也能看出其中存在很大差异。界定"国家安全"的内涵和外延，通常受到客观因素和主观因素的影响。从客观因素来说，主要包括国家所处的国际战略环境、国家的发展战略、核心利益的内外威胁和国家能力的大小等。从主观因素来说，主要包括对威胁的主观感知、认知主体的意识形态和价值观、国民的历史记忆和社会大众的政治情绪等。

总体国家安全观语境下的国家安全，是一个"大安全"概念，既指国家处于安全状态，又指国家维持这种安全状态的能力。维护国家安全的根本着眼点，是维护国家核心利益和国家其他重大利益，有的国家称之为"生死攸关的利益""极端重要利益"。由于国家核心利益和国家其他重大利益涉及国家的生存、独立和发展，任何政府都会把它们列为维护国家安全的首要核心目标，在维护上述利益时，都会态度坚决、不容争议、不容妥协、不容干涉。在新形势下维护国家安全，必须坚持以总体国家安全观为指导，坚决维护国家核心和重大利益。

《中国的和平发展》白皮书首次系统地阐述了"国家核心利益"的内涵。我国的核心利益包括：国家主权，国家安全，领土完整，国家统一，中国宪法确立的国家政治制度和社会大局稳定，经济社会可持续发展的基本保障。2015年7月1日第十二届全国人大常委会第十五次会议审议通过的《中华人民共和国国家安全法》（以下简称《国家安全法》）第二条对国家安全表述为："国家安全是指国家政权、主权、统一和领土完整、人民福祉、经济社会可持续发展和国家其他重大利益相对处于没有危险和不受内外威胁的状态，以及保障持续安全状态的能力。"这里规定的"国家政权、主权、统一和领土完整、人民福祉、经济社会可持续发展"，就是我国的核心利益。《国家安全法》第十四条规定，每年4月15日为全民国家安全教育日。2021年4月15日是第六个全民国家安全教育日。

> **延伸阅读**
>
> **"国"字起源**
>
> "国"字最初的字形是"或"，由"口""戈""一"三个部分组成。著名甲骨文学家董作宾这样解释："口表示范围；一表示土地；戈，执干戈以卫社稷，表示武力。"意指人们扛着戈这种武器，武力守卫一方疆域。到了周代晚期，诸侯分国封

3

疆。"后来由许多小'或'合成大國,所以在或字外面再加上一个口。"这才形成了繁体字"國",后来逐渐简化为我们所熟悉的"国"。从"国"字的演变含义中,也可见一斑,只有守住国土城池,才能保证国家安全。

(资料来源:《文摘报》,https://epaper.gmw.cn/wzb/html/2020-10/22/nw.D110000wzb_20201022_5-06.htm,有改动)

二、国家安全的主要内容

进入新时代,我国面临复杂多变的安全和发展环境,各种可以预见和难以预见的风险因素明显增多,国家安全也由政治安全、国土安全、军事安全的传统安全内容拓展为经济安全、文化安全、社会安全、科技安全、网络安全、生态安全、资源安全、核安全、海外利益安全以及太空、深海、极地、生物新型领域安全等非传统国家安全。

(一)传统安全

传统安全是对国家安全的一般对象及具体问题的综合性、全面性的反映和认识,是指与战争、军事、强力政治密切相关的安全领域,主要有政治安全、国土安全和军事安全。政治安全包括政权安全、制度安全等方面,是国家安全的根本,对于保障人民安全、维护国家利益,不断提高全体国民的获得感、幸福感、安全感,实现国家长治久安,具有根本性、全局性的重大意义。国土安全包括领土以及自然资源、基础设施安全等方面,核心是指领土完整、国家统一,边疆边境、领空、海洋权益等不受侵犯或免于威胁的状态,是国家生存和发展的基本条件。军事安全包括军事力量、军事战略和领导体制等方面,是国家安全的重要保障和保底手段。

(二)非传统安全

非传统安全与传统安全相对应,是指冷战后期,特别是冷战结束后出现的新型安全领域,主要有经济、文化、社会、科技、网络、生态、资源、核、海外利益安全和太空、深海、极地、生物新型领域安全。经济安全包括经济制度安全、经济秩序安全、经济主权安全、经济发展安全等方面,是国家安全与发展的基础。文化安全包括文化主权、文化价值观、文化资源安全等方面,是确保一个民族、一个国家独立和尊严的重要精神支撑。社会安全包括社会治安、社会舆情、公共卫生等方面,是社会和谐稳定的基础。网络安全包括网络基础设施、网络运行、网络服务、信息安全等方面,是保障和促进信息社会健康发展的基础。生态安全包括水、土地、大气、生物物种安全等方面,是人类生存发展的基本条件。资源安全包括可再生资源安全、不可再生资源安全等方面,是国家战略命脉和发展的依托。核安全包括核材料、核设施、核技术、核扩散安全等方面,事关人类前途命运。海外利益安全包括海外中国公民、机构、企业安全和正当权益,海外战略性利益安全等方面。

1 准确把握国家安全形势

新型领域安全包括太空、深海、极地、生物等的发展探索、保护利用等，是未来国际竞争的新焦点。面临技术挑战、参与国际规则制定等问题，维护新型领域安全必须推进顶层设计、加快人才培养、深化国际合作等。

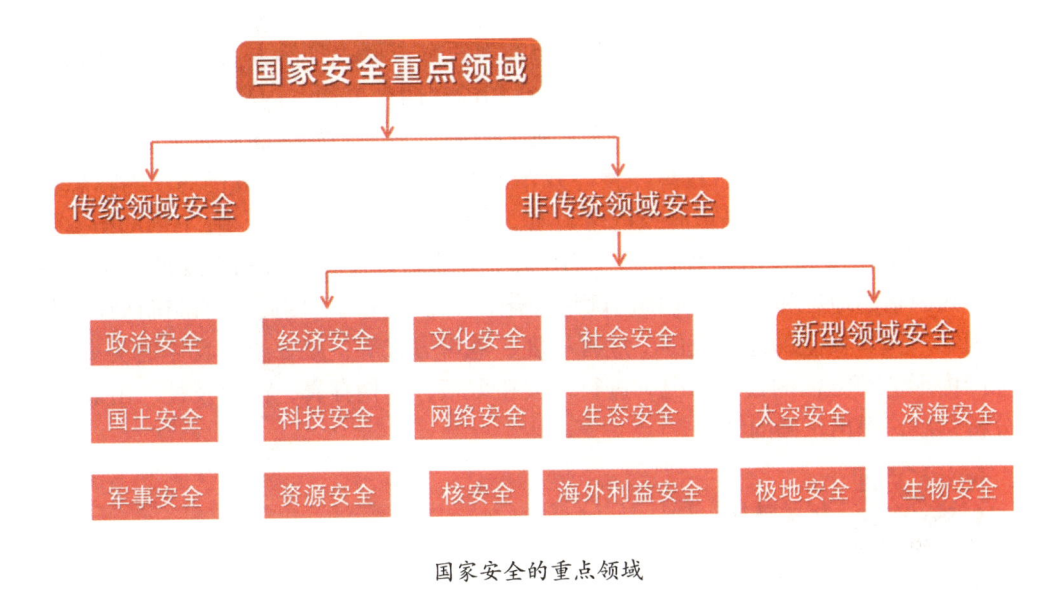

国家安全的重点领域

三、国家安全的影响因素

（一）影响国家安全的因素

国家安全不仅是一个包括多方面内容的复杂的社会系统，还是一个开放的社会系统。

从总体来说，影响国家安全的外在因素主要包括自然因素和社会因素两个方面。在自然因素方面，国土面积、地理位置、自然资源、气候条件、人口数量等，都会以不同的形式、不同的方式在不同方向和不同程度上影响国家安全及其各个构成要素。在社会因素方面，国家安全既会受到时代主题、世界格局、国际秩序、邻国关系等变化不定的外部因素的影响，也会受到国家内部的政治制度、大政方针、国民素质、民族宗教、传统文化等因素的影响。这些因素的影响，甚至是同一因素的影响，都会在影响的方向、方式、程度等方面形成复杂多变的局面，有时是积极的、有利的影响，有时是消极的、不利的影响；有时是直接的影响，有时是间接的影响；有时影响较大，有时影响较小。

如果从国内与国外两个方面看，影响国家安全的因素可以分为内部因素和外部因素两大类。内部因素是指一国内部影响国家安全的因素，其中既包括社会制度和体制、大政方针和决策、法律法规和政策、传统文化、国民素质、民族、宗教等社会因素，也包括人口数量、地理条件、矿产资源等自然因素。外部因素是指一国之外影响该国安全的因素，既包括国际形势、地区安全、周边关系等社会因素，也包括他国自然因素、全球生态环境、外层空间环境及地缘关系等自然因素。从社会与自然两个方面看，国家安全环境又可以分为社会环境与自然环境两大类。社会环境包括国内外的各种社会因素，自然环境包括国内外的各种自然因素。

（二）危害国家安全的因素

危害国家安全的因素可以分为自然和人为两个方面，自然方面包括洪、涝、旱、震、虫、疫等自然灾害。人为因素包括外在和内在两个方面。内战、内乱、分裂、破坏，以及当代特别突出的宗教极端主义、民族分裂主义、国内恐怖活动等，都是威胁或危害国家安全的内在因素；军事入侵、政治颠覆、文化渗透、隐蔽行动、国际恐怖主义、国际武器走私等，则是威胁或危害国家安全的外在因素。当然，在不同的历史发展阶段及不同的国家和地区，威胁或危害国家安全的因素及其关系和表现形式是不一样的，不同因素的地位和作用也是随时随地变化、不尽相同的。因此，要准确认识和判断这些因素对国家安全的危害范围、危害程度、危害方式等，就要根据具体的历史背景、国际国内形势等方面的具体情况，进行"去粗取精，去伪存真，由此及彼，由表及里"的分析判断，得出正确的结论。

相关链接：
国家安全知识知多少

四、国家安全工作的基本原则

按照总体国家安全观的要求，根据宪法和有关法律的规定，《国家安全法》明确了维护国家安全工作的原则。

（一）必须坚持党的全面领导

中国共产党是中国特色社会主义事业的领导核心。党的全面领导是中国特色社会主义最本质的特征，是党和国家的根本所在、命脉所系。国家安全工作攸关党的执政地位和国家存亡，必须毫不动摇地坚持中国共产党对国家安全工作的绝对领导。把党的领导贯彻到依法维护国家安全工作的全过程和各方面，是建设社会主义法治国家的一条基本经验。实现依法维护国家安全的总目标，必须坚持党的绝对领导。否则，国家安全工作就难以有序、有效开展。

党对国家安全工作的全面领导，需要一个抓手、一个平台。《国家安全法》第四条、第五条分别规定："坚持中国共产党对国家安全工作的领导，建立集中统一、高效权威的国家安全领导体制"；"中央国家安全领导机构负责国家安全工作的决策和议事协调，研究制定、指导实施国家安全战略和有关重大方针政策，统筹协调国家安全重大事项和重要工作，推动国家安全法治建设"。

（二）必须坚持社会主义法治原则

维护国家安全，核心是"遵守宪法和法律""尊重和保障人权"。《宪法》是国家根本大法，依法执政首先要依宪执政。2015年7月1日，全国人大常委会通过了《关于实行宪法宣誓制度的决定》，明确了国家工作人员要向宪法宣誓，忠于宪法，维护宪法权威，履行法定职责。"遵守宪法和法律"，要旨在于加强维护宪法体制，加强对国家机构及其工作人员行使公权力的约束，把权力关进制度的笼子里。

维护国家安全，涉及所有国家机构，特别是在"进入紧急状态""宣布战争状态""决定全国总动员或者局部动员"的情况下，要采取法律规定或者全国人大常委会规定的特别措施，更要注重对公权力行使的约束，依法保护公民的权利和自由。同时，也要防止平常工作中"重打击犯罪、轻人权保障"的现象，以提高国家安全工作法治化水平。公民和组织，也要履行《宪法》和法律规定的维护国家安全的义务，接受有关机关必要时依法采取的特别措施。

（三）必须坚持协调统筹发展原则

安全是发展的条件，发展是安全的基础。要通过不断提高维护国家安全能力，为发展提供稳定的环境，实现可持续发展与可持续安全相互支撑、良性互动。《国家安全法》规定，"维护国家安全，应当与经济社会发展相协调"，集中体现了坚持发展是解决中国所有问题的关键这一重大战略判断。

按照总体国家安全观的要求，内部安全和外部安全、国土安全和国民安全、传统安全和非传统安全、自身安全和共同安全是相互交织的，必须统筹应对。一方面要把主权、领土、政治安全作为国家安全的重中之重，牢牢抓住不放；另一方面要统筹兼顾、综合施策，有效应对来自经济、文化、社会、科技、网络、生态、资源领域以及恐怖主义、核武器扩散、跨国犯罪、贩毒走私等非传统安全问题。

（四）必须坚持促进共同安全原则

习近平总书记指出："各国和各国人民应该共同享受安全保障。……面对错综复杂的国际安全威胁，单打独斗不行，迷信武力更不行，合作安全、集体安全、共同安全才是解决问题的正确选择。"维护我国国家安全，需要立足国内，放眼国际，高举"和平发展、合作共赢"的旗帜，坚持"互信、互利、平等、协作"的原则，在维护自身利益的同时，同各国政府和国际组织开展安全交流合作，履行国际安全义务，促进共同安全。

（五）必须坚持"互信、互利、平等、协作"原则

维护国家安全，还须坚持"互信、互利、平等、协作"原则。只有这一原则基础上，才能求得互利共赢的局面和话语平台，才能同外国政府和国际组织开展积极的安全交流合作，从而就能履行国际安全义务，促进共同安全，维护世界和平的目的。

（六）必须坚持预防为主、标本兼治、专群结合原则

维护国家安全，应当充分发挥专门机关和其他有关机关维护国家安全的职能作用，广泛动员公民和组织，防范、制止和依法惩治危害国家安全的行为。为此，该法规定了维护国家安全的相关制度，并明确了国家机关、公民和组织维护国家安全的职责、权利和义务。

五、维护国家安全的职责

《国家安全法》第三章规定了全国人大及其常委会、国家主席、国务院、中央军委、中央国家机关各部门和地方包括香港、澳门两个特别行政区维护国家安全的责任,并对国家机关及其工作人员履行职责应当贯彻维护国家安全的原则做出了专门规定。

(一)全国人大及其常委会、国家主席、国务院、中央军委的职权

《国家安全法》对全国人大及其常委会、国家主席、国务院、中央军委的职权做了规定。通常情况下,上述国家机构按照宪法、法律规定,通过制定和实施法律、行政法规以及其他措施,维护国家安全;必要时,可以采取非常措施。《国家安全法》明确,全国人大依照宪法规定,决定战争和和平的问题,行使宪法规定的涉及国家安全的其他职权。全国人大常委会依照宪法规定,决定战争状态的宣布,决定全国总动员或者局部动员,决定全国或者个别省、自治区、直辖市进入紧急状态,行使宪法规定的和全国人大授予的涉及国家安全的其他职权。中华人民共和国主席根据全国人大的决定和全国人大常委会的决定,宣布进入紧急状态,宣布战争状态,发布动员令,行使宪法规定的涉及国家安全的其他职权。国务院依照法律规定决定省、自治区、直辖市的范围内部分地区进入紧急状态。中央军委统一领导全国武装力量,依照法律规定和党中央的决策部署,采取军事行动,应对军事威胁;采取武装力量的和平运用,应对各种非传统安全;单独或与国务院共同依法组织实施紧急状态、战争状态、发布动员令后的各项特别措施。

(二)国家机关及其工作人员要依法履行维护国家安全的职责

国家机关及其工作人员在维护国家安全工作中,无论是日常管理,还是在非常状态下,都要依法行使职权。采取各项应对国家安全危机的措施,既要能防范、制止和消除危机,又要保障人权不受非法侵害。我国的《国防法》等一系列相关法律,规定了在宣布进入紧急状态、宣布战争状态、发布动员令情况下,可以采取的特别措施,包括对涉及国计民生重要行业进行管制,对人员活动的区域、时间、方式以及物资、运载工具进出的区域进行必要的限制,在国家机关、社会团体和企业事业单位实行特殊工作制度,为武装力量优先提供各种交通保障等。法律要求,在上述三种非常状态下,组织实施特别措施的机关应当在规定的权限、区域和时限内实施特别措施;特别措施实施区域内的公民和组织,应当服从组织实施特别措施的机关的管理。

在宣布进入紧急状态、宣布战争状态、发布动员令后采取特别措施,往往涉及对公民、组织正常状态下行使权利的限制。在必要时,会增加公民义务,对公民、组织的生产、生活、工作秩序影响较大。为此,《国家安全法》规定,国家机关及其工作人员在维护国家安全工作中,应当严格依法履行职责,不得超越职权、滥用职权,不得侵犯个人和组织的合法权益。有关机关在采取处置国家安全危机的管控措施时,如果有多种措施可供选择,应当选择有利于最大限度保护公民、组织权益的措施;如果需要采取限制公民权利和自由的特别措施时,也应当依法进行,并以维护国家安全的实际需要为限度。这是非常状态下保障人权应遵循的基本原则。

（三）香港、澳门特别行政区要履行维护国家安全的责任

香港特别行政区、澳门特别行政区是中华人民共和国不可分割的部分，是直辖于中央人民政府、享有高度自治权的地方行政区域。按照《香港基本法》《澳门基本法》的有关规定，特别行政区应自行立法禁止任何叛国、分裂国家、煽动叛乱、颠覆中央人民政府及窃取国家机密的行为，禁止外国的政治性组织或团体在港澳特别行政区进行政治活动，禁止港澳特别行政区的政治性组织或团体与外国的政治性组织或团体建立联系。香港特别行政区、澳门特别行政区应当按照基本法的要求，自行制定维护国家安全的法律。为此，《国家安全法》第十一条、第四十条分别规定，"维护国家主权、统一和领土完整是包括港澳同胞和台湾同胞在内的全中国人民的共同义务"；"香港特别行政区、澳门特别行政区应当履行维护国家安全的责任"。

相关链接：
解读《香港国安法》

延伸阅读

中国、美国、日本的国家安全机构

中国——中央国家安全委员会

中共中央政治局2014年1月24日召开会议，中共中央总书记习近平主持会议研究决定中央国家安全委员会（简称"国安委"）设置。国安委的职能双向特定：对外维护主权安全，对内维护政治安全，国安委将有效应对未知风险。国安委的职能是"制定和实施国家安全战略，推进国家安全法制建设"。国安委将"制定国家安全工作方针政策"，着重"研究解决国家安全工作中的重大问题"。

美国——美国国家安全委员会

美国国家安全委员会（NSC）是由美国总统主持的最高级别的国家安全及外交事务决策委员会。美国在1947年根据《国家安全法》设立国家安全委员会（NSC），由总统任主席，定期列席成员为副总统、国务卿、财政部长、国防部长和总统的国家安全助理。参谋长联席会议主席和中央情报局局长分别以军事顾问、情报顾问身份列席会议。

日本——日本国家安全保障会议

日本国家安全保障会议（日本版NSC）是日本外交和安全保障政策的司令部。为了能够迅速决定外交及安全保障政策，常设由首相、官房长官、外相、防卫相组成的"四大臣会议"；在内阁官房（相当于中国的国务院办公厅）新设"国家安全保障局"。

（资料来源：《总体国家安全观教育读本》，光明日报出版社2016年版，有改动）

相关链接：
国家安全，人人有责

第二节　国家安全呈现崭新气象

近年来，我国坚持总体国家安全观，国家安全呈现出新气象。具体表现为，国家安全法律体系框架已经搭建，形成了以《国家安全法》为核心的法律体系；国家安全组织体系日趋合理，形成了以中央国家安全委员会为主导的机构体系；国家安全各领域成效显著，传统安全继续巩固，非传统安全成果斐然，新型安全逐渐加强。

一、传统安全继续巩固

（一）政治安全方面

坚持全面从严治党，深入推进反腐败斗争，深得党心、军心、民心，政治安全基础更加牢固。2021年11月18日，习近平总书记主持召开中共中央政治局会议，审议《国家安全战略（2021-2025年）》等重要文件，会议强调："必须坚持把政治安全放在首要位置。"政治安全是国家安全的根本。自古以来，我国就重视政治安全问题，强调安而不忘危，存而不忘亡，治而不忘乱。对于政治安全，通常可以从两个方面来理解：从对外的意义上来讲，指的是一个国家主权独立和领土完整；从对内的意义上说，指的是政权和政治制度、意识形态免受干涉和破坏，政治生活保持稳定。对我国而言，政治安全最为核心的内容，是中国共产党执政地位的巩固和国家政治秩序的稳定。党的领导是中国特色社会主义的本质特征，是维护政治安全的根本保证。目前，我国维护政治安全的主要举措有：加强党和政府同人民群众的血肉联系，坚决防范"颜色革命"，坚持做好意识形态工作，依法保障"一国两制"实践。

政治安全 → 对外：一个国家主权独立和领土完整
政治安全 → 对内：政权和政治制度、意识形态免受干涉和破坏，政治生活保持稳定

政治安全的基本内涵

（二）国土安全方面

坚持"一国两制"方针不动摇，保持香港、澳门的繁荣稳定。推进两岸关系，坚决开展反"台独"斗争，努力维护两岸关系和平发展局面。积极维护海洋权益，开展卓有

成效的维权斗争。习近平总书记在纪念中国人民志愿军抗美援朝出国作战70周年大会上发表重要讲话时指出，我们决不会坐视国家主权、安全、发展利益受损，决不会允许任何人任何势力侵犯和分裂祖国的神圣领土。一旦发生这样的严重情况，中国人民必将予以迎头痛击！

（三）军事安全方面

坚定不移推进国防和军队现代化，以党在新形势下的强军目标为引领，深入推进政治建军、改革强军、科技兴军、依法治军，国防和军队改革取得历史性突破。军事是保障国家安全的武装力量，军事安全是保证国家武装力量能够充分有效地发挥保障国家安全作用的基本前提。目前，我国维护军事安全的主要举措有：更加注重运用军事力量和手段营造有利战略态势，不断创新军事战略指导和作战思想，高度关注应对新型安全领域挑战，积极参与地区和国际安全合作，坚持走军民融合式发展道路。

二、非传统安全成果斐然

（一）经济安全方面

推进供给侧结构性改革，防范化解经济金融风险，经济安全基础不断巩固。经济安全取得的成就主要体现在以下几个方面：一是国家经济主权保持独立。经济主权不仅表现在领土的管辖与治理，而且在全球化背景下更主要体现主权国家对国内经济事务的自主决策。独立自主决策是国家经济安全的关键。二是自然环境得到合理保护，正常的资源需求得到稳定供给，经济发展所依赖的市场得到有效保障。三是国家内部社会矛盾缓和，政治安定，经济实力不断壮大。四是社会总供求大致平衡，经济结构协调合理，支柱产业的国际竞争力不断增强，供给侧结构性改革正大力推进。五是国际经济政治秩序相对有利，不存在对国家政治经济构成直接威胁的因素，经济发展运行能够经受住国际经济动荡的冲击。六是企业的国际竞争力显著提高。七是政府的宏观调控与治理能力增强，集中体现在货币与财政政策独立有效运用。八是全民国家经济安全意识加强。

（二）文化安全方面

文化安全取得的成就主要表现在以下方面：一是意识形态安全继续加强。国家文化安全，最核心的是意识形态安全，当前中国的文化建设、文化发展、文化生活以及文化活动能够不断巩固和发展中国特色社会主义制度。尽管西方加强意识形态渗透，但是正如党的十九大报告指出的，我们要坚定文化自信，推动社会主义文化繁荣兴盛。党牢牢掌握意识形态工作领导权，始终注重培育和践行社会主义核心价值观，加强思想道德建设，旗帜鲜明地坚决抵制西方的意识形态渗透、"和平演变"，严厉打击其代理人、代言人。二是中华文化对外影响力提升。中华传统文化得到了很好的继承和发展，走出国门，走向世界。中华传统文化是中华文明成果根本的创造力，是民族历史上道德传承、各种文化思想、精神观念形态的总体，是中国古代历史中绵延不断的政治、经济、思想、艺术等各类物质和非物质文化的总和。2017年中共中央办公厅、国务院办公厅印发了《关于实施中华优秀传统文化传承发展工程的意见》，进一步推动了传统文化的发展。三是文化话语权不断提升。要掌握话语权，首先要创造我们自己的话语体系。随着我国综合国力的发展，民族文化也在不断地复兴和壮大，我国逐渐形成了自己的话语体系。四是推动汉语走向世界。汉语让全球看好的缘由，既有我国经济快速发展、综合国力日益增强的外在吸引力，更有中华文化历史悠久、汉字独具魅力的内在吸引力。

（三）社会安全方面

"三股势力"的主要内容

完善立体化社会治安防控体系，坚决打击暴力恐怖活动，坚决遏制严重刑事犯罪高发态势，创造了更加安定的社会环境。社会治安形势大为好转，具体表现在几个方面：一是暴恐事件骤减。暴力恐怖势力、民族分裂势力、宗教极端势力的活动，具有极大的危害性，党和政府对此高度警惕严密防范，坚决打击，暴恐事件大大减少，切实维护了社会治安稳定。二是社会冲突下降。虽然近年来，由社会冲突引发的群体性事件一直是威胁社会公共安全的突出问题，但是随着新的改革措施产生显性效益，群体性事件呈明显下降趋势。三是极端事件锐减。党和政府历来关注民生问题，坚持在发展中保障和改善民生，使得民众的社会安全感增加，社会暴戾化倾向减少，极端事件剧减。四是刑事犯罪减少。随着依法治国、加强和创新社会治理的不断深入，刑事犯罪减少，从国家统计局的数据来看，公安机关受理盗窃案件数、抢夺案件数大大减少。此外，交通安全事故减少，生活安全越来越好，生产安全事故也在减少。

（四）科技安全方面

提出实施创新驱动发展战略，强调科技创新是提高社会生产力和综合国力的战略支撑，必须摆在国家发展全局的核心位置，科技领域取得一批国际领先的重大成果。科技安全态势体现了我国国家能力的四个方面：一是国家利益免受国外科技优势威胁和敌对势力、破坏势力以技术手段相威胁的能力；二是国家利益免受科技发展自身的负面影响的能力；三是国家以科技手段维护国家安全的能力；四是国家在所面临的国际国内环境中保障科学技术健康发展以及依靠科学技术提高综合国力的能力。目前，我国维护科技安全的主要措施是：前瞻部署，确保战略领域发展主动权等；重点突破，实现关键核心技术安全可控；加强科技安全基础设施和能力建设；深化改革，建立完善科技安全体制机制。

（五）网络安全方面

党的十八大以来，我国网络安全工作进入快车道，国家网络安全保障体系日益完善，网络安全防护能力显著提升，网络安全工作取得瞩目成就，广大人民群众在网络空间收获了满满的获得感、幸福感、安全感。在信息化加快发展的进程中，当前的做法主要有以下几点：一是建立健全网络安全法律法规体系，如《中华人民共和国网络安全法》等，加强执法力度。二是推动建立网络安全审查制度。三是加大在网络安全领域的资金投入，紧抓人才培养，支持推动网络安全学科教育发展。四是提高国民网络安全意识。采用多种形式普及网络安全知识。

相关链接：
《中华人民共和国网络安全法》宣传片

（六）生态安全方面

坚持节约优先、保护优先、自然恢复为主的方针，着力树立生态观念、完善生态制度、维护生态安全、优化生态环境。我国加快体制机制建设，以对人民高度负责的态度全力维护生态安全。将生态文明建设纳入"五位一体"总体布局，出台《生态文明体制改革总体方案》，系统维护国家生态安全。出台新环保法、《党政领导干部生态环境损害责任追究办法（试行）》等。目前，我国维护生态安全的做法主要有：强化国土空间和资源开发管制；完善相关法律法规和财税制度；加强自然生态系统保护与修复；推进重点环境问题治理；加强生态安全监测与研判；积极参与全球生态环境治理。

（七）资源安全方面

大力推进能源生产和消费革命，确保国家能源安全，发布《能源生产和消费革命战略（2016—2030）》。印发《关于全民所有自然资源资产有偿使用制度改革的指导意见》，建立健全资源有偿使用制度。实施资源安全保障战略，提升我国资源安全水平包括以下十个方面：一是实施资源调查战略，发挥我国资源的基础作用。二是实施资源保护战略，增强我国资源可用性。三是实施资源储备战略，增强我国资源后备力。四是实施资源配置战略，增强我国资源支撑力。五是实施资源节约战略，提高资源利用的效率。六是实施资源替代战略，减缓短缺资源的压力。七是实施资源创新战略，提升资源创新支撑力。八是实施资源贸易战略，提升国外资源统筹力。九是实施资源合作战略，提升国际资源影响力。十是实施资源外交战略，提高资源外交保障力。

（八）核安全方面

通过实施《核安全与放射性污染防治"十二五"规划及2020年远景目标》《中华人民共和国核安全法》等，我国核设施、核技术利用装置安全水平进一步提高，辐射环境安全风险明显降低，基本形成综合配套的事故防御、污染治理、科技创新、应急响应和安全监管能力，保障核安全、环境安全和公众健康。截至2021年，核电安全保持国际先进水平，核安全与放射性污染防治水平全面提升，辐射环境质量保持良好。目前我国的主要做法是：保持我国核设施始终处于较高安全水平；夯实技术和管理基础，从根源上降低事故发生率；加强公众沟通，提升公众理性认识；加强国际合作，维护国际核安全体系。

（九）海外利益安全方面

海外利益是国家利益在海外的正常延伸，是国家利益的重要组成部分。21世纪以来，在"走出去"战略的大背景下，我国经济高速增长，综合国力不断增强。在此期间，我国海外利益的规模增长、分布地区范围、影响力均呈现快速上升趋势。以"一带一路"倡议为例，截至2021年11月，我国已经与140个国家、32个国际组织签署200多份合作文件。通过经济等领域的互利共赢合作，我国海外利益的规模日益增长，影响力日趋增强，在我国经济和世界经济发展中的贡献越来越大，随着"一带一路"倡议的不断推进，我国海外利益的拓展速度和规模将持续走高。

（十）新型领域安全方面

新型领域安全包括太空、深海、极地、生物等发展探索、保护利用等，是未来国际竞争的新焦点。太空是国际战略竞争制高点，太空安全是国家建设和社会发展的战略保障。着眼和平利用太空，我国积极参与国际太空合作，加快发展相应技术和力量，统筹管理天基信息资源，跟踪掌握太空态势，保卫太空资产安全，提高安全进出、开放利用太空能力。深海安全主要指国际海底安全。国际海底的战略地位根植于其广阔的空间和丰富的资源，它为人类提供了巨大的利益前景。在地球的南北两极，深藏着关乎地球气候与环境变迁的自然密码，维系着全球能量循环、水循环和物质输送，是全球环境变化和地球系统科学研究的前沿阵地，同时也是全球治理以及国际合作的重要领域。作为南极条约协商国和北极理事会观察员国，我国踊跃参与国际极地事务，积极开展对外交流与合作，为人类和平利用极地作出新贡献。现在，传统生物安全问题和新型生物安全风险相互叠加，境外生物威胁和内部生物风险交织并存，生物安全风险呈现出许多新特点。必须科学分析生物安全形势，把握面临的风险挑战，明确加强生物安全建设的思路和举措。

我国按照相关国际公约规定，在外层空间、国际海底区域和极地开展科学考察、资源勘探、开发利用，有助于了解和利用外层空间、国际海底区域和极地的资源，提高对上述领域的科学认知水平，服务于全人类的共同利益。我国也愿与世界其他国家在相互尊重、平等互利的基础上，在探索外层空间、国际海底区域和极地过程中开展多方面的国际合作，为和平利用外层空间、国际海底区域和极地，造福全人类作出贡献。此外，我国加强生物安全领域的国际合作，履行中华人民共和国缔结或者参加的国际条约规定的义务，支持参与生物科技交流合作与生物安全事件国际救援，积极参与生物安全国际规则的研究与制定，推动完善全球生物安全治理。

第三节　国家安全面临挑战风险

一、国家安全形势的复杂性和严峻性

（一）世界依然面临着现实和潜在的战争威胁

虽然世界形势总体和平稳定，但天下并不太平。霸权主义、强权政治、单边主义时有抬头，地区冲突和局部战争持续不断，国际安全体系和秩序受到冲击。极端主义、恐怖主义不断蔓延，网络安全、生物安全、海盗活动等非传统安全威胁日益凸显。国际形势的急剧变化，容易造成各种摩擦冲突甚至战略意外，世界依然面临现实和潜在的战争威胁。各国安全的交融性、关联性、互动性不断增强，没有哪一个国家能够独立应对或独善其身。随着我国改革开放深入推进，国家利益不断向海外延伸，经济发展对外依存度逐步增大，我国安全和发展已经同外部世界更加紧密地联系在一起。国际局势动荡、恐怖袭击、重大自然灾害等都可能对我国安全和发展利益构成威胁，我国面临的国际安全环境日趋复杂。

（二）我国安全面临的现实威胁呈上升趋势

当前，我国安全态势总体稳定，但安全威胁和挑战明显增多，陆上方向安全形势仍然复杂，海上方向安全威胁更趋严峻，维护国内社会安全稳定的任务也更加艰巨。同时，我国安全问题的联动性、整体性增强，增大了维护安全的难度。

世界经济和战略重心继续向亚太地区转移，亚太地区成为大国博弈的焦点，给地区安全带来不确定性。美国强化亚太军事同盟，加大军事部署和干预力度，给亚太安全增添复杂因素。日本调整军事安全政策，增加投入，谋求突破"战后体制"，军事外向性增强。我国国土安全依然面临威胁，陆地边界争议尚未彻底解决，岛屿领土问题和海洋划界争端依然存在，个别域外国家舰机对中国频繁实施抵近侦察，多次非法闯入中国领海及有关岛礁邻近海空域，危害我国国家安全。地区恐怖主义、分裂主义、极端主义活动猖獗，也对我国周边安全稳定带来不利影响。

反分裂斗争形势更加严峻，民进党当局顽固坚持"台独"分裂立场，拒不承认体现一个中国原则的"九二共识"，加紧推行"去中国化""渐进台独"，图谋推动"法理台独"，强化敌意对抗，挟洋自重，在分裂道路上越走越远。"台独"分裂势力及其活动始终是台海和平稳定的最大现实威胁，是祖国和平统一的最大障碍。境外"藏独""东突"等分裂势力活动频繁，对国家安全和社会稳定构成威胁。我国海外利益面临国际和地区

动荡、恐怖主义、海盗活动等现实威胁，驻外机构、海外企业及人员多次遭到袭击。太空、网络安全威胁日益显现，自然灾害、重大疫情等非传统安全问题的危害上升。

（三）世界新军事革命深入发展

随着世界新军事革命深入发展，世界各主要国家纷纷调整安全战略、军事战略，调整军队组织形态，发展新型作战力量，抢占军事竞争战略制高点。美国进行军事技术和体制创新，谋求绝对军事优势。俄罗斯深入推进"新面貌"军事改革，英国、法国、德国、日本、印度等国都在调整优化军事力量体系。在新一轮科技革命和产业变革推动下，人工智能、量子信息、大数据、云计算、物联网等前沿科技加速应用于军事领域，国际军事竞争格局正在发生历史性变化。以信息技术为核心的军事高新技术日新月异，武器装备远程精确化、智能化、隐身化、无人化趋势更加明显，战争形态加速向信息化战争演变，智能化战争初现端倪。中国特色军事变革取得重大进展，但机械化建设任务尚未完成，信息化水平亟待提高，军事安全面临技术突袭和技术代差被拉大的风险，军队现代化水平与国家安全需求相比差距还很大，与世界先进军事水平相比差距还很大。军事技术和战争形态的革命性变化，对国际政治军事格局产生重大影响，对我国军事安全带来新的严峻挑战。

总之，我国面临的生存安全和发展安全问题并存，传统安全威胁和非传统安全威胁交织。我们要全面认识和把握我国国家安全面临的新形势新挑战，充分认清国家安全形势的复杂性严峻性，进一步增强忧患意识、危机意识、使命意识。

二、传统与非传统挑战相交织

伴随着金融和经济安全问题的暴露，非传统安全范围扩大，危害国际社会健康与稳定发展的因素在国际间传播，比如信息与网络、粮食生产与销售、能源开发与利用、水资源的保护等。经济全球化和信息化为这些内容的传播提供了技术条件，跨国行为体（如跨国公司、国际组织）通常遵循国际市场规律和国际规则来处理这些问题，进行交流与合作。然而近些年来，这些非传统安全问题也被更多传统安全因素干扰。金融危机之后各国国内经济深度调整，国内经济、贸易、食品、环境等问题激发了社会矛盾，国际安全的任何变动都会对各国国内产生相应的影响，各国国内政策的调整也不得不顾及国际安全问题。在国家权力的影响下，非传统安全内容普遍带有传统安全色彩，表现为更加复杂多样。

非传统安全范围与内容的扩大和复杂化进一步表明，非传统安全背后是国家利益的诉求，从国际安全合作转移到更加依赖于国家自身的安全保障。当前，在国际金融危机爆发引起的全球市场经济问题大暴露的时代，市场经济自由无序发展的一面得到凸显，各国政府宏观干预政策不断出台，使生产要素配置处于政府掌控之中。然而，在现有国际安全结构体系中，国际社会无政府状态仍然是常态，各国在世界市场与国际关系的竞争与合作中逐渐表现为全方位的外交关系，使国际安全结构处于多元胶着状态，成为一个容纳了世界市场不同主体的全球复合体。与经济政治化相似，在传统安全态势增强的同时，多样态的非传统安全也表现出政治化趋势。当各种国际安全问题都通过政治手段解决时，国际安全问题就渗透进国内社会，成为国内安全问题的影响要素；解决国内安全问题，必须把国际安全作为一个变量来考察。在这种情况下，一方面国家间的争端增多，国际安全问题渗透到国家安全问题层面，国家内部的社会稳定问题、食品安全问题、生产安全问题、债务问题、财政问题、就业问题、社会思潮问题等都会对国家安全结构变动产生重要的影响，处理不好有可能引发国家安全危机；另一方面国家间在解决争端问题时，也对国家间的合作充满诉求，于是国家安全战略又与多样化的外交形式紧密结合，表现出多边合作的意向。

传统安全问题和非传统安全问题相互交织，传统安全威胁依然严峻，非传统安全威胁也很突出。国际安全领域大量新情况的出现，如全球化的迅速发展、信息化时代的到来、非国家角色作用的上升、全球性问题的突出以及安全观念的更新等。因此，对国家安全包括对国际局势的研究必须在旧逻辑和新现实之间建立有益的平衡。我国必须适应国家安全形势的变化，确立适应全球化时代的国家安全观，构建相应的国家安全战略，立足维护国家安全工作实际，在强化自身安全的基础上积极开展国际安全合作，积极防范传统安全威胁，有效应对非传统安全问题的挑战，同时注意避免安全"泛化"倾向，切实维护我国的国家安全。

我国的国家安全逐步从传统的政权安全和军事安全向总体国家安全转变。习近平总书记针对能源安全、网络安全、核安全、意识形态安全等领域的问题作过专门的讲话，指出这些非传统安全领域安全问题的重要性和战略实施的重点。更多领域的安全问题包括国家主权安全、意识形态安全、政治制度安全、政权安全、社会政治秩序安全等，既需要从政治责任层面去理解，也要在国民生产生活中得到体现。在当今世界大变局的背景下，我们应认真贯彻落实总体国家安全观，锐意进取，奋力开拓国家安全工作新局面，为实现"两个一百年"奋斗目标和中华民族伟大复兴中国梦作出新的贡献。

专题讲堂

如何完善国家安全体系

国家安全是定国安邦的重要基石，维护国家安全是全国各族人民根本利益所在。习近平总书记强调："增强忧患意识，做到居安思危，是我们治党治国必须始终坚持的一个重大原则。"新形势下，我国国家安全面临前所未有的风险挑战，国家安全需求和国家安全能力的矛盾日益突出，完善国家安全体系迫在眉睫。

保证国家安全是头等大事

未来30年，是中华民族伟大复兴爬陡坡、过大坎的关键阶段，外部环境日益复杂，内部挑战有增无减，新机遇新挑战层出不穷。我们坚定不移走和平发展道路，希望在不冲突不对抗、相互尊重、合作共赢基础上同任何大国搞好关系，中国复兴不对任何人构成威胁。

但是，和平发展不是一厢情愿的事情。树欲静而风不止。以美国为首的西方利益集团以冷战思维和零和博弈的心态，不愿看到中国复兴，他们以己度人，出于维护自身霸权的目的，总想搞点名堂来干扰、阻遏中国发展，破坏中国同相关国家关系稳定和合作。当前和未来一个时期，来自外部的安全风险和挑战不容小觑。在国内，突破高质量发展瓶颈、攻克"卡脖子"技术难关、实现区域城乡群体协调发展、打好"三大攻坚战"、解决好民生领域的一系列难题、推进国家治理体系和治理能力现代化等，都需付出艰巨的努力，稍有不慎就可能出现妨碍我国现代化建设进程的"黑天鹅"或"灰犀牛"事件。就像习近平总书记所说的，"船到中流浪更急，人到半山路更陡"。越是在民族复兴充满希望的时候，越要增强底线思维，以临深履薄的心态增强政治敏锐性，在国家安全问题上做到未雨绸缪，下好先手棋、打好主动仗，时刻准备应对各种风险挑战。

坚持总体国家安全观

进入新时代，我国国家安全内涵和外延比历史上任何时候都要丰富，时空领域比历史上任何时候都要宽广，内外因素比历史上任何时候都要复杂。

针对新形势新任务新要求，党的十八大以后，习近平总书记适时提出总体国家安全观，强调从总体上树立大安全理念，突出系统思维和方法，推动国家安全体系变革，成立中央国家安全委员会，制定实施国家安全战略纲要和若干重要领域国家安全政策，完善国家安全立法，大力加强国家安全能力建设，推动我国国家安全思想、理念、战略、政策、法制、体系、能力、工作实现与时俱进，全面迈上一个新的台阶。

坚持总体国家安全观，必须以人民安全为宗旨，以政治安全为根本，以经济安全为基础，以军事、科技、文化、社会安全为保障，以促进国际安全为依托，既重视外部安全又重视内部安全，既重视国土安全又重视国民安全，既重视传统安全又重视非传统安全，既重视发展问题又重视安全问题，既重视自身安全又重视共同安全，加快构建集政治安全、国土安全、军事安全、经济安全、文化安全、社会安全、科技安全、信息安全、生态安全、资源安全、核安全等于一体的国家安全体系，着力维护重点领域国家安全，增强国家安全能力，走出一条中国特色国家安全道路。

坚持总体国家安全观，必须坚持人民安全、政治安全、国家利益至上有机统一。人民安全是国家安全的宗旨，政治安全是国家安全的根本，国家利益至上是国家安全的准则。坚持总体国家安全观，必须全面加强国家安全能力建设，尽快补足国家安全能力短板。要从中华民族伟大复兴的战略高度，全面分析我国国家安全能力面临哪些方面的不足，分清轻重缓急，有针对性地采取措施，以国家安全能力不断提升确保总体国家安全观有效落实，确保我国现代化进程顺利向前。

健全国家安全体系

保障国家安全必须标本兼治，治标之策是打好防范化解重大风险攻坚战，治本之策则在于健全国家安全体系，加强国家安全制度保障。健全国家安全体系是完善和发展中国特色社会主义制度的内在要求，是提高国家安全能力的重要保证，必须作为当前和今后一个时期加强国家安全工作治本之策抓好抓实。

要完善集中统一、高效权威的国家安全领导体制。坚持党对国家安全工作的绝对领导,是做好国家安全工作的根本原则,是维护国家安全和社会安定的根本保证。要健全国家安全法律制度体系。国家安全法治是中国特色社会主义法治体系的重要组成部分。建立健全国家安全法律制度体系,把国家安全工作纳入法治化轨道,依法维护国家安全,是一项管长远、管根本的基础性工作。要建立健全国家安全风险研判、防控协同、防范化解机制。国家安全工作只有防患于未然、处置于未萌才能始终掌握战略主动。

筑牢国家安全人民防线

维护国家安全是全社会的责任,确保国家安全必须依靠全社会力量。

要加强国家安全人民防线建设。坚持国家安全一切为了人民、一切依靠人民,国家安全全民共建、全民共享。要大力增强党员、干部特别是各级领导干部国家安全意识,自觉承担起维护国家安全的岗位职责。要着力抓好同人民群众切身利益直接相关的国家安全问题。防范化解经济金融领域重大风险,维护人民财产安全;坚定不移扫黑除恶,从源头上排查化解矛盾纠纷,维护社会大局稳定;加强交通运输、消防、危险化学品等重点领域安全生产治理,遏制重特大事故发生;完善食品药品安全监管、重大疫情预警防控等机制,确保公共安全;筑牢网络安全防线,确保大数据和公民隐私安全;等等。要高度警惕、坚决防范和严厉打击敌对势力渗透、破坏、颠覆、分裂活动。要在各级党委领导下,通过宣传、动员、组织有关社会力量,同专门机关配合,形成防范和打击间谍情报机关和其他敌对势力渗透、破坏、颠覆、分裂活动的综合防卫体系,筑牢维护国家安全的铜墙铁壁。

(资料来源:《光明日报》,https://epaper.gmw.cn/gmrb/html/2019-12/12/nw.D110000gmrb_20191212_2-02.htm,有改动)

阅读推荐

《国家安全》（李大光著，中国言实出版社）

本书以习近平总书记关于总体国家安全的重要论述为统领，从政治安全、国土安全、军事安全、经济安全、文化安全、科技安全、社会安全、信息安全、生态安全、资源安全和核安全等方面，全面系统地研究了当今中国的国家安全状况，以期引起国人对当下国家安全的全面关注，从而为实现中华民族伟大复兴中国梦提供强大的国家安全保障。

《国家安全系列丛书》（中国现代国际关系研究院著，时事出版社）

本套丛书包括《历史与国家安全》《文化与国家安全》《地理与国家安全》《生物安全与国家安全》《百年变局与国家安全》《大国兴衰与国家安全》。这套丛书，试图站在中华民族伟大复兴战略全局和世界百年未有之大变局这"两个大局"，以及新发展格局和大安全格局这"两个格局"的高度，立足"两个一百年"历史交汇期的特殊时间节点，从不同角度和维度，全景式、大视野认识国家安全。

思考练习：

第一章知识测试

第二章　深刻领会总体国家安全观

思维导图

第二章 深刻领会总体国家安全观

- **第一节　总体国家安全观的形成背景**
  - 时代呼唤总体国家安全观
  - 总体国家安全观的思想基础
  - 总体国家安全观的理论基础

- **第二节　总体国家安全观的基本内涵**
  - 总体国家安全观的正式提出
  - 总体国家安全观的丰富内涵
  - 总体国家安全观的主要内容
  - 总体国家安全观的关键特征

- **第三节　总体国家安全观的重要意义**
  - 总体国家安全观具有新时代新趋势新要求的时代意义
  - 总体国家安全观具有指导新时代国家安全的理论意义
  - 总体国家安全观具有指导新时代国家安全的实践意义
  - 总体国家安全观具有倡导人类命运共同体的世界意义

- **第四节　总体国家安全观的最新成果**
  - 统筹国内国际两个大局
  - 共创安全合作崭新局面
  - 加快国家安全法治建设
  - 确立当前国家安全战略

学习目标

1. 了解总体国家安全观的形成背景。
2. 认识总体国家安全观的演变过程。
3. 学习总体国家安全观的丰富内涵和主要内容。
4. 了解总体国家安全观的重要意义。

学习要点

形成背景；产生过程；丰富内涵；主要内容；重要意义

课堂导入

随着美国近年来高调宣示印太战略，其把战略矛头明显对准了中国，不断挑唆周边国家折腾、消耗、牵制中国。中国国家安全内涵和外延比历史上任何时候都要丰富，时空领域比历史上任何时候都要宽广，内外因素比历史上任何时候都要复杂。对于当前的中国来说，除了遭受传统意义上的国家安全威胁之外，还有非传统意义上的安全，它涉及日益拓展的领域和空间，如经济、能源、金融、生态环境、信息网络、反恐怖主义等。正是传统和非传统两种安全威胁，事实上开始威胁中国一贯坚持的和平崛起战略。

中国要想实现和平崛起，就必须坚持总体国家安全观。所谓总体安全观，其内容包含人民安全、政治安全、国土安全、军事安全、经济安全、文化安全、社会安全、科技安全、信息安全、生态安全、资源安全、核安全等于一体的国家安全体系。在该体系中，中央国家安全委员将坚持以人民安全为宗旨，以政治安全为根本，以经济安全为基础，以军事、文化、社会安全等为保障，以促进国际安全为依托，努力走出一条中国特色的国家安全之路。

思考讨论

1. 总体国家安全观的时代背景是什么？
2. 总体国家安全观主要包括哪些内容？
3. 为什么要提出总体国家安全观？它有哪些重要意义？

第一节　总体国家安全观的形成背景

总体国家安全观的形成，既有客观的现实需求，也有深厚的思想土壤，体现了我们党对国家安全工作面临的新形势、新任务的准确把握。当前，我国国家安全处于全面拓展期：安全的内涵和外延越来越丰富，时空领域越来越宽广，内外因素越来越复杂。这些新情况新变化，对于我们创新与发展国家安全理论和实践提出了客观要求。

一、时代呼唤总体国家安全观

传统安全观主要表现为生存安全和发展安全，即使新安全观也只是注重外部安全，而当前的严酷现实是，内忧外患并存，传统安全与非传统安全交织，非传统安全更加突出。新形势的复杂性、紧迫性，要求我们必须转变传统观念，提出一种新的安全观来面对日益复杂的国家安全形势。

（一）国内形势深刻变化

面对错综复杂的国际环境和艰巨繁重的国内改革发展稳定任务，中国共产党精诚团结带领全国各族人民顽强拼搏、开拓创新，奋力开创了党和国家事业发展新局面，特别是党的十八大以来，我国经济实力、科技实力、国防实力、国际影响力都迈上了一个新台阶。我国坚定不移地贯彻新发展理念，不断适应经济发展新常态，推动形成经济结构优化、发展动力转换、发展方式转变加快的良好态势；创新驱动发展战略大力实施，创新型国家建设成果丰硕，一批重大科技成果相继问世；中国特色军事变革成就显著，全力推进国防和军队现代化，人民军队在中国特色强军之路上迈出坚定步伐；全方位外交布局深入展开，全面推进中国特色大国外交，形成全方位、多层次、立体化的外交布局，我国国际影响力、感召力、塑造力进一步提高，为世界和平与发展做出了新的重大贡献。与此同时，城镇化水平稳步提高，居民收入增长较快，依法治国不断加强，党风廉政建设成效显著；深入开展社会主义核心价值体系建设，国家文化软实力不断增强。习近平指出："这样的发展、这样的巨变，在人类发展史上都是罕见的。"事实表明，中华民族的伟大复兴已展现出前所未有的光明前景。

同时，必须清醒看到，我国也面临不少困难和挑战。作为世界上最大的发展中国家，我国人均国内生产总值的世界排名水平还不高，发展中不平衡不充分的突出问题尚未解决，城乡区域发展和收入分配差距依然较大。部分行业产能过剩严重，重大安全事故时有发生。基本公共服务供给不足，人口老龄化加快。法制建设有待加强，党风廉政建设和反腐败斗争形势依然严峻。在一些地区出现群体性事件，加之民族分裂势力、境外势力的渗透，维护社会和谐稳定和国土安全的任务艰巨。此外，环境污染和资源消耗问题使得我国的生态安全和资源安全面临日益严峻的挑战。

综合判断，我国已经进入了实现中华民族伟大复兴的关键阶段，发展仍处于可以大有作为的重要战略机遇期，也面临诸多矛盾叠加、风险隐患增多的严峻挑战。为更加有力地适应战略机遇期内涵的深刻变化，更加有效地应对各种风险和挑战，必须不断开拓国家安全工作新境界。

相关链接：
中央召开外事工作会议引发海内外高度关注

（二）国际形势复杂变化

当今世界处于大发展大变革大调整时期，是一个新机遇、新挑战层出不穷的时代。世界多极化、经济全球化、社会信息化、文化多样化深入发展，全球治理体系和国际秩序变革加速推进，国际形势正处在新的转折点。世界经济在深度调整中曲折复苏，新一轮科技革命和产业变革蓄势待发，对国家面临的安全挑战和维护安全的方式产生深远影响。

世界总体和平发展大势不可逆转。发展中国家群体力量继续增强，国际力量对比深刻变化并朝着有利于和平与发展的方向变化。国际金融危机深层次影响在相当长时期依然存在。2008年金融危机以来，全球主要国家均受到不同程度影响，发展势头日益出现分化。全球治理体系结构、亚太地缘战略格局和国际经济、科技、军事竞争格局正在发生历史性变化。维护和平的力量上升，制约战争的因素增多，和平与发展仍是时代主题。

世界依然面临现实和潜在的局部战争威胁。霸权主义、强权政治和新干涉主义有新的发展，各种国际力量围绕权力和权益再分配的斗争日趋激烈，民族宗教矛盾、边界领土争端等热点问题复杂多变，小战不断、冲突不止，危机频发仍是一些地区的常态。

非传统安全威胁持续蔓延。一方面，世界各国把注意力转向气候变化、恐怖主义、经济发展、金融危机、网络安全、能源与粮食安全、重大传染性疾病等全球性挑战，以联合国为主要平台开展各种国际合作；另一方面，应对因地区冲突、环境恶化、自然灾害等因素而导致的人道主义问题，世界各国和国际组织的解决力度不断加强。

世界新军事革命深入发展。为适应新的国际安全形势，各国正在大力推进新军事革命，以增强自身实力和国际竞争力，以求把握战略主动性。这场世界新军事革命，以信息化为核心，以军事战略、军事技术、作战思想、作战力量、组织体制和军事管理创新为基本内容，以重塑军事体系为主要目标，以确保国家安全需求为最终目的，覆盖战争和军队建设全部领域。这场新军事革命，其速度之快、范围之广、程度之深、影响之大，为第二次世界大战结束以来所罕见。

分析世界发展态势和国际格局变化，要树立世界眼光、把握时代脉搏，要善于从当今世界的风云变幻中发现本质、认清长远趋势。在充分估计国际格局发展演变的复杂性、世界经济调整的曲折性的同时，更要看到政治多极化、经济全球化深入发展的趋势不可逆转。在充分估计国际矛盾和斗争的尖锐性、国际秩序之争的长期性的同时，更要看到和平与发展的时代主题、国际体系变革方向不会改变。

2 深刻领会总体国家安全观

> **延伸阅读**
>
> ### 百年未有之大变局
>
> 2018年6月，习近平总书记在中央外事工作会议上深刻指出，当前我国处于近代以来最好的发展时期，世界处于百年未有之大变局，两者同步交织、相互激荡。后来，习近平总书记以"三个前所未有"阐述了世界大变局的发展趋势，即"新兴市场国家和发展中国家的崛起速度之快前所未有，新一轮科技革命和产业变革带来的新陈代谢和激烈竞争前所未有，全球治理体系与国际形势变化的不适应、不对称前所未有"。
>
> 世界处于百年未有之大变局，是习近平总书记关于世界转型过渡期的国际形势以及中国历史交汇期的外部环境的重要论断。要在变局中开新局，应深入领会百年未有之大变局的丰富内涵，从世界格局变化角度探究世界发展的新趋势，从科学技术革命角度把握中国发展的新机遇，从人类发展出路角度评估人类社会发展的新去向。以全面建设社会主义现代化国家为中心任务，中华民族的最高利益和根本利益定能逐步实现。
>
> （资料来源：人民论坛网，http://politics.rmlt.com.cn/2021/0201/606756.shtml，有改动）

（三）与世界联系更为紧密

随着对外开放的不断深化，我国与世界的关系日益密切，互动日益频繁，相互影响日益广泛和深入。世界繁荣稳定是我国的机遇，我国和平发展也是世界的机遇。

作为一个负责任的大国，我国参与国际事务的程度在不断加深。突出表现在，我国加入日益增多的国际组织、国际条约和多边机制，积极参与地区和全球安全的治理。我国是联合国安理会常任理事国中派遣维和人员最多的国家。我国海军在亚丁湾执行护航任务，为维护国际航道的安全作出重要贡献。在解决气候变化、核扩散等地区与全球性问题过程中，我国与其他国家积极协调，发挥着不可替代的作用。党的十九大报告指出："中国坚持对外开放的基本国策，坚持打开国门搞建设。"我国与世界的关系日益密切，互动日益频繁，相互影响日益广泛和深入，世界繁荣稳定是我国的机遇，我国和平发展也是世界的机遇。

我国自2001年加入世界贸易组织以来，外贸依存度不断上升。2013年，我国实现进出口总值25.83万亿元（约合4.16万亿美元），超过美国，首次位列全球货物贸易第一，是日本、俄罗斯、印度、韩国等多国的最大贸易伙伴。我国对外投资规模连续多年增长，现已跻身世界前列，并于2014年首次超过吸引外资规模，外贸发展格局发生转变。在能源等大宗商品的进口

中国正式加入世界贸易组织

上，我国对外部的依赖性与日俱增。随着国家利益迅速拓展，海外中国公民的人身及财产安全，国家在境外的政治、经济及军事利益，驻外机构及驻外公司企业的安全，对外交通运输线及运输工具安全等，成为维护国家安全的重要目标。

党的十九大报告指出："中国秉持共商共建共享的全球治理观，倡导国际关系民主化，坚持国家不分大小、强弱、贫富一律平等，支持联合国发挥积极作用，支持扩大发展中国家在国际事务中的代表性和发言权。中国将继续发挥负责任大国作用，积极参与全球治理体系改革和建设，不断贡献中国智慧和力量。"

"中国坚持对外开放的基本国策，坚持打开国门搞建设，积极促进'一带一路'国际合作，努力实现政策沟通、设施联通、贸易畅通、资金融通、民心相通，打造国际合作新平台，增添共同发展新动力。加大对发展中国家特别是最不发达国家援助力度，促进缩小南北发展差距。中国支持多边贸易体制，促进自由贸易区建设，推动建设开放型世界经济。"我国还积极倡导建立金砖国家开发银行，筹建亚洲基础设施投资银行，设立丝绸之路基金，用务实态度解决发展中国家的金融需求，推动国际货币体系稳步改革。"中国将高举和平、发展、合作、共赢的旗帜，恪守维护世界和平、促进共同发展的外交政策宗旨，坚定不移在和平共处五项原则基础上发展同各国的友好合作，推动建设相互尊重、公平正义、合作共赢的新型国际关系。"通过亚太经合组织领导人非正式会议、20国集团领导人杭州峰会、金砖国家领导人厦门会晤、亚信峰会等，倡导构建人类命运共同体，促进全球治理体系变革，为世界和平与发展作出新的重大贡献。统筹国内国际两个大局，统筹考虑和综合运用国际国内两个市场，国际国内两种资源，国际国内两类规则，推动建设相互尊重、公平正义、合作共赢的新型国际关系，在与世界互联互动空前紧密的前进潮流中赢得统筹发展与安全的战略主动。

在国家安全形势发生新变化的条件下，为实现全面保障国家安全的目标，必须重视各种安全风险和挑战，充分估计我国外部环境中的不确定性，增强危机意识和忧患意识。同时更要看到，我国依然保持社会大局稳定、外部总体稳定的态势不会改变。面对国家安全新形势新任务，必须进一步增强忧患意识、责任意识和使命意识。

二、总体国家安全观的思想基础

总体国家安全观的提出不仅有其现实需要，而且有其思想渊源。不仅是对我国要传统安全战略文化的传承，也是新中国成立以来国家安全战略思想的发展和升华。

总体国家安全观植根中华文化沃土，有着深厚思想文化渊源。中华传统文化强调居安思危、防患未然。古代先贤提醒人们"生于忧患，死于安乐"，主张当政者要有忧患意识，对可能威胁国家前途命运的危险时刻保持警惕。在国与国交往中，中国人推崇亲仁善邻、以和为贵，强调睦邻、安邻、富邻。在处理人与自然的关系中，中国人敬畏自然，崇尚天人合一。中国传统文化注重整体性思维，重视事物内部各要素之间的联系，主张对问题予以整体性理解和把握。总之，追求周边和睦，强调和谐理念，在多数情况下不干涉周边国家内政，是我国古代安全战略思想的精华，仍然具有较高的当代价值。

新中国成立以来，我们党始终高度重视国家安全问题，始终把维护国家安全作为党和国家的一项基础性工作，在具体实践中积累了丰富经验，形成了不同时期的国家安全思想，为维护全国各族人民根本利益、推动党和国家事业取得历史性成就提供了坚强保障。新中国成立初期，国家安全的主要特点是维护主权安全。毛泽东把握国际形势的主要特点，充分利用当时的主要矛盾，有力维护新中国国际安全。改革开放新时期，国家安全的主要特点是维护发展安全。邓小平提出，和平与发展是当今世界的两大问题，强调国家安全要为经济建设保驾护航。必须坚持四项基本原则、坚持"压倒一切的是稳定"，既要保证改革开放的社会主义方向，又要为社会主义现代化建设创造稳定的国内外环境。江泽民针对复杂多变的地区环境，提出"互信、互利、平等、协作"的新安全观。进入新世纪后，党的十六大提出我国发展处于重要战略机遇期的重大判断。国家安全更加强调为维护重要战略机遇期创造良好稳定的内外环境。胡锦涛提出走和平发展道路，推动构建和谐世界的理念。党的十八大以来，习近平总书记强调国家安全既要维护又要塑造，不仅要维护好主权安全、发展安全，还要从全球视野和时代高度塑造安全。这充分说明，国家安全的内涵不是一成不变的，其中既有一以贯之的内容，同时又随着时代和实践的发展不断深化。国家安全不是权宜之计，是为了长治久安。这就要求我们要用动态的、发展的、可持续的眼光把握安全。

三、总体国家安全观的理论基础

在1983年第六届全国人民代表大会的政府工作报告中，首次正式使用了"国家安全"这一概念，该报告指出，"为了确保国家安全和加强反间谍工作，国务院提请这次大会批准成立国家安全部，以加强对国家安全工作的领导"。此后，"国家安全"这一概念曾多次出现在政府工作报告之中。此阶段的"国家概念"强调的是国家的政治安全和军事安全，因而属于一种非常传统的仅强调防御外敌的"国家安全概念"，如在1992年中国共产党第十四次代表大会的报告中，对"国家安全"概念的使用，都被放在"军队建设"部分。中国政府从1997年开始在国际舞台上提出了以"互信、互利、平等、协作"为核心的"新安全观"理念。但是，"新安全观"涉及的只是国家的对外安全和国际安全问题，虽与传统的"国家安全"概念有所不同，但其实还是一种只讲外部不讲内部的安全观。在2004年中国共产党第十六届四中全会的报告中，其"坚持独立自主的和平外交政策，不断提高应对国际局势和处理国际事务的能力"这一部分首次对国家安全做了系统的集中表述，指出要"始终把国家主权和安全放在第一位，坚决维护国家安全，针对传统安全威胁和非传统安全威胁的因素相互交织的新情况，增强国家安全意识，完善国家安全战略，抓紧构建维护国家安全的科学、协调、高效的工作机制，坚决防范和打击各种敌对势力的渗透、颠覆和分裂活动，有效防范和应对来自国际经济领域的各种风险，确保国家的政治安全、经济安全、文化安全和信息安全"。很显然，这里讲的国家安全与传统的国家安全概念相比已有了实质性的转变，也就是将国家安全的内涵分为外部安全和内部安全两个组成部分。2014年举行的中央国家安全委员会第一次全体会议上，习近平总书记首次正式提出了"总体国家安全观"的理念，明确指出要构建集政治安全、国土安全、军事安全、经济安全、文化安全、社会安全、科技安全、信息安全、生态安全、资源安全、核安全等于一体的国家安全体系。

相关链接：
习近平提出新安全观

第二节　总体国家安全观的基本内涵

党的十八大以来，以习近平同志为核心的党中央以全新视野深化对共产党执政规律、社会主义建设规律、人类社会发展规律的认识，取得重大理论创新成果，形成了习近平新时代中国特色社会主义思想。习近平总书记结合新时代国内外安全的新形势、我国社会矛盾的新变化和世界发展大趋势，在继承与发展我国传统安全战略文化思想的基础上，创造性地提出了总体国家安全观。

一、总体国家安全观的正式提出

2013年11月，党的十八届三中全会决定，成立国家安全委员会，完善国家安全体制和国家安全战略，确保国家安全。2014年1月，中央政治局召开会议，研究决定中央国家安全委员会设置，这充分表明我们党已经从顶层设计层面高度重视国家安全管理工作，最大限度提升国家安全治理水平。在中央国家安全委员会第一次会议上，习近平总书记首次提出总体国家安全观，精辟阐述了新形势下我国国家安全工作需要回答和解决的一系列重大理论和实践问题，明确将总体国家安全观确立为新时期国家安全工作的指导思想。

直到习近平总书记在2014年4月明确提出"总体国家安全观"这一概念并系统论述，非传统的总体国家安全观作为"概念性存在"才正式诞生。2014年1月24日，为了进一步完善国家安全体制和国家安全战略，确保国家安全，中共中央在十八届三中全会上宣布成立国家安全委员会。2014年4月15日，习近平总书记主持召开中央国家安全委员会第一次会议，指出："增强忧患意识，做到居安思危，是我们治党治国必须始终坚持的一个重大原则。我们党要巩固执政地位，要团结带领人民坚持和发展中国特色社会主义，保证国家安全是头等大事。""成立国家安全委员会，是推进国家治理体系和治理能力现代化、实现国家长治久安的迫切要求，是全面建成小康社会、实现中华民族伟大复兴中国梦的重要保障，目的就是更好适应我国国家安全面临的新形势新任务，建立集中统一、高效权威的国家安全体制，加强对国家安全工作的领导。"这次会议是党中央为做好新形势下国家安全工作召开的一次重要会议，标志着总体国家安全观正式提出。习近平总书记站在统筹两个大局的战略高度阐述了总体国家安全观的基本内涵、指导思想和原则，为开创国家安全工作新局面指明了方向。

二、总体国家安全观的丰富内涵

总体国家安全观是一个富有中国特色的安全概念。习近平总书记指出，"当前我国国家安全内涵和外延比历史上任何时候都要丰富，时空领域比历史上任何时候都要宽广，内外因素比历史上任何时候都要复杂，必须坚持总体国家安全观"。总体国家安全观对国家安全的内涵和外延的概括，可以归结为五大要素和五对关系。

五大要素，就是以人民安全为宗旨，以政治安全为根本，以经济安全为基础，以军事、文化、社会安全为保障，以促进国际安全为依托。以人民安全为宗旨，就是要坚持以民为本、以人为本，坚持国家安全一切为了人民、一切依靠人民，真正夯实国家安全的群众基础。以政治安全为根本，就是要坚持党的领导和中国特色社会主义制度不动摇，把制度安全、政权安全放在首要位置，为国家安全提供根本政治保证。以经济安全为基础，就是要确保国家经济发展不受侵害，促进经济持续稳定健康发展，提高国家经济实力，为国家安全提供坚实的物质基础。以军事、文化、社会安全为保障，就是要注意这些领域面临的大量新情况新问题，遵循不同领域的特点规律，建立完善强基固本、化险为夷的各项对策措施，为维护国家安全提供硬实力和软实力保障。以促进国际安全为依托，就是要始终不渝走和平发展道路，在注重维护本国安全利益的同时，注重维护共同安全，推动建设持久和平、共同繁荣的和谐世界。上述五大要素，清晰地勾勒了中国特色国家安全道路的基本要求，反映了国家安全的整体性及其内在逻辑关系。

五对关系，就是既重视外部安全，又重视内部安全，强调外部安全与内部安全彼此联系，相互影响；既重视国土安全，又重视国民安全，强调国土安全与国民安全存在有机的统一；既重视传统安全，又重视非传统安全，强调传统安全威胁与非传统安全威胁相互影响，并在一定条件下可能相互转化；既重视发展问题，又重视安全问题，强调发展和安全是一体之两面，只以其中一项为目标，两个目标均不可能实现；既重视自身安全，又重视共同安全，强调全球化和相互依赖，使得中国和世界的安全已密不可分。也就是说，国家安全是一个不可分割的安全体系，每一要素虽各有侧重，但是都必然、必须与其他要素相互联系、相互影响。上述五对关系，准确地反映了辩证、全面、系统的国家安全理念，是对传统安全理念的超越。

五大要素和五对关系是理解总体国家安全观的关键所在。这就要求我们必须全面地、准确地理解总体国家安全观的丰富内涵，辩证地看待国家安全外延的创新发展，从全局和战略的高度审视国家安全问题，统筹好不同领域、不同性质的安全工作，形成维护国家安全的强大合力。

相关链接：
《总体国家安全观》宣传片

三、总体国家安全观的主要内容

"总体国家安全观"是习近平总书记在2014年4月15日中央国家安全委员会第一次会议上提出来的。但理解总体国家安全观的内容，不应局限于这次会上的讲话，而必须扩展到习近平总书记在其他场合关于国家安全的论述总体国家安全观的主要内容可以概括为事关中国国家安全全局的"四个顶层设计思路"、"五个既重视又重视"的辩证论述、"十六个安全"的国家安全体系和"四个国际安全理念"。

四个战略性顶层设计是指：坚持总体国家安全观；中央国家安全委员会的设立与运行；国家安全战略纲要的制定与实施；推进国家安全法治建设。由于这四个方面都是关乎整个国家安全全局的战略性问题，因而我们把其概括为当前中国国家安全的"四个顶层设计思路"。

　　"五个既重视又重视"是指："既重视外部安全，又重视内部安全""既重视国土安全，又重视国民安全""既重视传统安全，又重视非传统安全""既重视发展问题，又重视安全问题""既重视自身安全，又重视共同安全"。这"五个既重视又重视"，体现了唯物辩证法两点论与重点论的统一，体现了当代国家安全和国家安全工作的整体性与系统性，是当前大安全时代的一种新的国家安全大思路。

　　随着我国经济社会发展和对外开放不断扩大，人民对国家安全有了更多更高的期待，各种非传统安全问题明显增多，国家安全内涵外延、时空领域、内外因素都发生前所未有的新变化。国家安全不仅囊括政治安全、国土安全、军事安全、经济安全、文化安全、社会安全、科技安全、信息安全、生态安全、资源安全、核安全、海外利益安全等重点领域的安全，而且涵盖网络、极地、深海、太空等新型领域安全，还扩展到生物安全等最新方面。

　　总体国家安全观提出一个月后，习近平在第四届亚信峰会上又针对亚洲范围内的安全问题指出："我们应该积极倡导共同、综合、合作、可持续的亚洲安全观，创新安全理念。"这种以共同安全、综合安全、合作安全及可持续安全为主体的亚洲安全观，事实上不仅适应于亚洲，而且适用于整个国际社会，因而称其为"四个国际安全理念"。把这四个国际安全理念概括进总体国家安全观，是在国际场合、针对国际安全对"既重视自身安全，又重视共同安全"的进一步具体化。

　　从传统安全观发展到非传统安全观，再到总体国家安全观，这也是一个继承和发展的关系。传统安全观强调的是政治安全、国土安全和军事安全，非传统安全观强调国民安全、经济安全、文化安全和信息安全等，总体安全观则是将传统安全观和非传统安全观有效地结合在一起，兼而顾之。

四、总体国家安全观的关键特征

（一）内外兼顾

　　一般来说，各国的国家安全机制都有内外重点之分，多数西方国家的国家安全机制一般都以对外为重点（如美国的国家安全委员会即是如此）。但从我国的国家安全委员会机构设置、人员组成和运行特点来看，其机制特点应是内外兼顾，国际国内两个大局，互补互动，缺一不可。

　　马克思主义唯物辩证法基本原理告诉我们，事物变化是由内外因共同作用的结果。其中，内因是基础，外因是条件，外因通过内因而起作用。习近平总书记所提的"总体国家安全观"在国安机制布局重点的拿捏上，也充分贯彻了这个基本原理。他把国内安全机制的设置放在首位，让负责国内事务为主的政府总理和人大委员长作为国家安全委员会的副主席，且国家安全委员会委员中负责国内职能的部委领导数量明显多于涉外的部委，这可见对内安全机制的分量明显要大于对外。以国内安全稳定为本，先内后外，内外互补的战略思路十分明确。

这也可以从习近平总书记的论述中看出要义，他在首次中央国家安全委员会会议上指出，贯彻落实总体国家安全观，必须既重视外部安全，又重视内部安全。对内求发展、求变革、求稳定，建设平安中国；对外求和平、求合作、求共赢，建设和谐世界。外部和平安全了，国家才能更好发展，国家发展好了，国际安全与和平的基础才更稳固。

（二）包容共赢

"处理好同外部世界的关系，是中华民族伟大复兴征程上需要长期面对的重大课题。"习近平总书记的中国特色国家安全观则很好地回答了这个问题，它具有很强的国际包容性，强调命运共同、和谐共处。

日益繁荣与强大的中国，用更坚定的自信、更谦卑的姿态、更宽阔的胸怀与世界打交道。诚如习近平总书记所言，"一个国家要谋求自身发展，必须也让别人发展；要谋求自身安全，必须也让别人安全；要谋求自身过得好，必须也让别人过得好"。我国对国际社会的这种建设性的态度和立场，不仅出于对自身力量特点的清醒认识，还在于对全球化时代国家安全利益及其实现方式的深刻理解。以此"三要三让"立论为核心，强调包容共赢、命运共同的中国特色国家安全观正在构建成型之中。事实已经证明而且将继续证明，中国的发展是世界的机遇，中国越发展，越能给亚太地区特别是中国周边的亚洲邻国带来实惠和机遇。

中国领导人深信，唯有开放、包容、共享、多赢，尊重各地区和各国人民的愿望和选择，我们才能在世界上得到各国人民发自内心的尊重，我国的全球影响力和领导力才能得到确立，"中国梦"才能牢固构筑。强调包容共赢、命运共同，为全人类做出更大贡献，正是"中国梦"及中国特色国家安全观在国际上的生命力和号召力所在。

此外，我国正在认真地推动各大国客观理性看待彼此战略意图，尊重各自利益关切，加强协调合作，着力构建面向21世纪的新型大国关系。这也体现了包容共赢、命运共同的中国国家安全理念。

（三）经济优先

我国与国际社会的互动关系是立体化的，涵盖经济、社会、文化等诸多领域，而在未来的较长一段时间里，其核心部分仍然是经济因素。当前，我国经济发展仍处于大有作为的重要战略机遇期，"要牢牢把握机遇、沉着应对挑战"，"以经济建设为中心是兴国之要，发展仍是解决我国所有问题的关键"。也就是说，开始塑造国际体系的中国，仍是一个需要不断壮大和完善自身力量尤其是经济力量的国家，经济建设是唯一可行的、低风险的和平崛起方式。

在发展国家经济力量的同时，绝不会以牺牲国家核心安全利益为代价。自2010年以来，随着美国战略东移与重返亚太，冷战时期遗留的历史问题集中爆发。中国面临着自冷战结束以来最为严峻的国家安全环境，面临着空前的外部安全压力，甚至是战争的压力，这对我国的和平崛起进程提出了严峻的挑战。我国要想实现和平崛起，就要处理好战争与和平、发展与安全的关系。正如习近平总书记在中央政治局第三次集体学习时所强调指出的，"我们要坚持走和平发展道路，但决不能放弃我们的正当权益，决不能牺牲国家核心利益。任何外国不要指望我们会拿自己的核心利益做交易，不要指望我们会吞下损害我国主权、安全、发展利益的苦果"。

（四）义利并举

中国的儒家思想强调重义轻利，义大于利。西方现实主义者则强调个人利益优先，利大于义。总体国家安全观吸收借鉴了这两种价值观，形成了中国特色的"义利观"——义利并举、有所作为，既坚持道义原则，又要以国家利益为重，强调正在和平崛起的中国应对国际安全有所贡献。具体来说，正朝着世界大国迈进的中国，理应对国际社会有所垂范和贡献。特别是在一些重大国际问题上要有大国的原则和执着，要敢说话，敢碰硬，要有为维护世界公平正义而断然大喝的勇气和"该出手时就出手"的心理准备。但同时，我们又不能被过分抽象空洞的意识形态理念所左右，忽略了正当的现实国家利益诉求和国家安全考虑，而应该义利并举，既维护正义，又不损害国家利益。

同时，在国际安全与合作、全球治理方面，中国应有所作为。2018年4月10日，习近平在博鳌亚洲论坛2018年年会开幕式上的主旨演讲中指出，中国人民将继续与世界同行、为人类作出更大贡献，坚定不移走和平发展道路，积极发展全球伙伴关系，坚定支持多边主义，积极参与推动全球治理体系变革，构建新型国际关系，推动构建人类命运共同体。2020年9月21日，习近平在联合国成立75周年纪念峰会上的讲话中指出，我们将始终做多边主义的践行者，积极参与全球治理体系改革和建设，坚定维护以联合国为核心的国际体系，坚定维护以国际法为基础的国际秩序，坚定维护联合国在国际事务中的核心作用。

胸怀天下的中国人民，在有效利用国际和平环境和经济全球化带来的历史机遇发展自己的同时，也正以自身的繁荣和稳定回馈着当代世界。2017年1月18，习近平日在联合国日内瓦总部的演讲中指出，中国促进共同发展的决心不会改变。中国有句古语叫"落其实思其树，饮其流怀其源"。中国发展得益于国际社会，中国也为全球发展作出了贡献。中国将继续奉行互利共赢的开放战略，将自身发展机遇同世界各国分享，欢迎各国搭乘中国发展的"顺风车"。2021年9月22日习近平在第七十六届联合国大会一般性辩论并发表重要讲话时强调，加大发展资源投入，重点推进减贫、粮食安全、抗疫和疫苗、发展筹资、气候变化和绿色发展、工业化、数字经济、互联互通等领域合作，加快落实联合国2030年可持续发展议程，构建全球发展命运共同体。中国已宣布未来3年内再提供30亿美元国际援助，用于支持发展中国家抗疫和恢复经济社会发展。

第三节 总体国家安全观的重要意义

总体国家安全观是以习近平同志为核心的党中央对国家安全理论的重大创新，丰富了国家安全的内涵，推进了中国特色国家安全重大理论体系的创新与建设，对决胜全面建成小康社会、加快推进社会主义现代化、实现中华民族伟大复兴具有重大的时代意义、理论意义、实践意义和世界意义。

一、总体国家安全观具有新时代新趋势新要求的时代意义

中国特色社会主义进入新时代，面临着世界多极化、经济全球化、文化多样化、社会信息化，传统与非传统安全问题交织，国内与国际安全问题互动，国家安全形势日益复杂与动态多变。在此背景下，总体国家安全观体现了对当前国际国内安全局势的总体把握与精准判断，具有鲜明的时代特色。

总体国家安全观是对进行具有许多新的历史特点的伟大斗争的新要求的积极适应。实现中华民族伟大复兴，是中华民族的根本利益和最高利益。当代中国正处于由大国向强国迈进的重要当口，正处于全面建成小康社会的决胜阶段，正处于实现中华民族伟大复兴的关键时期。在新形势下必须时刻准备应对各种风险考验和重大挑战，深入推进伟大事业、伟大工程、伟大斗争。这既对国家安全工作提出了新挑战，也为做好国家安全工作提供了新机遇。坚持总体国家安全观，归根结底是为了更好维护和延长我国发展重要战略机遇期，确保中华民族伟大复兴进程不被滞缓或打断。

总体国家安全观是对时代发展变化新趋势的良好顺应。但国际安全威胁依然新旧交织，错综复杂。传统安全问题没有消失，并持续威胁国际和平与稳定大局。冷战思维和强权政治依然存在。总体国家安全观提出，只有坚持共同、综合、合作、可持续安全的新理念，同心协力应对各种问题，才能实现共享尊严、共享发展成果、共享安全保障。

总体国家安全观是人民对国家安全的新期待的有效回应。安全是发展的前提，是第一位的民生，是人民幸福美好生活的根本保障。随着我国经济社会发展和对外开放不断扩大，人民对国家安全有了更高的期待，在民主、法治、公平、正义、安全、环境等方面的要求日益提高。人民安全需要全面保障社会安全、生产安全、生态环境安全、食品药品安全、网络安全、金融安全、科技安全、海外人身与利益安全等多个范畴的安全。总体国家安全观强调以人民安全为宗旨，坚持国家安全一切为了人民、一切依靠人民，不断提高人民的安全感、获得感、幸福感。

二、总体国家安全观具有指导新时代国家安全的理论意义

总体国家安全观是马克思主义安全观中国化的最新成果。长期以来，我们党运用马克思主义的立场观点方法认识和分析国家安全问题，形成了中国化的马克思主义国家安全观。改革开放前，为适应"战争与革命"的时代主题和冷战时期的国际战略格局，我们党形成以"备战备荒"为核心理念的国家安全观。党的十一届三中全会后，适应"和平与发展"的时代主题，我们党逐步形成了支撑国家和平发展的新国家安全观，先后提出"中国的问题，压倒一切的是需要稳定""树立互信、互利、平等和协作的新安全观""牢固树立综合安全的观念"等思想观点。总体国家安全观提出一系列新思想新观点新论断，继承发展了我们党的国家安全观，开拓了中国化马克思主义的新境界。

总体国家安全观是支撑中国和平发展的重要战略思想。总体国家安全观，与和平发展战略有着密切的内在联系。从安全与发展的关系来看，发展是安全的基础，通过发展

让安全建立在强大实力基础之上，这样的安全才是可靠的安全。安全是发展的条件，离开了稳定的国际环境和安宁的社会环境，发展也就无从谈起。从安全与和平发展的关系来看，安全是和平发展的生命线，没有安全就不可能有和平发展，和平发展是以国家安全为基本条件的发展，安全与和平发展互促互进、互为条件，高度融合、有机统一。总体国家安全观，把可能影响我国和平发展的各种因素都纳入战略视野，全面总结升华新的时代条件下的国家安全观，是为国家和平发展提供最大限度安全支撑的战略思想。

总体国家安全观是系统、开放的中国国家安全理论体系。习近平总书记关于总体国家安全观的重要论述，已经形成系统体系。关于国家安全的重要地位，强调保证国家安全是头等大事；关于国家安全形势，强调新形势下我国国家安全和社会安定面临的威胁和挑战增多，特别是各种威胁和挑战联动效应明显；关于国家安全涵盖范围，明确提出政治安全、国土安全、军事安全、经济安全、文化安全、社会安全、科技安全、信息安全、生态安全、资源安全、核安全等；关于国家安全体系内各要素的定位，强调以人民安全为宗旨，以政治安全为根本，以经济安全为基础，以军事、文化、社会安全为保障，以促进国际安全为依托；关于国家安全工作的原则方法，强调要遵循集中统一、科学谋划、统分结合、协调行动、精干高效的原则，聚焦重点，抓纲带目；等等。总体国家安全观是一个不断发展的开放体系，会随着国家安全与发展战略的推进不断创新发展，形成更为完善的思想理论体系。

三、总体国家安全观具有推进新时代国家安全的实践意义

国家安全是一个全局性问题，国家安全工作是一项全局性工作，只有在总体国家安全观的指导下，才能在空间构成上全面认识国家安全和国家安全工作的方方面面，既充分认识和高度重视国土安全、主权安全、政治安全、军事安全等各种传统安全问题，也充分认识和高度重视文化安全、科技安全、信息安全、生态安全等各种非传统安全问题；既科学把握大政方针、国民素质、时代主题、国际趋势等社会因素对国家安全的影响，也科学把握国土面积、气候变化等自然因素对国家安全的影响；既有效应对威胁和危害国家安全的洪、涝、旱、震等"天灾"，也有效应对威胁和危害国家安全的战争风险、政治颠覆、分裂破坏、文化渗透等；既及时建立并不断完善包括军事、政治、外交、情报等在内的专职国家安全机构，也要能够把经济、文化、教育、社会等非专职国家安全机构有效组合到国家安全体制机制之内；既重视并充分发挥军事攻防、情报保卫、外交活动等硬手段在保障国家安全中的重要作用，也重视并充分发挥经济发展、社会和谐、文化交流、科技进步等软手段在保障国家安全中的积极作用。显然，从国家安全的这种复杂性、系统性空间分布看，没有一个全面的、系统的、总体的国家安全观，就很难有效统领全局，就难免陷入"头痛医头、脚痛医脚"的被动局面。

然而国家安全不仅仅是一个空间上具有多方面要素和因素的问题，还是一个时间上处于不断变动和演进中的问题，是一个持续性问题，因而在处理国家安全事务时，就不能只看到今天的安全而不问明天的安全，不能只重视今天的安全工作而忽视明天的安全工作。要在国家安全领域统筹今天与明天、现在与未来，使国家安全成为可持续的安全，而不只是一时性安全，就需要一种能够兼顾当前与长远的国家安全观。习近平在亚

信峰会上明确提出了"可持续安全"的概念,这就使我们有理由认为,总体国家安全观不仅仅是空间上的总体,也是时间上的总体;不仅是在空间上包括了国家安全的方方面面,也在时间上包括了国家安全的过去、现在和未来。只有既具有空间全面性,又具有时间持久性的国家安全观,才是完整的总体国家安全观。在这种具有空间、时间两个维度的总体国家安全观的指导下,才能在时间延展上不仅充分关照当前的国家安全,而且充分关照未来的国家安全,从而营造"可持续安全"。

因此,在认识和保障"可持续安全"时,不仅需要关注到过去安全对当前安全的作用,以及当前安全对未来安全的影响,还要关注那些处于国家安全概念之外但与国家安全密切相关的问题,特别是国家发展问题,因为只有处理好安全与发展的关系,才能保障国家安全的可持续性。对此,习近平在亚信峰会上阐述"可持续安全"时明确指出:"可持续,就是要发展和安全并重以实现持久安全。'求木之长者,必固其根本;欲流之远者,必浚其泉源'。发展是安全的基础,安全是发展的条件。贫瘠的土地上长不成和平的大树,连天的烽火中结不出发展的硕果。对亚洲大多数国家来说,发展就是最大的安全,也是解决地区安全问题的'总钥匙'。要建造经得起风雨考验的亚洲安全大厦,就应该聚焦发展主题,积极改善民生,缩小贫富差距,不断夯实安全的根基。要推动共同发展和区域一体化进程,努力形成区域经济合作和安全合作良性互动、齐头并进的大好局面,以可持续发展促进可持续安全。"

四、总体国家安全观具有倡导人类命运共同体的世界意义

安全问题是事关人类前途命运的重大问题,中国国家安全与世界和平稳定休戚相关。建设普遍安全的世界是构建人类命运共同体的基本内涵,也是坚持总体国家安全观的价值取向。面对错综复杂的国际安全威胁,各国和各国人民应该共同享受安全保障,从人类命运共同体的视角出发,谋求合作安全、集体安全、共同安全。

总体国家安全观指出要坚持和平发展,积极承担与我国国力地位相适应的国际责任。我国爱好和平,珍惜和平,我国将始终做世界和平的建设者,坚定走和平发展道路,永不称霸,永不扩张,永不谋求势力范围。习近平总书记指出:"中华民族的血液中没有侵略他人、称霸世界的基因,中国人民不接受国强必霸的逻辑,愿意同世界各国人民和睦相处、和谐发展,共谋和平、共护和平、共享和平。"总体国家安全观继承和发展了我们党长期坚持的和平发展思想。

我国人民坚持走和平发展道路,也希望世界各国都走和平发展这条道路。总体国家安全观强调坚持国际合作,坚定推进全球治理,引导国际社会共同塑造更加公正合理的国际新秩序。我国坚定发挥现行国际体系建设者的作用,增强规则制定能力、议程设置能力、舆论宣传能力、统筹协调能力,努力为完善全球治理贡献中国智慧、中国力量。

总体国家安全观倡导共建共享,为建设一个普遍安全的世界提供了中国方案。在经济全球化的今天,没有与世隔绝的孤岛。同为地球村居民,我们要树立人类命运共同体意识。我国率先把建立伙伴关系确定为国家间交往的指导原则,这为构建以合作共赢为核心的新型国际关系和打造人类命运共同体奠定了政治基础。2017年2月10日,"构建人类命运共同体"首次被写入联合国决议。这一理念已经得到国际社会的普遍认同,

这是中国对世界和平与发展的崇高事业做出的积极贡献。

第四节　总体国家安全观的最新成果

习近平总书记以统揽全局的战略思维和宽广的世界眼光深刻把握国家安全问题，提出总体国家安全观，擘画了维护国家安全的整体布局，实现了对传统国家安全理念的重大突破，深化和拓展了我们党关于国家安全问题的理论视野和实践领域，是我国国家安全理论的最新成果，标志着我们党对国家安全问题的认识达到了新高度。

一、统筹国内国际两个大局

当前，我国同国际社会的互联互动已变得空前紧密。谋划国家安全工作，必须既重视外部安全，又重视内部安全。这体现了统筹考虑外部安全和内部安全两个方面的战略思维。

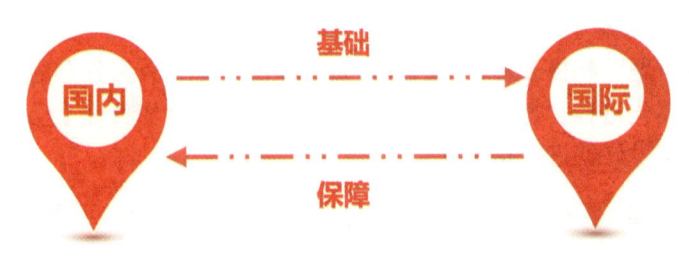

统筹国内国际两个大局

对于国内安全，党中央强调要坚决确保政治安全，全力保障经济安全，维护社会和谐稳定，严厉打击暴恐犯罪，加强社会治安综合治理。

在政治安全方面，2014年9月5日，习近平总书记在庆祝全国人民代表大会成立60周年大会上的讲话中指出，坚定中国特色社会主义制度自信，首先要坚定对中国特色社会主义政治制度的自信，增强走中国特色社会主义政治发展道路的信心和决心。2021年11月11日通过的《中国共产党第十九届中央委员会第六次全体会议公报》指出，在政治建设上，积极发展全过程人民民主，我国社会主义民主政治制度化、规范化、程序化全面推进，中国特色社会主义政治制度优越性得到更好发挥，生动活泼、安定团结的政治局面得到巩固和发展。

在经济安全方面，2021年4月30日，习近平总书记主持召开中央政治局会议分析研究当前经济形势和经济工作，会议指出，要用好稳增长压力较小的窗口期，推动经济稳中向好，凝神聚力深化供给侧结构性改革，打通国内大循环、国内国际双循环堵点，为"十四五"时期我国经济发展提供持续动力。2021年11月11日通过的《中国共产党第十九届中央委员会第六次全体会议公报》指出，在经济建设上，我国经济发展平衡性、协调性、可持续性明显增强，国家经济实力、科技实力、综合国力跃上新台阶，我国经济迈上更高质量、更有效率、更加公平、更可持续、更为安全的发展之路。

在社会安全方面，2019年1月21日，习近平总书记在省部级主要领导干部坚持底线思维着力防范化解重大风险专题研讨班开班式上发表重要讲话强调:"维护社会大局稳定,要切实落实保安全、护稳定各项措施,下大气力解决好人民群众切身利益问题,全面做好就业、教育、社会保障、医药卫生、食品安全、安全生产、社会治安、住房市场调控等各方面工作,不断增加人民群众获得感、幸福感、安全感。""要创新完善立体化、信息化社会治安防控体系,保持对刑事犯罪的高压震慑态势,增强人民群众安全感。""要推进社会治理现代化,坚持和发展'枫桥经验',健全平安建设社会协同机制,从源头上提升维护社会稳定能力和水平。"

在大国关系上,继续推动同各大国发展全方位合作。尤其是构建中美新型大国关系取得明显进展。2021年11月16日,国家主席习近平同美国总统拜登举行视频会晤。双方就事关中美关系发展的战略性、全局性、根本性问题以及共同关心的重要问题进行了充分、深入地沟通和交流。两国元首都认为,此次会晤是坦率、建设性、实质性和富有成效的,有利于增进双方相互了解,增加国际社会对中美关系的正面预期,向中美两国和世界发出了强有力信号。双方同意继续通过各种方式保持密切联系,推动中美关系重回健康稳定发展的正确轨道,造福中美两国人民和世界各国人民。

在全球治理方面,随着全球性挑战增多,加强全球治理、推进全球治理体系变革已是大势所趋。2019年3月26日,习近平在中法全球治理论坛闭幕式上发表讲话,指出,我们要坚持共商共建共享的全球治理观,坚持全球事务由各国人民商量着办,积极推进全球治理规则民主化。我们要继续高举联合国这面多边主义旗帜,充分发挥世界贸易组织、国际货币基金组织、世界银行、二十国集团、欧盟等全球和区域多边机制的建设性作用,共同推动构建人类命运共同体。2021年10月1日,习近平为阿联酋迪拜世博会中国馆作视频致辞时指出,人类社会应该何去何从?中方倡议,世界各国人民一道努力,回应时代呼唤,加强全球治理,以创新引领发展,朝着构建人类命运共同体的方向不断迈进。中国愿同各国加强交流合作,把握创新发展机遇,为推动构建人类命运共同体积极努力。

二、共创安全合作崭新局面

2014年5月21日,习近平在第四届亚信峰会上系统论述了"共同、综合、合作、可持续"的亚洲安全观。"共同",是指尊重和保障每一个国家安全;"综合",是指统筹维护传统领域和非传统领域安全;"合作",是指通过对话合作促进各国和本地区安全;"可持续",是指发展和安全并重以实现持久安全。事实上,这种安全观并不仅限于亚洲范围,也是我国在对外交往中积极倡导的安全理念。

统筹发展安全两件大事

当前，亚洲安全合作进程正处于承前启后的关键阶段。为此，应该通盘考虑，多管齐下、综合施策，协调推进地区安全治理。既要着力解决当前突出的地区安全问题，又要统筹谋划如何应对各类潜在的安全威胁，避免"头痛医头、脚痛医脚"。既要通过对话合作，促进各国和地区安全，又要聚焦发展主题，积极改善民生，缩小贫富差距，不断夯实安全的根基。尤其是推动共同发展和区域一体化进程，努力形成区域经济合作和安全合作良性互动、齐头并进的大好局面，以可持续发展促进可持续安全。

此外，我国还提出了建设命运共同体的重要倡议，即在追求本国利益时兼顾他国合理关切，在谋求本国发展中促进各国共同发展，建立更加平等均衡的新型全球发展伙伴关系。迈向命运共同体，必须坚持各国相互尊重、平等相待。尊重各国自主选择的社会制度和发展道路，尊重彼此核心利益和重大关切。必须坚持合作共赢、共同发展，摒弃零和游戏、你输我赢的旧思维，树立双赢、共赢的新理念。必须坚持实现共同、综合、合作、可持续的安全。各国都有平等参与地区安全事务的权利，也都有维护地区安全的责任，每一个国家的合理安全关切都应该得到尊重和保障。必须坚持不同文明兼容并蓄、交流互鉴。纵观历史，任何国家试图通过武力实现自己的发展目标，最终都是要失败的。

三、加快国家安全法治建设

2014年10月，党的十八届四中全会在北京举行。会议明确提出，贯彻落实总体国家安全观，加快国家安全法治建设，推进公共安全法治化，构建国家安全法律制度体系。在这一方针的指导下，全国人民代表大会及其常务委员会相继起草和颁布了一系列安全领域的综合性和专门性法律，我国国家安全法治建设取得迅速进展。

在综合性立法方面，2015年7月1日，第十二届全国人大常委会第十五次会议通过《中华人民共和国国家安全法》，以法律形式确立总体国家安全观的指导地位和国家安全的领导体制，明确维护国家安全的各项任务，建立维护国家安全的各项制度，为构建国家安全体系奠定了坚实的法律基础。

在专门性立法方面，2014年11月1日，第十二届全国人大常委会第十一次会议通过《中华人民共和国反间谍法》。2015年12月27日，第十二届全国人大常委会第十八次会议通过《中华人民共和国反恐怖主义法》。2016年4月28日，第十二届全国人民代表大会常务委员会第二十次会议通过了《中华人民共和国境外非政府组织境内活动管理法》。2016年11月7日，第十二届全国人民代表大会常务委员会第二十四次会议通过了《中华人民共和国网络安全法》。2017年6月27日，第十二届全国人民代表大会常务委员会第二十八次会议通过了《中华人民共和国国家情报法》。2017年9月1日，第十二届全国人民代表大会常务委员会第二十九次会议通过了《中华人民共和国核安全法》。2020年6月30日，第十三届全国人大常委会第二十次会议表决通过了《中华人民共和国香港特别行政区维护国家安全法》。2020年10月17日，第十三届全国人民代表大会常务委员会第二十二次会议通过了《中华人民共和国生物安全法》。2021年10月23日，第十三届全国人民代表大会常务委员会第三十一次会议通过了《中华人民共和国陆地国界法》。这些专门性法律的审议和出台，为推进我国国家安全工作法治化、制度化发挥了重要作用，不仅有利于维护我国国家利益，也有利于保护全世界在华企业、组织和个人的合法权益。

> **延伸阅读**
>
> **国家安全举报途径**
>
> **电话举报：**国家安全举报电话12339，是国家安全机关受理公民和组织举报的热线电话。这一热线由国家安全部设立，为了方便公民和组织向国家安全机关举报间谍行为或线索，可以24小时进行举报。
>
> **网站举报：**"国家安全机关举报受理平台"是为加强对危害国家安全犯罪行为、间谍行为和其他危害国家安全行为线索的举报受理工作的平台，自2018年4月15日起开通。
>
> **实地举报：**可前往北京市东城区前门东大街9号进行举报。
>
> （资料来源：人民网，http://politics.people.com.cn/GB/n1/2018/0416/c1001-29926935.html，有改动）

相关链接：
《中华人民共和国香港特别行政区维护国家安全法》正式生效

四、确立当前国家安全战略

坚持总体国家安全观，确立新时期的国家安全战略，是全面建成小康社会、实现中国梦的重要保障。我国是一个发展中的社会主义大国，所处的内外环境、历史发展阶段和未来国家发展战略目标，决定了国家安全必须走具有中国特色的道路。这是一条开创性的、独树一帜的、凝聚智慧的新型国家安全道路，必将越走越宽广。为此，要坚持党对国家安全工作的绝对领导，兼顾内部安全与外部安全，以及对内重发展和对外重合作。

2015年1月23日，中央政治局召开会议，审议通过《国家安全战略纲要》。会议认为，在新形势下维护国家安全，必须坚持以总体国家安全观为指导，坚决维护国家核心和重大利益，以人民安全为宗旨，在发展和改革开放中促安全，走中国特色国家安全道路。做好各领域国家安全工作，大力推进国家安全各种保障能力建设，把法治贯穿于维护国家安全的全过程。会议强调，必须毫不动摇坚持中国共产党对国家安全工作的绝对领导，坚持集中统一、高效权威的国家安全工作领导体制。

新时期的国家安全战略将外部安全与内部安全置于同等重要的地位。这种统筹，将内、外两方面安全纳入统一的治理框架，凸显了协调推进国家安全工作的重要性。新时期的国家安全战略还强调对内重发展、对外重合作。习近平总书记强调，贯彻落实总体国家安全观，必须对内求发展、求变革、求稳定、建设平安中国，对外求和平、求合作、求共赢、建设和谐世界。对内对外的这两个方面，构成了国家实现安全的两条战略主线。对内，总体国家安全观强调发展是安全的基础，富国才能强兵。对外，总体国家安全观倡导实现共同、综合、合作、可持续的安全。

2021年11月18日，中共中央政治局召开会议，审议《国家安全战略（2021-2025年）》等重要文件。会议指出，新形势下维护国家安全，必须牢固树立总体国家安全观，加快构建新安全格局。必须坚持党的绝对领导，完善集中统一、高效权威的国家安全工作领导体制，实现政治安全、人民安全、国家利益至上相统一；坚持捍卫国家主权和领土完整，维护边疆、边境、周边安定有序；坚持安全发展，推动高质量发展和高水平安全动态平衡；坚持总体战，统筹传统安全和非传统安全；坚持走和平发展道路，促进自身安全和共同安全相协调。

相关链接：
中央政治局会议审议通过《国家安全战略纲要》

专题讲堂

总体国家安全观的主要思维方法

运用战略思维谋划国家安全工作

战略思维是指高瞻远瞩、统揽全局，善于把握事物发展总体趋势和方向。战略问题是一个政党、一个国家的根本性问题。战略上判断得准确、战略上谋划得科学、战略上赢得主动，党和人民事业就大有希望。坚持战略思维，务必明确目标、把握全局、抓住重点、着眼长远。尤其是牢固树立国家安全工作全国"一盘棋"观念，自觉在大局下想问题做工作。

强化系统思维做好国家安全工作

系统思维是指要全面地、普遍联系地观察事物，妥善处理好各种重大关系。思考和处理国家安全问题，要讲究"十个指头弹钢琴的艺术"，通盘考虑基本国情、发展阶段、综合实力水平以及大国博弈关系"四个维度"。

增强底线思维做好国家安全工作

底线思维是指客观地设定最低目标、立足最坏情况、争取最大期望值来思考、谋划和推动工作的思想方法。习近平总书记多次强调："要善于运用'底线思维'的方法，凡事从坏处准备，努力争取最好的结果，这样才能有备无患、遇事不慌，牢牢把握主动权。"习近平总书记围绕总体国家安全观提出的重要观点、重大判断和重大举措，都是着眼于破解难题、攻克难关、解决国家安全工作深层次问题来展开的。

比如，习近平总书记反复指出："各种风险我们都要防控，但重点要防控那些可能迟滞或中断中华民族伟大复兴进程的全局性风险，这是我一直强调底线思维的根本含义。"提高底线思维能力，就是要始终保持清醒头脑，认清"天下并不太平"这个现实，增强忧患意识，居安思危、未雨绸缪，做好应付最坏局面的准备。

运用法治思维和法治方式开展国家安全工作

法治思维是将法律作为判断是非和处理事务的准绳，它要求崇尚法治、尊重法律，善于运用法律手段解决问题和推进工作。依法维护国家安全，是全面依法治国的组成部分，是新时代实现党和国家长治久安的重要保障。面对新形势新任务，要善于运用法治思维和法治方式开展国家安全工作，全力推进中国特色国家安全法律制度体系建设，全面提升国家安全工作的法治化水平。

运用创新能力提升国家安全工作

创新能力是指善于审时度势、因时制宜、迎难而上，注重发挥新思路、新理论、新方法的引领作用来开展工作。创新是引领发展的第一动力，也是提升国家安全保障能力的战略新支点。形势决定任务，国家安全形势的发展变化对创新国家安全工作提出了新要求。面临对外维护国家主权、安全、发展利益，对内维护政治安全和社会稳定的双重压力，必须打破单纯维护某一领域安全的思维定式，树立维护国家综合安全和战略利益拓展的思想观念，不断创新维护国家安全的方式方法。

（资料来源：《国家安全知识百问》，人民出版社2020年版，有改动）

阅读推荐

《国家安全学》（刘跃进主编，中国政法大学出版社）

本书结合现实对国家安全学的相关知识进行了系统、全面的阐述，同时详尽介绍了国家、国家利益、国家安全、国民安全、国土安全、经济安全、主权安全、政治安全、军事安全、文化安全、科技安全、生态安全、信息安全、国家安全环境、民族问题对国家安全的影响、宗教问题及其对国家安全的影响、恐怖主义及其对国家安全的危害、国家安全保障体系、国家安全观、国家安全战略等具体内容，资料翔实，分析论述透彻。

《总体国家安全观》（尚伟著，人民日报出版社）

坚持总体国家安全观。统筹发展和安全，增强忧患意识，做到居安思危，是我们党治国理政的一个重大原则。本书是关于总体国家安全观的研究性著作。国家安全是安邦定国的重要基石，全书分为六个章节，从总体国家安全观的战略思维与定位、对外开放与维护国家安全、"一带一路"与国际安全等方面，全方位地论述了总体国家安全观的内涵与重要意义，有助于读者深刻领会总体国家安全观相关理论。

思考练习：

第二章知识测试

第三章　维护重点领域国家安全

思维导图

第三章 维护重点领域国家安全

- **第一节　维护政治安全**
  - 政治安全的基本内涵
  - 政治安全的重要意义
  - 政治安全面临的威胁与挑战
  - 维护政治安全的途径与方法

- **第二节　维护国土安全**
  - 国土安全的基本内涵
  - 国土安全的重要意义
  - 国土安全面临的威胁与挑战
  - 维护国土安全的途径与方法

- **第三节　维护军事安全**
  - 军事安全的基本内涵
  - 军事安全的重要意义
  - 军事安全面临的威胁与挑战
  - 维护军事安全的途径与方法

- **第四节　维护经济安全**
  - 经济安全的基本内涵
  - 经济安全的重要意义
  - 经济安全面临的威胁与挑战
  - 维护经济安全的途径与方法

第五节　维护文化安全
- 文化安全的基本内涵
- 文化安全的重要意义
- 文化安全面临的威胁与挑战
- 维护文化安全的途径与方法

第六节　维护社会安全
- 社会安全的基本内涵
- 社会安全的重要意义
- 社会安全面临的威胁与挑战
- 维护社会安全的途径与方法

第七节　维护科技安全
- 科技安全的基本内涵
- 科技安全的重要意义
- 科技安全面临的威胁与挑战
- 维护科技安全的途径与方法

第八节　维护网络安全
- 网络安全的基本内涵
- 网络安全的重要意义
- 网络安全面临的威胁与挑战
- 维护网络安全的途径与方法

第九节　维护生态安全
- 生态安全的基本内涵
- 生态安全的重要意义
- 生态安全面临的威胁与挑战
- 维护生态安全的途径与方法

第十节　维护资源安全
- 资源安全的基本内涵
- 资源安全的重要意义
- 资源安全面临的威胁与挑战
- 维护资源安全的途径与方法

3 维护重点领域国家安全

- **第十一节 维护核安全**
  - 核安全的基本内涵
  - 核安全的重要意义
  - 核安全面临的威胁与挑战
  - 维护核安全的途径与方法

- **第十二节 维护海外利益安全**
  - 海外利益安全的基本内涵
  - 海外利益安全的重要意义
  - 海外利益安全面临的威胁与挑战
  - 维护海外利益安全的途径与方法

- **第十三节 维护太空安全**
  - 太空安全的基本内涵
  - 太空安全面临的威胁与挑战
  - 维护太空安全的途径与方法

- **第十四节 维护深海安全**
  - 深海安全的基本内涵
  - 深海安全面临的威胁与挑战
  - 维护深海安全的途径与方法

- **第十五节 维护极地安全**
  - 极地安全的基本内涵
  - 极地安全面临的威胁与挑战
  - 维护极地安全的途径与方法

- **第十六节 维护生物安全**
  - 生物安全的基本内涵
  - 生物安全面临的威胁与挑战
  - 维护生物安全的途径与方法

学习目标

1. 了解政治安全的基本内涵。
2. 掌握文化安全的基本内涵。
3. 学习海外利益安全面临的威胁与挑战。
4. 了解太空安全的基本内涵。
5. 认识生物安全的基本内涵。

学习要点

政治安全、国土安全、军事安全、经济安全、文化安全、社会安全、科技安全、网络安全、生态安全、资源安全、核安全、海外利益安全、太空安全、深海安全、极地安全、生物安全

课堂导入

"大的安全是国家安全,小的安全也是国家安全。"从范围和边界来看,国家安全是一个国家所有领域、所有方面、所有层级安全的总和。传统安全观和传统安全思维关注的安全,如政治安全、军事安全、国土安全等,属于国家安全;总体国家安全观揭示出来的安全,如文化安全、经济安全、生态安全、科技安全、信息安全等,也属于国家安全。而且,这些国家安全基本要素下更多不同层级的次级要素,如国土安全下的底土安全、深地安全,经济安全下的金融安全、农业安全、粮食安全、生产安全、交通安全、食品药品安全等,也都属于国家安全。

国家安全体系涉及的国家安全问题,不仅仅是国家安全本身及其基本要素,同时还包括影响国家安全的因素、威胁危害国家安全的因素和国家安全保障问题,是由国家安全本身及其构成要素、影响和威胁危害国家安全的因素、国家安全保障问题等多方面问题构成的一个社会大系统、大体系。这就是"坚持总体国家安全观"中的"总体国家安全",也就是"构建大安全格局"中的"大安全"。

思考讨论

1. 什么是政治安全?
2. 我国军事安全面临哪些威胁?
3. 我国网络安全面临哪些威胁?
4. 新型领域安全包括哪些内容?

3 维护重点领域国家安全

第一节 维护政治安全

如今世界已经进入全球化时代。在全球化时代，国家主权面临挑战；国家领土安全隐患频多，海洋争端严重威胁国家海洋利益，边界争端威胁国家陆地利益，各种分裂势力威胁国家的领土完整；全球化挑战国家政治制度安全；全球化挑战意识形态领域安全；腐败挑战共产党执政地位，腐败问题已成为中国社会深层次问题，腐败现象千奇百态，治理腐败刻不容缓；历史周期率有待破解，执政党面临执政危机的挑战，执政成本费用不断攀升，能否跳出历史周期率考验中国共产党执政能力。

一、政治安全的基本内涵

"政治"的概念比较复杂。在西方，政治一词发源于希腊，在希腊的城邦国家，政治就是国家的活动。中国对政治的解释早在一些古典书籍中就有记载。例如，《尚书·毕命》中记载："道洽政治，泽润生民。"在中国古代所讲的政治，一般是一种动态的活动，代表统治、治理的意思。而安全是一种客观上不存在威胁、主观上不存在恐惧的状态。

在总体国家安全观中，政治安全指一个国家由政权、政治制度和意识形态为要素组成的政治体系，相对处于没有危险和不受威胁的状态，以及面对风险和挑战时能够及时有效防范、应对，从而确保国家良好政治秩序的能力。政治安全是国家安全的根本，对于保障人民安全、维护国家利益，不断提高全体国民的获得感、幸福感、安全感，实现国家长治久安，具有根本性、全局性的重大意义。面临渗透、分裂、颠覆等敌对活动的威胁。维护政治安全必须加强党的领导、坚定理想信念。

政治安全的重要方面

二、政治安全的重要意义

政治安全不仅关系到国家的长治久安，更与民族复兴和人民福祉休戚相关。只有从维护政治安全的高度谋划和推进其他领域安全，才能更好地保障国家利益，实现党的长期执政和国家长治久安。

（一）政治安全事关党和国家生死存亡

社会主义运动的发展实践表明，政治安全事关党和国家的生死存亡。20世纪90年代初,苏联解体导致国际共产主义运动遭受重大挫折。苏联解体的重要原因之一就是苏共放松了政治安全防线,背离和背弃了马克思列宁主义,放弃了党的领导地位。当前,我国正在全面深化改革,既要有改革的勇气、创新的劲头,更要有战略定力和底线思维,守住政治安全的防线,决不能在根本性问题上出现颠覆性错误。要站在党和国家事业发展全局的高度,充分认识到维护政治安全至关重要,任何时候都不能动摇。

(二)政治安全事关中国特色社会主义发展全局

发展中国特色社会主义事业,必须以维护国家政治安全为根本保障。只有在国家的政权、政治制度、意识形态和党的执政地位等免受各种侵袭、干扰、威胁和危害的状态下,中国特色社会主义事业才有健康发展的前提和基础;而维护政治安全,则是发展中国特色社会主义的应有之义。中国特色社会主义是由道路、理论、制度三位一体构成的,最本质的特征就是中国共产党的领导。这些内容和特征也正是政治安全的核心要素,离开了任何一点,都不是中国特色社会主义,更不可能有中国特色社会主义的健康发展。

(三)政治安全事关党和国家长治久安

实践证明,中国特色社会主义道路越走越宽广,必须不断深化改革开放。要确保改革开放的顺利推进,就必须牢牢守住政治安全的防线。四十多年的改革开放尽管历经曲折,但由于我们党紧紧守住维护政治安全的防线,牢牢把握改革开放和现代化建设的正确方向,所以能够不断取得新的伟大成就。一些社会主义国家也搞了"改革",有的甚至比我国还早,但由于"改革"方向偏离、道路走歪,它们不但没有实现国家和民族的奋斗目标,反倒是颠覆了社会主义制度,葬送了社会主义事业。在新的历史起点上,必须不断增强政治安全意识,始终坚持正确的政治方向,坚持和完善党的领导,坚持和完善中国特色社会主义制度。排除各种干扰,不动摇、不懈怠、不折腾,一步一个脚印奋勇前进。

三、政治安全面临的威胁与挑战

从有利条件来看,我国维护政治安全的各项基础和条件不断得到加强和改善。尤其是在党中央的坚强领导下,全面从严治党开创新局面,党的群众路线教育实践活动成果丰硕,党风廉政建设成效显著,赢得了党心民心。当前,维护政治安全也面临着一些挑战,突出表现在四个方面。

(一)精神懈怠、能力不足、脱离群众、消极腐败的危险十分尖锐

改革开放以来,我国经济社会发展取得了翻天覆地的变化。在成绩面前,部分党员干部出现骄傲自满、贪图享乐情绪,导致在工作中思想涣散、精神懈怠;面对各种新情况新问题新挑战,既缺乏正视的态度,也缺乏应对的能力,面对复杂严峻的内外考验缺乏预见、拙于应对,面对新的疑难问题一筹莫展、无能为力,而且对此不加警觉、听之任之;群众观念淡化,疏远群众。少数党员干部经不住权力本身具有的腐蚀性和市场

经济带来的利益诱惑，违反廉洁自律各项规定，特别是高级领导干部腐败对国家安全的危害尤为严重。这些问题，如果任其发展下去，就会严重损害党的形象，削弱党的战斗力，进而危及政治安全。

（二）"颜色革命"对我国政治安全构成重大现实威胁

我国是社会主义国家，某些外部势力不愿意看到一个强大的社会主义中国存在，继而千方百计进行破坏和干扰，甚至试图发动"颜色革命"，颠覆中国共产党的领导、颠覆我国社会主义制度。目前，人民内部矛盾和其他矛盾相互交织，容易被外部势力所利用。一旦人民内部矛盾未能得到有效处理，便有可能引发社会动荡，直接威胁党的领导地位和执政安全。

> **延伸阅读**
>
> #### 什么是"颜色革命"？
>
> 所谓"颜色革命"，是指进入21世纪以来，在东欧、高加索、中亚、西亚和北非等地区发生的一系列以颜色命名、以"非暴力"或"可控混乱"方式进行的政权更迭运动。其实质是外部势力运用各种手段，在有关国家进行各领域渗透、培植政治反对派，并鼓励其利用社会矛盾推翻现政权的一种政治颠覆活动。
>
> （资料来源：《阳泉日报》，http://www.yqnews.com.cn/rdzt/2021aqjyr/202108/t20210811_1199626.html）

相关链接：
煽动"颜色革命"是造成地区战乱动荡真正乱源

（三）我国意识形态领域斗争形势复杂严峻

意识形态安全是政治安全的重要组成部分，是实现国家利益的重要手段和维护国家安全的重要屏障。当前世界思想文化领域交流交融频繁、斗争深刻复杂，尤其是某些外部势力把我国崛起视为对其价值观和制度模式的挑战，加紧通过互联网等各种渠道进行渗透分化。近年来，某些境外势力利用信息网络、课堂讲坛、独立媒体、地下教会等，传播西方思想文化和意识形态，诋毁我国主流意识形态，片面渲染、刻意放大我国的各种问题，甚至制造各种谣言，煽动人民的不满情绪。

（四）"一国两制"实践遇到新情况新问题

"一国两制"是一项开创性事业。在香港特别行政区各项事业取得全面进步的同时，"一国两制"在香港的实践也遇到了新情况、新问题。香港还有一些人没有完全适应这一重大历史转折,特别是对"一国两制"方针政策和基本法有模糊认识和片面理解。目前,香港出现的一些在经济社会和政治制度发展问题上的不正确观点都与此有关。甚至有极少数人在外部势力支持下,妄图将香港作为对中国内地进行渗透、颠覆的桥头堡。研究解决好这些新情况、新问题,对深化"一国两制"实践、保持"一国两制"的强大生命力至关重要。

四、维护政治安全的途径与方法

维护政治安全是一项长期复杂的系统工程。要有强烈的风险意识,抓住重大问题和关键问题,着力推动解决维护政治安全面临的突出矛盾。

(一)加强党和政府同人民群众的血肉联系

十九大报告中强调:"我们党来自人民、植根人民、服务人民,一旦脱离群众,就会失去生命力。"实践证明,一个政党,一个政权,其前途命运取决于人心向背。我们党的最大政治优势是密切联系群众,党执政后的最大危险是脱离群众。全心全意为人民服务是我们党的根本宗旨,群众路线是党的生命线和根本工作路线。

始终保持党同人民群众血肉联系,要继续引导广大党员干部自觉践行党的根本宗旨,把群众观点、群众路线根植于思想深处。要以坚定的理想信念坚守初心,以真挚的人民情怀滋养初心,以牢固的公仆意识践行初心,牢记人民群众是我们前进的力量源泉,牢记人民对美好生活的向往就是我们的奋斗目标。

始终保持党同人民群众血肉联系,要从行动上着力解决群众最关心最现实的利益问题,不断增强人民群众对党的信任和信心,筑牢党长期执政最可靠的阶级基础和群众基础。要始终站在群众立场上想问题、做工作。畅通群众反映意见和建议的渠道,掌握新形势下密切联系群众的本领和方法,把群众满意度作为评价各项工作的重要标准,不断增强人民群众获得感、幸福感、安全感。

始终保持党同人民群众血肉联系,就是要进一步弘扬优良作风,转变工作作风,保持清廉本色,同官僚主义、形式主义划清界限,对脱离群众的风险保持高度警惕,使党群关系更加密切。对于脱离群众、损害群众利益的行为坚决严肃处理,形成风清气正的干事创业氛围,赢得人民群众的信任和拥护。

(二)坚决防范"颜色革命"

坚决抵制境外势力渗透。切实增强政治敏锐性和政治鉴别力,善于从战略上把握大势、研判形势,从政治上观察问题、分析问题。依法严密防范、打击敌对势力渗透颠覆破坏活动,坚决捍卫中国共产党领导和中国特色社会主义制度。

坚定中国特色社会主义制度自信。首先要坚定对中国特色社会主义政治制度的自信,不能"看到别的国家有而我们没有就简单认为有欠缺,要搬过来;或者看到我们有而别的国家没有就简单认为是多余的,要去除掉"。这两种观点过于简单、片面,都是错误的,需保持清醒认识。

加强民主政治和法治建设。完善中国特色社会主义民主政治制度,强化人民代表大会制度作为国家最高权力形式的职能定位和作用发挥,推进协商民主广泛多层制度化发展。加强法治保护民主功能,不断建立健全维护政治安全的法律法规。

加强国家安全防控体系建设。全方位实施集中统筹领导,从法律法规制度、体制机制、力量运用和操作规程,以及跨国联手合作等环节,构建起包括港澳在内的渗透各领域各层次、灵敏协调高效的安全防控网。

加强矛盾纠纷排查调处。建立党和政府主导的利益维护机制,使群众由衷地感受到权益的公平对待。健全重大决策社会稳定风险评估机制,凡是涉及群众切身利益的重大事项,都必须充分听取群众的意见建议。继承和发展"枫桥经验",深入开展矛盾纠纷排查调处活动,努力做到发现在早、防范在先、处置在小,防止矛盾碰头叠加,防止外部势力插手利用,导致矛盾"交叉感染"蔓延升级。

(三)做好意识形态工作

习近平总书记多次强调,能否做好意识形态工作,事关党的前途命运,事关国家长治久安,事关民族凝聚力和向心力。必须确保党对意识形态工作的绝对领导权。各种课堂、讲台、讲坛和图书、杂志、报纸、广播电视,特别是互联网等新媒体的领导权、管理权和话语权,要掌握在真正的马克思主义者手里。

必须旗帜鲜明地批驳意识形态领域的错误思潮。一旦认准是错误有害的思想观点,就必须敢于亮剑,理直气壮地批驳那些否定马克思主义的错误观点。同时,抓好道路自信、理论自信、制度自信的宣传教育,研究回答干部群众普遍关心的深层次思想认识问题,把道理讲清楚、说明白,澄清各种错误观点和模糊认识,引导人们自觉抵制资产阶级意识形态的渗透。

必须树立意识形态整体工作观念。意识形态工作不仅是宣传部门的职责,更是全党的重要职责。各级党委都要把意识形态工作摆上重要议事日程,密切关注,定期或不定期地进行检查、调研,研究解决办法和应对之策。

(四)依法保障"一国两制"实践

"一国两制"是我国的一项基本国策,在长期实践中充分证明了其是保持香港、澳门繁荣稳定的最佳制度安排。但是,随着外部环境不确定因素增多以及内部环境出现深刻调整变化,各方深层次利益矛盾日益凸显,反中乱港势力开始在香港兴风作浪。特别是2019年"修例风波"发生后,"港独"和激进分离势力公然制造暴乱事件,外部势力赤膊上阵插手干预香港事务,严重损害了香港的社会秩序和安全稳定,沉重打击了香港的经济民生和民主法治。因此,要继续推进"一国两制"事业,就必须依法保障"一国两制"实践,让依法治理成为增进香港同胞福祉、促进香港繁荣稳定的核心支柱。

作为一种开创性的政治制度,"一国两制"必然会在实践中出现新情况、新问题。唯有全面准确理解和贯彻"一国两制"方针,坚决维护宪法和基本法的权威,坚持以爱国者为主体的"港人治港""澳人治澳",坚定支持行政长官和特别行政区政府依法施政,把发挥祖国内地坚强后盾作用和提高港澳自身竞争力有机结合起来,"一国两制"的实践才能始终沿着正确方向走稳、走实、走远。

第二节　维护国土安全

进入21世纪以来，虽然中国外交环境得到较好的改善，但随着海洋利益的日益凸显，导致海洋岛屿争端加剧，从而使国土安全的担忧上升。中日围绕钓鱼岛在东海利益的争端考验海洋国土的安全；南海一些声索国觊觎我南海岛礁，南海利益被不断蚕食；中印边境争端时隐时现。这些现实问题的存在，对我国的国土安全带来了很大的威胁和挑战，要求我们必须采取有效措施，维护国土的安全。

一、国土安全的基本内涵

狭义上，国土属于空间的范畴，是主权国家管辖下的领土、领海和领空的政治地域概念，包括一个国家的全部疆域。广义上，国土内涵更为广泛，包括国土管辖下的领土、领海和领空的政治地域概念，即国家的陆地、陆上水域、内水、领海，还包括它们的底土和上空等由各种自然要素和人文要素组成的物质实体，是一国社会经济发展、国民赖以生存及从事各种活动的场所。

国土安全这一概念涵盖领土、自然资源、基础设施等要素，核心是指领土完整、国家统一、海洋权益及边疆边境不受侵犯免受威胁的状态。国土安全是立国之基，是传统安全备受关注的首要方面。当代国土安全的主要表现就是国家间的领土争端和国家内部出现的分裂、冲突，这也是当今世界局部冲突频繁发生的重要原因。同时，这些原因也制约了一些国家的和平发展。所以，充分认识国土安全的重要性对于国家安全与发展具有极其重要的意义。

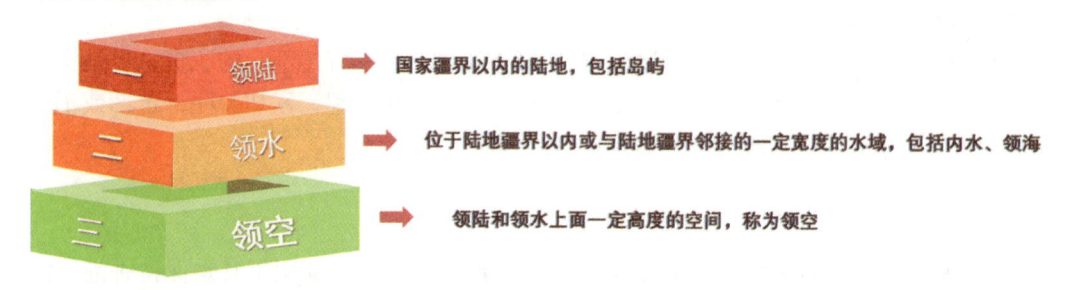

一 领陆 → 国家疆界以内的陆地，包括岛屿
二 领水 → 位于陆地疆界以内或与陆地疆界邻接的一定宽度的水域，包括内水、领海
三 领空 → 领陆和领水上面一定高度的空间，称为领空

国土的构成

二、国土安全的重要意义

在当代国际关系中，国土安全问题最主要的表现，就是国家间的领土争端和国家内部的统一、分离之争。这些问题，是当今世界局部战争和冲突不断的一个重要原因，也是一些国家不能和平发展的主要原因。为此，要充分认识维护国土安全在国家安全和发展全局中的特殊地位，进一步增强做好工作的责任感和使命感。

（一）国土安全是国家生存和发展基本条件

生存和发展是国家的两大基本利益。从国家生存方面看，领土是主权国家国民赖以生存和发展的物质基础,提供人们生存和发展的场所、国家政权行使主权的空间,以及不可或缺的生产生活资料。近代中国陆上有边无防,海上门户洞开,频频遭受外敌入侵,历史教训十分惨痛。领土主权和权益一旦遭到破坏,轻则国民的生存权遭受威胁,重则整个国家可能败落甚至灭亡。

从国家发展方面看,国土的安全状态与国家能否繁荣息息相关。国土不受外来侵略和威胁,资源不因战争或预防战争过分消耗,国家才能稳定发展,人民才能安居乐业。

(二)国土安全与其他领域的安全息息相关

国土安全是国家安全体系的重要组成部分,与政治安全、经济安全、军事安全等方面相互依赖、相互影响、相互作用。实践证明,国土安全作为国家安全最敏感的要素,具有很强的联动性。如果国土安全能够得到切实有效维护,国家的政治、经济、文化安全就有保障。一旦国土安全遭受破坏,将很快波及其他领域的安全,进而引发国家安全出现总体危机。

同时,政治安全、经济安全、军事安全等其他领域的安全,对国土安全也具有重要的影响。任何一个领域的安全出现问题,都将直接或间接地对国土安全造成威胁。比如"台独""东突""藏独"等分裂势力,不仅对我国政治安全造成严重威胁,而且对国家统一、领土完整也会造成重大威胁。

相关链接:
中国外交部:划设东海防空识别区是为捍卫国家主权

三、国土安全面临的威胁与挑战

现阶段,虽然我国还不能全面解决边界与海洋争议问题,但由于周边国家与我国的相互依赖关系日益密切,地区经济一体化在持续推进,安全对话不断开展,维护地区共同安全、综合安全、合作安全与可持续安全逐渐成为主流和共识。这些因素为维护国土安全提供了更有利的条件。同时也要看到,随着我国进一步发展壮大,国土安全面临的形势较以往更为突出复杂。

(一)国土边境安全面临挑战

近年来,我国陆地边境安全形势总体稳定,同时也存在一些复杂敏感因素。其中,主要是中印边界问题长期未能解决。中印边界问题是历史遗留问题,解决起来需要时间和耐心,需要共同按照达成的原则框架扎实推进,如适当考虑彼此合理的战略利益以及相互同等安全。我国与不丹的划界谈判和建交仍在进行中。未来我国陆地边境地区,仍然存在一定程度的潜在风险。

我国周边海上安全形势面临较多挑战。南海方向,一些周边国家长期非法侵占我国南沙部分岛礁,不断加强非法岛礁建设和油气等海洋资源开发。域外大国对南海事务介入力度不断加大,不断阻挠我国海上维权维稳活动。南海争端的实质,是一些国家非法侵占我国南沙群岛部分岛礁引起的领土争议，以及南海沿岸国家之间的海洋权益主张重叠问题。个别国家及域外势力激化争议、制造紧张，给我国合理、合法地维护在南海的领土主权和海洋权益制造了障碍。东海方向，日本在钓鱼岛问题上立场顽固，借助日美军事同盟，利用钓鱼岛问题推进所谓政治和军事大国化进程。黄海方向，中韩、中朝之间存在海洋专属经济区、大陆架划界问题。

> **延伸阅读**
>
> ### 钓鱼岛是中国固有领土
>
> 钓鱼岛及其附属岛屿是中国领土不可分割的一部分。无论从历史还是从法理的角度来看，钓鱼岛及其附属岛屿都是中国的固有领土，中国对其拥有无可争辩的主权。
>
> 在日本人所谓"发现"钓鱼岛之前，中国已经对钓鱼岛及其附属岛屿实施了长达数百年的管辖。日本在1895年利用甲午战争，通过秘密方式将钓鱼岛"编入"其版图，并依据所谓"先占"原则将钓鱼岛作为"无主地"主张主权。日本此举严重违背国际法领土取得的相关规定，是侵占中国领土的非法行为，不具有国际法效力。
>
> 通过1895年不平等的《马关条约》，钓鱼岛及其附属岛屿作为台湾岛的附属岛屿一同割让给日本。第二次世界大战后，根据《开罗宣言》《波茨坦公告》《日本投降书》等法律文件，钓鱼岛及其附属岛屿回归中国。1952年以后美国擅自扩大所谓的"托管"范围，非法将中国钓鱼岛及其附属岛屿纳入其中。1972年，美国将钓鱼岛及其附属岛屿"施政权""归还"日本。美国与日本私相授受中国领土的行为，不具有任何法律效力，中国坚决反对。
>
> 无论日本对钓鱼岛采取何种单方面举措，都不能改变钓鱼岛及其附属岛屿属于中国的事实。中国政府维护国家领土主权的决心和意志坚定不移，捍卫世界反法西斯战争胜利成果的决心毫不动摇。我们有信心、有能力挫败日本对历史事实和国际法理的践踏行为，维护地区的和平与秩序。
>
> （资料来源：《钓鱼岛》，http://www.diaoyudao.org.cn/index.htm，有改动）

（二）"台独"分裂活动仍具现实威胁

不管台湾岛内局势出现何种重大变化，大陆和台湾同属一个中国的法理和现实都不会改变。遏制"台独"分裂活动是确保两岸关系和平发展的必然要求。"台独"势力不放弃分裂主张，仍在竭力煽动两岸敌意和对立，刻意阻挠破坏两岸关系发展，构成了两岸关系发展与和平统一的最大障碍。某些外部势力纵容扶持"台独"分裂势力，也构成了阻滞中国和平统一进程的消极因素。必须继续反对和遏制任何形式的"台独"分裂主张和活动，不能有任何妥协。

（三）反分裂斗争形势依然错综复杂

反对民族分裂，维护祖国统一，是国家最高利益所在，也是边疆各族人民根本利益所在。随着我国综合国力和国际影响力持续提升，边疆地区发展稳定的局面日益巩固。我国维护国家统一、打击分裂暴恐活动的举措得到更多理解和支持，国际舆论持续改善，客观、理性的声音不断增多。同时，必须深刻认识反分裂斗争的长期性、复杂性、尖锐性。"东突"势力不断变换手法，打着"民主""人权""宗教自由"的幌子，骗取国际社会同情与支持，实际上是以分裂国家为目标，以极端宗教思想为指导，企图以暴力恐怖为手段破坏国家统一和民族团结。民族分裂势力越是企图破坏民族团结，就越要加强民族团结，筑牢各族人民共同维护祖国统一、维护民族团结、维护社会稳定的钢铁长城。

（四）国土安全舆论环境亟待改善

国土安全与我国国内稳定关联度在上升，与地区形势、大国博弈密切相关。一些国家不能公正看待我国维护国土安全有关政策、举措，频频制造不实的国际舆论与不利于我国国土安全的舆情。必须坚决捍卫国家领土主权，大力维护和平友好的周边环境，不断增信释疑、增进国际社会特别是西方国家对我国立场主张的理解，在涉及国土安全有关问题上营造客观友善的国际舆论环境。

相关链接：
中国外交部回应"南海仲裁"案

四、维护国土安全的途径与方法

国土安全是一项系统性、综合性安全，会与其他领域的安全相互影响、相互作用。我国在领土、领海主权等方面与邻国依旧存在一些争议民族分裂势力、"台独"分裂势力都对我国内部安全与稳定产生消极影响，而国际社会的不实舆论也威胁着我国的国土安全。面对这些威胁与挑战，既要保障领土、领海、边境安全，维护内部稳定，又要不断提高我国的国土安全保障能力。

（一）提升维护国土安全能力

提升综合国力是维护国土安全强有力的保障。一个国家综合国力的强弱与维护国土安全的能力成正比，只有国家强盛才能更有效地遏制侵害我国国土安全的各种图谋及分裂活动。回望历史，20世纪落后弱小的国家经受住了痛苦与屈辱，民族的伤疤让我们了解到只有艰苦奋斗、攻坚克难、提升国力才能够保障国土安全。只有经济发展。国家繁荣富强、百姓安居乐业，才能让国家内部分裂势力失去借口，粉碎其分裂国家的图谋。

改革开放之后，我国进入了大发展时期，坚持以经济建设为中心，集中力量推进现代化建设，经济实力得到了长期的发展。经济发展带动科技的腾飞。我国在国防科技工业方面也取得了一系列的成就，并研制出了世界领先的高技术武器装备，整体军事实力也得到了加强。只有国家强大，维护国土安全才能更有底气、更有效果。在加强国防建设的同时，我们对外采取和平外交政策，坚持独立自主，与世界各国平等相待，通过互利合作创造有利的外部环境。

（二）保障"一国两制"、民族团结与内部稳定

为实现和维护国家统一，我国采取了"一国两制"的基本国策，即在一个中国的前提下，国家的主体实行社会主义制度，香港、澳门、台湾保持原有的资本主义制度。党的十八大以来，习近平总书记站在实现中华民族伟大复兴的战略高度，围绕统一多民族国家的民族团结问题发表了一系列重要讲话，深刻回答了民族团结在新的历史条件下面临的一系列重大理论和现实问题提出了新时代加强民族团结的新理念和新思路，内涵丰富、思想深邃，为引领全国各族人民做好民族团结工作提供了根本遵循。

为保障民族团结、边境地区稳定，我国应当大力推进民生改善工程，发展经济，提高民众生活水平，让各民族、各地区人民都能够享受改革发展的成果。对民族分裂势力进行严厉打击，加强对暴力恐怖事件、跨境犯罪事件的预防与治理。应当立足我国"统一的多民族国家"现实国情，广泛开展思想政治教育，弘扬中华民族共同体意识，建立新时代背景下民族团结的思想基础。

（三）完善国土安全法律法规体系

法律法规是维护国土安全工作的有力武器。完善国土安全的法律法规体系，依法维护国土安全是贯彻全面依法治国战略、加强国家治理体系建设的必然要求。要从法律上进一步明确维护国土安全的任务、原则、方式和手段，确保各项工作有法可依、有规可循，如制定综合性海洋立法、加强管辖海域内的司法执法。在此过程中，遵循国际法基本原则，借鉴其他国家的通行做法，使相关法律法规更好地与国际接轨。

依法保障国土安全是法治的基本要求。首先，宪法是国家的根本大法，为国家制度的制定提供了根本法律保障，宪法为促进两岸和平发展、保障港澳繁荣的"一国两制"提供了法制化依据。《宪法》总纲第四条规定："禁止对任何民族的歧视和压迫，禁止破坏民族团结和制造民族分裂的行为。"这有力地维护了各民族平等互助、团结友爱关系。《国家安全法》第八条规定："国家安全工作应当统筹内部安全和外部安全、国土安全和国民安全、传统安全和非传统安全、自身安全和共同安全。"这为国家保卫领陆、领空、领海的安全和维护国家领土主权和海洋权益提供了法律依据。未来我国应当进一步完善与国土安全相关的法律法规体系，针对网络安全、恐怖主义等新型国土安全威胁制定相应的政策法规，从而更有效地保障国土安全。

（四）加强国土安全体制机制建设

维护国土安全工作涉及国家和政府工作的多个领域。持续推进这一重要工作，需要建立相关配套体制机制，重视专业人才队伍建设。健全相关统筹和协调工作机制，加强协调配合，有效整合资源，形成工作合力，构建统一高效的保障体系。加强对国土安全

现状的监测和未来动向趋势的预判分析，并不断完善应急处置机制，妥善应对重大突发事件和紧急状态。加强队伍建设和理论研究，努力建设一支忠诚爱国、业务精湛、纪律严明的国土安全工作队伍和国土安全问题研究专家智库队伍，为做好国土安全工作提供力量和智力支撑。

在面对突发事件和紧急情况时，一支配合默契、高度协调的工作队伍可以将负面影响控制到在最低限度。所以，不断完善应急处理机制，加强对未知危险的预判和分析，有效整合资源，完善统筹协调机制，构建高效的国土安全工作队伍，才能够有效提升我国维护国土安全的能力。

（五）加强国土安全宣传教育

一个国家国民安全意识的高低，事关整个国家和民族的安危。国土安全是否能够得到有效保障在很大程度上取决于国民对国土安全的认识，加强国土安全宣传教育、开拓国民视野、提升国民认知、坚定民族团结信念、提升安全维护能力有利于我国国土安全的保障。当前我国国民对国土安全的认识有待提升，有必要加强国土安全宣传教育，通过多种形式、多种途径，以更易于被人民所接受的方式进行国土安全教育。部分国民对国家总体安全的了解并不全面，对国家安全的认识依旧停留在政治、军事、战争等传统安全问题上，开展国土安全宣传教育势在必行。通过大力弘扬爱国主义精神，激发广大群众参与领土主权的保障、民族团结的推动，才能够使人民群众建立主人翁精神并积极参与国土安全的保障工作。

在边疆地区开展的爱国主义、国土安全宣传教育，可以帮助边疆地区人民确立"团结稳定是福，分裂动乱是祸"的共识，激发人民群众参与维护国土安全的主动性，增强人民信心，形成自觉维护国土安全的人民群众力量。重视对突发事件的舆论引导工作，阐明真相，有利于推进国家应急处置进程。

第三节　维护军事安全

在新军事变革的冲击下，各大国军事力量重新洗牌。美国抢占世界军事变革制高点，俄罗斯紧追世界新军事变革步伐，中国积极推进中国特色军事变革。美军以"空海一体战"调整亚太军事布势，对驻亚太军事力量进行调整，武器装备进行重新布势，导致中国周边安全形势日趋复杂。

一、军事安全的基本内涵

"兵者，国之大事也，死生之地，存亡之道，不可不察也。"自古以来，人们就将军事安全与国家安全、国家命运紧密联系在一起，甚至在很长的一段时间内可以将军事安全与国家安全画等号。军事安全是传统国家安全的核心内容，同时也是整个总体国家安全观的重要

军事安全

组成部分。

在总体国家安全观下的军事安全含义应当理解为，军事安全是指国家不受外部军事入侵和战争威胁的状态，以及保障这一持续安全状态的能力。军事安全既是国家安全体系的重要组成部分，也是国家其他安全的重要保障。军事安全包含了国防与军队建设、军事实力和军事战略等多方面的内容。

二、军事安全的重要意义

军事安全关系到国家主权和领土完整不受侵犯，关系到国家生死存亡和长治久安，世界各国无不将其视为维护核心利益的重要保证。

（一）军事安全是国家安全的保障

军事力量是国家进行军事斗争特别是战争的主要物质基础，也是衡量一国综合国力的重要指标。对一个主权国家来说，要真正自立于世界民族之林，就必须建立强大的、独立的军事力量。在军事上如果没有自己强大的武装力量，国家军事安全依靠别人保护，就丧失了战略上的独立性，实际上也就丧失了主权国家的独立性。在当代国际社会，尽管目前经济全球化、区域化使国家之间的相互关系加强了，但并没有改变各国从自身利益出发、处理彼此之间关系的倾向，各国对国家利益的追求仍旧是各国政治的核心，强权政治和霸权主义仍是某些大国谋求安全利益的重要手段。许多国家在海湾战争、科索沃战争中目睹了高技术局部战争的残酷性，增加了对霸权国家干涉主权国家内部事务的忧虑，认识到军事作为解决国家之间不可调和矛盾的最后手段仍然有效。如果国家没有一定的军事实力作后盾，在国际上就会受制于人，在新世纪激烈的国际竞争中就不能成为一个强国，在国际社会中的作用将十分有限。

（二）军事安全与国家经济联系紧密

冷战时期，包括美苏在内的许多国家，迫于大战可能随时爆发的压力而一味扩充军备，导致一国的军事实力与其经济水平严重脱节，甚至导致国家的解体。冷战结束后，世界大战爆发的可能性大幅降低，经济因素在国家安全体系中的地位日益突出，以科技为主导、经济为基础的综合国力竞争上升到主导地位。经济发展成为许多国家解决一切问题的基础，经济能否保持持续的发展成为国家利益最集中的表现。

当今世界最突出特征是经济的全球化，经济利益更具有全球性。随着经济的发展，许多国家对世界市场、原料、资本、技术的依赖会持续增加。这不可避免要导致国家的政治和战略利益向全世界扩散，与世界的各种力量的竞争和摩擦扩大。从历史上看，随着经济的不断发展，各国对自然及经济资源的需求将会越来越大，在一定生产力水平下，自然资源总是有限的，于是不少战争及军事行动便围绕对资源的保护与争夺而展开。虽然经济的发展未必会导致战争，但经济发展环境却客观上要求有一定的军事保障。一旦发生迫使一国卷入战争，无论其规模大小，必将干扰甚至迟滞国家的经济发展。

3 维护重点领域国家安全

> **延伸阅读**
>
> **富国强军的战略之举**
>
> 富国才能强兵，强兵才能卫国——能否把握好安全和发展的黄金分割点，关乎前途命运。回顾历史，中国有的朝代文盛武衰、国富兵弱，成了"泥足巨人"，屡遭侵犯、百般受辱；世界有的国家穷兵黩武，要"大炮"不要"黄油"，国防工业畸形生长，导致国家走向崩溃。把军民融合发展上升为国家战略，深刻回答了新形势下强国强军的重大理论和实践问题，为推动经济建设与国防建设融合发展指明了前进方向。
>
> （资料来源：人民网，http://politics.people.com.cn/n1/2017/0925/c1001-29555655-3.html，有改动）

（三）军事安全对外战略作用增强

冷战结束后，无论是在发达国家还是在发展中国家，尽管都在发展经济，以提高综合国力，但其军事力量对于实现国家意志，支持和推行国家的外交政策，改善并巩固国家在新的国际战略格局中的地位，以及维护国家的政局稳定等方面，都具有其他手段所无法替代的特殊功能。冷战的结束，并未消除战争的根源，国家利益的矛盾在新形势下变得更加复杂，由复杂的利益矛盾所导致的冲突更具突发性、不确定性。拥有一支强大的军事力量作后盾，可以在经贸交往、政治周旋、外交谈判中占据有利地位。有鉴于此，在优先发展经济、裁减军备的同时，又保持一定的军事实力并使之不断增强，是保障国家安全的重要举措。

三、军事安全面临的威胁与挑战

近年来，中国特色军事变革成就显著，强军兴军迈出新步伐。今后一段时期，我国发展仍处于可以大有作为的重要战略机遇期，发生大规模外敌入侵的战争的可能性不大，但对因外部因素引发局部战争和武装冲突的可能性不能低估。

（一）国家主权、统一和领土完整面临多重挑战

我国尚未实现完全统一。台湾问题事关国家统一大业，至今影响台海局势稳定的根源并未消除，"台独"分裂势力及其分裂活动的威胁仍然存在。在外部势力的支持和怂恿下，国内"东突"暴力恐怖活动威胁升级。日本拒不承认我国拥有钓鱼岛主权，在东海大陆架划界上与我国存在大面积的争议海域，以我国为假想敌加强武备，不断挑起事端。南海周边有关国家非法侵占南沙岛礁，南沙和西沙大面积海域被分割，油气和渔业资源被掠夺。个别国家频繁挑起事端，企图联手他国对我国发难，给我国维护岛礁主权和海洋权益带来新的复杂因素。我国陆地边境部分地段尚未与相关国家正式划定，保持边境地区稳定和领土不受蚕食面临较大压力。

（二）世界和周边地区依然面临潜在战争风险

一些国家仍不放弃霸权主义、强权政治，积极谋求绝对军事优势，以经济制裁、文化渗透和武力干预等各种方式粗暴干涉别国内政，制造地区紧张局势。个别国家政治右倾化加剧，加快军力发展步伐，解禁集体自卫权，安全战略和军事战略的外向性进攻性明显增强，在我国周边四处煽风点火，是亚太地区和平的"麻烦制造者"。周边一些热点地区"三股势力"活动猖獗，暴恐事件频发，对地区稳定构成严重威胁。朝鲜半岛局势发展存在不确定性，爆发冲突乃至战争的可能性依然存在。特别值得警惕的是，某些域外大国将我国视为主要战略对手，怂恿部分周边国家"阻华遏华"，给我国周边安全形势带来不稳定因素。此外，海外发展利益面临的安全威胁日益增大，我国能源资源供应地等海外利益攸关区的安全形势不容乐观。

（三）世界新军事革命深入发展带来新挑战

当今世界，战争形态加速向信息化战争演变，信息主导成为制胜关键，体系对抗成为基本形态，精确作战成为主要形式，非对称非线性非接触作战成为主要作战样式。世界主要国家纷纷调整安全战略和军事战略，创新作战理论，发展武器装备，优化体制编制，加紧推进军事转型，重塑军事力量体系。有的国家深化新型作战理论，发展新型航母、无人作战平台以及动能定向能等新概念武器，打造新型作战力量，提升全球快速打击能力。有的国家出台新的国家安全保障战略和防卫计划大纲，修订同盟式防卫合作指针，强行通过新的安保法案，加大进攻性武器装备研发力度。有核国家持续巩固提升核力量，不断推进核武器现代化进程。我国应对世界新军事革命挑战、推进国防和军队改革面临的压力加大。此外，随着新兴技术的迅猛发展及广泛应用，太空、网络等新型安全领域斗争日趋尖锐复杂，逐步成为国家安全新领域和军事斗争新战场。

相关链接：
中国军队全面推进新时代国际军事合作

四、维护军事安全的途径与方法

从国家面临的内外部安全威胁与军事能力和军队的管理等方面对于军事安全都产生了一定程度的威胁，因此我国军事安全的任务也变得更为艰巨且更具有挑战性。在总体国家安全观下，"建设一支听党指挥、能打胜仗、作风优良的人民军队"，是维护军事安全的新方式。

（一）服从国家安全大局，努力维护国家发展重要战略机遇期

当今时代，军事和政治的联系更加紧密，政治因素对军事的影响和制约日益突出，在战略层面上的关联性明显增强。筹划军事安全必须服从政治的需要，服从国家安全大局的需要。当前，维护军事安全更需要具有宏观的视野，必须站在国家安全和发展全局

的高度，加强军事安全筹划，搞好前瞻设计，增强战略能力。要以国家核心安全需求为导向，深入探讨军事领域战略性全局性问题，保持战略清醒，增强战略定力，把战争问题放在国家安全大局中来认识来筹划，避免出现严重的战略性失误。要始终把国家主权和安全放在第一位，坚持军事斗争准备的龙头地位不动摇，坚决维护国家主权、安全、发展利益；同时，要有效应对传统安全威胁与非传统安全威胁，不断提高核心军事能力，全面提高应对多元安全威胁、完成多样化军事任务的能力。要加强军事行动与政治外交等多领域行动的协调配合，综合施策综合运用，把握好斗争的时机、途径和方式，更有效更充分发挥军事力量在营造态势、预防危机、遏制和打赢战争方面的战略保障作用。要推进军民融合发展战略，坚持需求牵引、国家主导，引导国家经济社会资源更好地为国防和军队建设服务，自觉将国防和军队建设融入经济社会发展体系，切实解决体制机制、技术标准、人才培养等方面存在的矛盾问题，推动富国与强军的统一。

（二）贯彻能打胜仗要求，提升信息化条件下威慑与实战能力

能打胜仗是对军事安全的本质要求。要紧紧抓住这一根本指向，用打仗的标准搞建设抓准备，努力缩小与世界先进国家军队的差距，提高打赢现代化局部战争的能力，确保部队召之即来、来之能战、战之必胜。陆军要按照机动作战、立体攻防的战略要求，加快侦察情报、陆航、特种作战、防空反导、电子对抗等新型作战力量建设，着力构建数字化、小型化、模块化、多能化的战备力量体系，实现由区域防卫型向全域作战型转变。海军要按照近海防御、远海防卫的战略要求，构建合成、多能、高效的海上作战力量体系，重点加强战略威慑和反击能力、近海综合作战能力、远海兵力投送能力、远洋机动作战能力，在重要海域保持军事存在，实现常态化战备巡逻，为应对海上危机和突发事件、维护海外利益提供可靠保证。空军要按照空天一体、攻防兼备的战略要求，加快推进制空作战、远程远海进攻、战略侦察预警、区域防空反导、战略运输与投送、信息攻防、无人作战、空间对抗、强电磁环境下作战以及空基核常威慑等能力建设，保持灵敏高效的战备状态。火箭军要按照核常兼备、全域慑战的战略要求，着力提升核威慑和核反击能力，加强中远程精确打击力量建设，增强战略制衡能力，构建平战结合、功能完备、高效反应、随时能战的战备体系。而战略支援部队要坚持体系融合、军民融合，努力在关键领域实现跨越发展，高标准推进新型作战力量加速发展、一体发展，成为新质作战能力的重要增长点。要高度关注太空、网络等新型安全领域，研究战场空间新变化和军事竞争新方式，抓好相关力量、手段和配套设施建设，大幅提升新型领域军事斗争能力水平，努力掌握战略竞争主动权，争得战略博弈的制高点。

（三）立足军队的使命任务，不断创新军事战略指导

国家安全局势的发展变化，对军队的使命任务提出了新的更高要求，为此必须进一步丰富和发展积极防御战略思想的内涵，更新战略思维，注重深远经略，前移指导重心。丰富和发展积极防御的战略思想，既符合总体国家安全观的本质要求，适应当今世界发展的时代潮流，也与我国传统战略文化一脉相承，是我国的政治优势，也是国家软实力的重要标志，从长远看也将进一步增强我国维护国家利益的正义性、正当性与合法

性，有利于破解日益凸显的安全困境，切实走出一条中国特色的安全道路。要深入探索现代战争制胜机理，从新的作战领域、新型作战力量和新式装备运用入手，研究探索未来战争基本形态、主导因素、制胜关键、必备能力及其引发的作战、指挥、保障方式变革等等，努力形成规律性认识，创新发展人民战争战略战术思想，丰富完善我军作战理论体系。要研究未来作战构想，依据新时期军事战略方针，探索各战略方向军事斗争准备、战区战略筹划设计、各军兵种战略发展及运用等问题。超前分析未来联合作战需求，开发针对性操作性实用性强的作战概念，明确战役战术和指挥标准及原则，紧密结合典型和特殊作战任务，设计具体的作战力量、作战空间、作战形式、作战流程等。要推动战法创新设计，针对不同作战对手、不同类型部队、不同作战环境、不同作战样式，运用系统模拟、数据分析、作战实验等方法，持续开展战法攻关论证，拿出信息主导的手段、精打要害的招数、联合制胜的方法，结合部队实战化训练实践反复检验，推出管用实用的战法创新成果。

（四）把握军事斗争底线，做好应对最严重事态准备

总体国家安全观强调要切实增强忧患意识，应着眼最严峻最复杂局面，超前谋划做好应对准备，争取最好结果。要对军事安全可能遇到的严峻挑战预有警觉与防范，防患于未然。尤其要强化安全战略筹划的预见性，采取有力措施避免安全态势恶化，赢得战略主动。努力把握国家安全实现的过程，对风险和效果严格评估，尽量减少可能付出的代价，积极创造条件应对重大威胁，维护国家安全。控制安全过程，不能简单以降低目标来规避风险，寻求目标与手段的动态平衡；注重分散风险，充分考虑到可能产生的变数，避免因过度投入而力不从心、顾此失彼；突出重点，抓住主要矛盾，重点突破，改善安全态势。我国周边面临一些现实和潜在热点，在特定条件下可能被激化，加上域外一些力量操控、境内分裂势力寻机妄动，甚至会发生复杂的"连锁反应"。要充分预想各个战略方向可能发生的突发情况，充分考虑国际国内各种联动因素，在做好战略预置、情报搜集、侦察预警的同时，做好战略机动、远程投送、联动打击、直达保障的准备，特别是要统筹好主要和次要作战方向的关系，分清轻重缓急，力避盲动掌握全局，谋求动态的积极安全。

（五）深化国际军事合作，努力提高维护世界和平能力

总体国家安全观要求牢固树立开放条件下的安全思维。为此要更积极参与国际和周边区域安全机制建设，力所能及地提供更多安全公共产品，推动构建开放、透明、平等的国际和区域安全架构。担当与大国地位相应的国际责任，军队要为维护世界和平作出更大的贡献。为此，必须与时俱进加强对外军事合作的整体设计，全方位发展对外军事关系，多层次推进务实性军事交流。特别是要有计划有步骤地推动军事力量走出去，在维护和拓展自身利益的同时，为国际社会提供更多的公共安全产品。要深化与更多国家军队的交流合作，逐步构建持续有效的协商机制，创造机会更多地参与双边或多边防务领域对话、定期开展各种想定条件下的联合军演，不断学习、取长补短，提高海外军事交往与国际事务干预能力。要拓展务实性军事合作，以应对共同安

全威胁为牵引，探索与有关国家合作的新领域新方式，特别是要加强关键岗位军官培训、重要领域技术交流等方面的合作，在相互借鉴中密切关系提升能力。要加快军事力量走出去，围绕"一带一路"倡议需要，精心运筹国际关系，积极构建海外力量布局，加强利益攸关地区战略预置，积极参与海外护航、远海搜救、反恐维稳、国际维和、非战斗人员撤离等活动或演练，不断积累经验吸取教训，切实提高遂行海外军事行动的能力。

经济安全是国家安全体系的重要组成部分，是国家安全的基础。维护经济安全，核心是要坚持社会主义基本经济制度不动摇，不断完善社会主义市场经济体制，坚持发展是硬道理，不断提高国家的经济整体实力、竞争力和抵御内外各种冲击与威胁的能力，重点防控好各种重大风险挑战，保护国家根本利益不受伤害。

第四节　维护经济安全

经济安全是国家安全体系的重要组成部分，是国家安全与发展的基础。维护经济安全，核心是要坚持社会主义基本经济制度不动摇，不断完善社会主义市场经济体制，坚持发展是硬道理，不断提高国家的经济整体实力、竞争力和抵御内外各种冲击与威胁的能力，重点防控好各种重大风险挑战，保护国家根本利益不受侵害。

一、经济安全的基本内涵

经济安全包括经济制度安全、经济秩序安全、经济主权安全、经济发展安全等方面。总体国家安全观下，经济安全同时注重状态与能力，经济安全是指经济全球化时代一国保持其经济存在和发展所需资源有效供给、经济体系独立稳定运行、整体经济福利不受恶意侵害和非可抗力损害的状态和能力，是指一国的国民经济发展和经济实力处于不受根本威胁的状态。国家安全离不开经济基础，经济安全与国家安全的诸多方面密切相关，经济安全复杂多变，具有丰富的内涵。从范围上看，经济安全包括资源安全、能源安全、金融安全、粮食安全、科技安全、产业与贸易安全等多个方面。资源安全、科技安全是国家安全体系的重要组成部分，经济安全则可着重关注金融安全、粮食安全、产业安全与贸易安全。

二、经济安全的重要意义

经济安全不仅涉及经济的各个方面，也与其他领域的国家安全交织。维护好经济安全至关重要，必须全面认识经济安全的战略重要性。

（一）经济安全是国家安全的基础

在和平发展的当今时代，国家维护安全，从根本上来说，是为了发展经济，提高人民的生活水平。从党的执政基础看，经济安全是赢得民心、巩固政权、稳定社会的基本条件。国家制定和实施安全战略，经济利益是基本出发点，国家的政治、军事乃至环境政策在很大程度上都是以经济建设为中心。没有经济安全，文化、教育、社会等领域安全也就无从谈起。此外，国家间的矛盾、冲突和斗争在很大程度上也围绕经济利益而展开。因此，维护经济安全成为国家最重要的职责之一。

（二）金融安全是国家安全的重要组成部分

金融安全是国家安全的重要组成部分。当今时代，金融已深深融入并深刻影响经济社会发展的各领域和全过程。从国家安全的宏观视角看，没有金融安全，包括经济安全、政治安全、国土安全、军事安全、文化安全、社会安全、生态安全等的国家安全体系就难以得到有效支撑和保障。因此，金融安全对国家安全的重要性并不局限于金融安全本身。金融安全既是国家安全的重要组成部分，也是国家安全的前提条件和重要保障。维护金融安全，是关系我国经济社会发展全局的一件带有战略性、根本性的大事。这为我国防范金融风险、促进金融服务实体经济指明了方向。总体看，当前我国金融形势是好的，金融风险是可控的。但也应看到，未来我国经济发展面临的内外部环境将更加复杂多变，我们应深刻认识维护金融安全的重大意义，高度重视金融安全问题，对存在的金融风险点做到心中有数、防范有效。

（三）粮食安全是经济安全的前提

粮食安全历来是治国安邦的首要之务。党的十八大以来，习近平总书记对中国特色粮食安全道路作出深刻阐释，并提出"以我为主、立足国内、确保产能、适度进口、科技支撑"的国家粮食安全新战略。粮食安全是指所有人在任何时候都能在物质上和经济上获得足够、安全和富有营养的粮食，来满足其积极和健康生活的膳食需要及食物爱好时，才实现了粮食安全。《国家安全法》第二十二条规定，国家健全粮食安全保障体系。保护和提高粮食综合生产能力，完善粮食储备制度、流通体系和市场调控机制，健全粮食安全预警制度，保障粮食供给和质量安全。可见，粮食安全是关系我国经济发展、社会稳定和国家安全的全局性重大战略问题，确保国家粮食安全具有突出作用和意义。

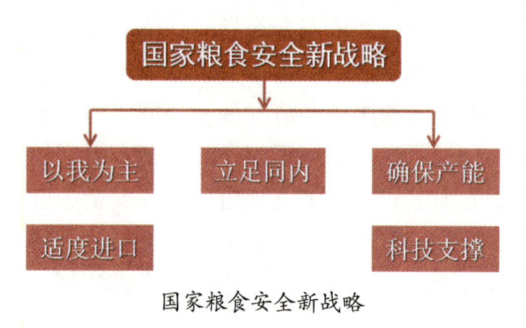

国家粮食安全新战略

（四）产业安全是经济安全的核心

当前我国经济已由高速增长阶段转向高质量发展阶段，正处在转变发展方式、优化经济结构、转换增长动力的攻关期，必须着力加快建设实体经济、科技创新、现代金融、人力资源协同发展的产业体系。产业安全是指在开放的条件下一国在国际竞争的发展进程中，具有保持民族产业持续生存和发展的能力，并始终保持本国资本对本国产业主体的控制。《国家安全法》第十九条规定，国家维护国家基本经济制度和社会主义市场经济秩序，健全预防和化解经济安全风险的制度机制，保障关系国民经济命脉的重要行业和关键领域、重点产业、重大基础设施和重大建设项目以及其他重大经济利益安全。可见，产业安全，特别是战略产业安全直接影响一国的经济与社会的稳定与发展，也是经济安全的重要核心。

（五）贸易安全是经济持续发展的保障

贸易安全主要有如下几个方面的含义：第一，国家的贸易发展和贸易利益不受外部和内部的威胁和侵害。第二，国家要为贸易的发展创造良好的国内环境和国际环境。第三，避免国家利益来自贸易要素的影响而损失，或使本国的经济受到来自贸易要素的过大打击。第四，保障国家在参与国际竞争中贸易能维护国家的利益并争取优势地位，并提高经济效益和促进经济增长。第五，国际贸易发展的同时，促进国民生活水平的提高。习近平总书记在党的十九大报告中指出，要拓展对外贸易，培育贸易新业态新模式，推进贸易强国建设。实行高水平的贸易和投资自由化便利化政策，赋予自由贸易试验区更大改革自主权，探索建设自由贸易港。创新对外投资方式，促进国际产能合作。因此可见，贸易安全是推动贸易强国建设，实现经济可持续发展的重要保障。

三、经济安全面临的威胁与挑战

新常态下，经济持续高质量发展有待进一步实现产能过剩优化升级、创新驱动发展，保持较高经济增长速度的难度增加。当前，我国发展面临的环境更复杂，不确定性更大，矛盾与问题更多，我国经济安全仍面临一些突出的威胁与挑战。

（一）经济全球化带来更多风险

随着经济全球化程度的加深，国际分工和国际经济合作日趋加深，国际贸易规模的扩张、国际资本流动与汇率的波动，一方面使一国经济对国际市场和其他国家的依赖性不断增强，另一方面国内的经济问题与全球经济危机都会相互影响，这给一国的经济安全带来更多的风险。经济全球化也将对我国的经济主权产生一定的影响，如何调和经济主权与国家经济发展之间的矛盾亦是我国经济发展面临的一个重大问题。而跨国资本流入可能带来的过度的外资并购会弱化或动摇本土企业乃至国家自主创新的基础和持续性，削弱一国或地区的国际竞争力及其持续性，进而影响经济安全。当前发达国家为了保持其在国际经济体系中的格局，并在国际上主导国际贸易和投资新规则，抬高在知识产权、金融监管、政府采购等方面的标准，所以，我国面临的外部经济环境对国家经济安全的挑战日趋严峻。

（二）金融安全内忧外患

当前国内外经济金融形势复杂，更加凸显维护金融安全的必要性、紧迫性。从外部环境看，一些大国开始调整货币和财政政策，这些政策的外溢效应对我国的金融稳定可能形成外部冲击。国际金融危机深层次影响在相当长时期依然存在，对我国金融安全与经济稳定发展仍有冲击。从国内情况看，我国经济转型升级正处于关键时期，金融业一方面承受着转型阵痛，另一方面承担着支持实体经济转型升级重任，此外还面临着部分金融机构杠杆率较高、过度趋利、金融监管存在空白和短板等挑战。随着新一代的信息技术加速突破应用，科技驱动的各类金融创新不断涌现，金融账户和数据的关联性、交叉性不断增强，金融服务和产品上线交付的速度持续加快，各类金融资产的转换更加便捷高效，金融活动的实时性越发明显，同时金融风险构成的交叉性和复杂度日益凸显。这些变化也给金融安全带来了新的挑战。

> **延伸阅读**
>
> ### 银行业的"黑天鹅"事件
>
> "黑天鹅"事件是指非常难以预测，且不寻常的事件，通常会引起市场连锁负面反应甚至颠覆。一般来说，"黑天鹅"事件满足以下三个特点：具有意外性；产生重大影响；虽然它具有意外性，但人的本性促使我们在事后为它的发生编造理由，并且或多或少认为它是可解释和可预测的。
>
> 2019年5月24日，中国人民银行和中国银保监会宣布，由于包商银行出现严重信用风险，对其进行接管，期限为一年。包商银行前身为包头市商业银行，2007年改名为包商银行。尽管它只是偏居塞上的不起眼的小银行，但根据中国银行业协会发布的"2018年中国银行业100强榜单"，包商银行位列第37位。央行直接出手接管一家银行，这样的事情非常少见。《商业银行法》第六十四条规定，商业银行已经或者可能发生信用危机，严重影响存款人的利益时，才达到被接管的条件。从公开消息看，包商银行是因为大股东"明天系"通过隐匿代持等方式持有该行89%的股份，把包商银行当成"提款机"，导致巨额股东占款无法归还，发生严重信用危机。
>
> （资料来源：搜狐网，https://www.sohu.com/a/363111674_701468，有改动）

（三）产业安全问题突出

新一轮科技革命和产业变革正处于重要的交汇期，能否在新的产业革命中抢占制高点，决定了一国在全球产业价值链的位置和产业安全的问题。当前，我国面临的产业安全问题主要包括三个方面：一是经济发展模式亟待改进，产业结构尚待调整优化。二是缺乏处于全球价值链引领位置的产业。三是科技创新能力有待进一步提升。

（四）贸易安全问题凸显

全球金融危机以后，发达国家经济增长疲软，外部需求减弱，对我国的对外贸易带来了前所未有的挑战，严重影响了正常的对外贸易的交往和就业，贸易安全问题不容忽视，愈发凸显。当前我国面临的贸易安全问题主要包括：一是全球主要经济体增速下降将对我国维护贸易安全产生显著压力。二是国际经济贸易格局的重大调整及其规则的变化，将影响贸易安全运行。

3 维护重点领域国家安全

```
贸易安全问题 ── 第一 → 全球主要经济体增速下降将对我国维护贸易安全产生显著压力
             └─ 第二 → 国际经济贸易格局的重大调整及其规则的变化将影响贸易安全运行
```

贸易安全的突出问题

（五）其他因素风险显现

其他多种因素对经济安全的影响也不容忽视。财政特别是地方政府财政安全和社会保险可持续性面临风险。财税体制有待进一步完善，部分城市建设规划和速度超出政府收入，收支不平衡使得财政和金融风险不断积累。社会保险存在隐患，养老保险基金制度与医疗保险制度有待进一步完善。此外，网络、人口、就业、资源、生态、房地产等领域也存在需要引起重视的安全风险。在网络领域，网络已融入了每个人的生活和各大企业中，网络攻击可能造成个人信息与资金盗取、企业在线业务中断、信息盗取、敲诈勒索、企业声誉受损、股票下跌等。在人口领域，人口老龄化引起劳动力短缺、社会保障成本提高等。在就业领域，结构性失业问题依然突出。在资源领域，国际市场资源价格走势、世界大国的资源争夺、资源产地的政治形势、运输战略通道的安全状况等都会影响中国的资源安全。在生态环保领域，经济绿色化水平低、环境污染严重等问题多发，经济发展中的生态保护形势严峻。在房地产领域，保持房地产长期平稳健康发展，仍面临不少挑战。

四、维护经济安全的途径与方法

经济安全涉及经济发展的方方面面，同时与其他领域安全相互交织。引领经济发展新常态，要努力实现多方面工作重点转变。从整体上来看，做好经济安全工作要处理好三个方面的关系。

（一）处理好发展与安全的关系

发展和安全互为条件，彼此支撑。一方面，安全是发展的前提。只有国家安全、社会稳定，经济社会才能持续健康发展。没有国家安全和社会稳定，一切都无从谈起。另一方面，发展是安全的保障。只有推动经济社会持续健康发展，才能筑牢国家繁荣富强、人民幸福安康、社会和谐稳定的物质基础。忽视安全的发展是存在隐患、不可持续的；忽视发展的安全是基础薄弱、不能长久的。前进道路上，我们既要以安全促发展，又要以发展保安全。

历史和实践证明，只有统筹好发展和安全两件大事，才能确保我国社会主义现代化事业顺利推进。统筹好发展和安全两件大事，要做到两手抓、两手都要硬，实现高质量发展和高水平安全的良性互动。新形势下统筹发展和安全，必须坚持两点论，实现发展和安全相得益彰。一方面，维护和塑造国家安全，以高水平国家安全促进高质量发展。要坚持总体国家安全观，实施国家安全战略，统筹传统和非传统安全，把安全发展贯穿国家发展各领域和全过程，重点加强国家安全体系和能力建设，确保国家经济安全，保障人民生命安全，维护社会稳定和安全，为高质量发展筑牢国家安全屏障。另一方面，加快实现高质量发展，以高质量发展保障高水平安全。进入新发展阶段，我们必须坚定不移把发展作为党执政兴国的第一要务，坚定不移贯彻新发展理念，坚持稳中求进工作总基调，以推动高质量发展为主题，以深化供给侧结构性改革为主线，以改革创新为动力，不断实现人民对美好生活的向往，增强人民群众的获得感、幸福感、安全感。

（二）处理好预防为主与底线思维的关系

经济隐患和风险有一个从量变到质变的过程，积累到一定程度，就可能引发危机。维护经济安全首先要将防范风险的关口前移，加强监测预警，完善经济安全法律法规，建立健全外商投资安全审查、出口管制等经济安全管控、审查机制，强化粮食等重要物资的生产供应保障，预先发现并尽早化解苗头性、倾向性风险，避免矛盾过度积累，确保经济长期平稳健康发展。

同时，又要抓住重点风险隐患的"牛鼻子"。对于那些已经积累到一定程度的重大风险，或者可能引发系统性危机的严重结构性矛盾，从应对最困难的情况着想制定相关应急、防范预案，预备相关应对措施。一旦出现重大险情就要果断采取措施加以处置，避免风险蔓延，坚决守住不发生系统性危机的底线。当前和今后一个时期，在适度扩大总需求的同时，去产能、去库存、去杠杆、降成本、补短板，从生产领域加强优质供给，扩大有效供给，提高供给结构适应性和灵活性，提高全要素生产率，使供给体系更好地适应需求结构变化。

（三）处理好维护国内发展安全与国际合作竞争博弈的关系

开放是国家繁荣发展的必由之路。习近平总书记指出，开放带来进步，封闭导致落后。我国经济深度融入世界经济体系，既促进了经济发展，结交了朋友，改善了安全环境，但同时也导致我国经济稳定受到国际经济波动和政治博弈的挑战。为此，要把维护经济安全和加强国际合作有机结合起来，既要有效防范外部冲击，特别是外部金融动荡对国内金融市场的冲击，又要充分把握国际合作的机会，通过加强国际合作，实现开放、发展、安全的共赢。

开创对外开放新局面，必须丰富对外开放内涵，提高对外开放水平，协同推进战略互信、经贸合作、人文交流，努力形成深度融合的互利合作格局。一是完善对外开放战略布局。推进双向开放，促进国内国际要素有序流动、资源高效配置、市场深度融合。二是形成对外开放新体制。完善法治化、国际化、便利化的营商环境，建立便利跨境电子商务等新型贸易方式的体制，提高自由贸易试验区建设质量。三是推进"一带一路"建设。坚持共商共建共享原则，完善双边和多边合作机制，以企业为主体，实行市场化运作，推进同有关国家和地区多领域互利共赢的务实合作，打造陆海内外联动、东西双向开放的全面开放新格局。四是深化内地和港澳、大陆和台湾地区合作发展。发挥港澳独特优势，提升港澳在国家经济发展和对外开放中的地位和功能，支持港澳发展经济、改善民生、推进民主、促进和谐。五是积极参与全球经济治理。推动国际经济治理体系改革完善，加强宏观经济政策国际协调，积极参与网络、深海、极地、空天等新领域国际规则制定。六是积极承担国际责任和义务。参与应对全球气候变化谈判，完善对外援助方式，维护国际公共安全。

相关链接：
全面提高对外开放水平，中国奏响与世界交融发展新乐章

第五节 维护文化安全

在数字化时代，我国文化安全面临来自文化霸权的全方位侵蚀，西方国家利用经济渠道对我国进行文化"植入"，渗透活动从未停止，使我国的文化安全面临严峻挑战。在网络时代，中国的网络生态环境极其复杂，中华文化受到互联网的严重冲击，维护国家文化安全刻不容缓。多元文化又使母语文化体系面临挑战，全民"英语热"对中华文化产生深层影响。

一、文化安全的基本内涵

文化是民族的血脉，是人民的精神家园。文化安全是指一个国家的文化相对处于没有危险和不受内外威胁的状态，以及保障持续安全状态的能力。国家的文化主权和尊严不受侵犯，文化的传统和文化选择得到尊重，是国家安全的重要组成部分。总体国家安全观中的文化安全实际上属于国家文化安全，是指整个国家的文化建设、文化发展、文化生活，还有文化活动能够不断巩固和发展中国特色社会主义制度，并不断巩固和完善中国共产党的执政地位。文化安全包括文化主权、文化价值观、文化资源安全等方面，关乎国家稳固、民族团结、精神传承，是国家安全的重要保障。文化包含的内容十分丰富，因而文化安全涉及的内容也包罗万象。

二、文化安全的重要意义

近代以来，伴随殖民化扩张运动，文化侵略等现象屡见不鲜，文化安全问题逐渐显现。文化安全问题的出现虽然源于不同文化之间的矛盾和冲突，但影响文化安全的因素并不局限于外部，一个国家内部也可能存在威胁和危害自身文化的问题。

（一）维护文化安全是传承并振兴中华民族文化的客观要求

作为中华民族几千年来实践与认识的智慧结晶，优秀的中华民族文化凝练了无数中华儿女的昂扬精神与伟大心血，其经历了历史的千锤百炼而仍熠熠发光，为古代中国的建设乃至社会主义现代化中国的建设都贡献了无与伦比的力量。中华优秀传统文化千年来如同子母河一般孜孜不倦地哺育中华民族，如果我们对自己的文化都不加以传承，那祖国的发展未来就如同无源之水般失去生命力。在形形色色的世界民族文化中，在现代

文化交流传播愈发多样便捷的环境下，纵然要鼓励开放包容的文化交流，更需谨慎外来文化的恶意渗透、同化，以本民族文化为中心向外辐射。必须将民族文化与精神牢牢扎根于每个中华儿女的血脉思想，增强文化认同，文化自信，才能使中华民族文化有源源不断的传承与创新载体，成为国家发展的精神支柱。

（二）维护文化安全与增强国家核心竞争力息息相关

核心竞争力除却经济、科技、军事等硬实力，文化软实力的作用也越发凸显，一方面，文化认同影响着人们的思想观念，在以人才为关键的信息时代，这意味着对人才具有吸引力的文化更能凝聚更丰富的人类智慧；另一方面，经济基础决定上层建筑，文化自身的经济功能也越发强烈，这与现代社会物质发展的繁荣使人们更加注重精神追求的趋势息息相关。因此，一个国家如果不能掌握自身的文化安全，将在国际竞争日趋激烈、国际形势风云变幻的环境中被动、落后，难以自信自强地屹立于世界民族之林。我国必须重视、提高文化软实力，才能使文化安全与其他安全环环相扣，构建总体国家安全体系，在国际竞争中立于不败之地。

（三）维护文化安全是建设社会主义文化强国的重要基础

当今世界，各种思想文化交流交融交锋更加频繁，文化在综合国力竞争中的地位和作用更加凸显。推动社会主义文化大发展大繁荣，建设社会主义文化强国，是一项极为重要的任务。文化强国的"强"，既强在文化产品文化服务丰富多样、文化事业文化产业繁荣壮大，又强在民族共有精神家园不被破坏、广大人民群众的文化权益不受侵害。没有文化安全，文化强国就难以建成；建不成文化强国，文化安全基础也不牢固。只有坚守文化安全底线，减少和消除威胁文化安全的内外因素，才能促进社会主义先进文化健康发展，不断推进社会主义文化强国建设。

三、文化安全面临的威胁与挑战

新中国成立以来，以美国为代表的西方国家对中国的意识形态渗透一直没有停止，并且在近年来趋于加强。西方采取多种手段、方式在中国宣扬其错误思潮并攻击中国共产党的领导和社会主义制度，严重冲击我国主流意识形态，危害我国文化安全。

（一）在旗帜、道路、价值观等重大问题上威胁我国文化安全

改革开放以来，国内外敌对势力一直实施"西化"战略图谋，在旗帜、道路、价值观等重大问题上威胁我国文化安全。其实施的主要体现：一是针对我国现状，不断向国际社会发出"中国崩溃"的预言和"中国威胁"的警报，竭力将中国形象"妖魔化"，妄图阻挠中国和平发展与国际合作。二是针对中国共产党和新中国的历史，掀起一股历史虚无主义思潮。这股思潮策动于西方，在我国思想文化界反复出现、持续多年、流毒至今。三是极力鼓吹西方资本主义价值观，诋毁社会主义核心价值观，腐蚀人们心灵，动摇理想信念。

（二）敌对势力不择手段威胁我国文化安全

国内外敌对势力挖空心思顽固推行"分化"中国的战略图谋，利用历史遗留问题，或借势国际乱局，利用民族、宗教问题威胁我国文化安全。中国近代国弱民穷，备受帝国主义列强欺凌和宰割，遗留下不少历史问题。这类历史遗留问题，正在被"分化"中国的战略图谋所利用。

（三）虚假网络信息成为文化安全的重要隐患

信息技术正在迅猛发展，互联网已融入社会生产、生活，为国家发展和安全提供了新的广阔前景及科技手段，也提出了新的时代挑战。我国已成为网络大国，网民数量世界第一，但还不是网络强国，亟须加强自主创新。同时，互联网传播信息快捷海量，各种虚假有害信息也借以诈骗牟利、破坏社会稳定、危害国家安全，各种腐朽思想也借以败坏社会风气、腐蚀人们灵魂，成为文化安全的重要隐患，迫切需要加强网络监管，维护网络安全，建设健康向上的网络文化，保护和发展人民群众的根本利益。

（四）文化发展建设中存在某些薄弱环节，对维护文化安全造成一定影响

一些地区没有处理好经济发展与历史文化资源保护之间的关系，个别文化企业片面追求经济利益、存在趋利媚俗现象，一些地方基层宣传思想文化工作依然薄弱，对维护文化安全工作造成一定影响。

四、维护文化安全的途径与方法

维护文化安全工作是一项关系全局、利在长远的战略工程。必须坚持内外统筹、攻防兼备的原则，采取有效举措，切实维护我国文化安全。

（一）深入开展理想信念教育，形成维护文化安全的精神支柱

在新时代，我们要继续坚持以马克思列宁主义、毛泽东思想、邓小平理论、"三个代表"重要思想、科学发展观、习近平新时代中国特色社会主义思想为指导，用中国梦和社会主义核心价值观凝聚共识、汇聚力量。推进马克思主义理论研究和建设工程、中国特色社会主义理论体系研究中心、马克思主义学院、报刊网络理论宣传阵地"四大平台"建设。加强思想道德建设和社会诚信建设，增强国家意识法治意识、社会责任意识，倡导科学精神，注重通过法律和政策向社会传导正确价值取向。

要培育弘扬社会主义核心价值观，努力在全社会形成共同的价值追求。深化对社会主义核心价值观的理论阐释，深刻解读其丰富内涵和实践要求。深入开展社会主义核心价值观主题实践活动，加强社会主义精神文明建设，深入开展文明城市、文明村镇、文明单位、文明家庭、文明校园建设。把社会主义核心价值观教育融入国民教育全过程，体现在文化产品创作、生产、传播的各个环节。充分发挥多种媒体宣传平台的作用，传播社会主义核心价值观。

要教育引导党员、干部、群众，尤其是青少年认真学习党史、国史，坚决抵制历史

虚无主义思潮，坚决反对任何歪曲和丑化党的历史的错误倾向。用好用活丰富多彩的党史资源，深入开展党的光荣传统和优良作风教育，开展形式多样的礼赞和缅怀英雄人物活动，弘扬红色文化，传承红色基因，培养热爱党、热爱社会主义的感情。充分利用新中国伟大成就展览、重大历史事件纪念活动、中华民族传统节庆等形式开展爱国主义教育，唱响爱国主义主旋律，使爱国主义成为人们的坚强信念和精神依靠。

（二）传承弘扬中华优秀传统文化，打牢维护文化安全的坚固根基

构建中华优秀传统文化传承体系。系统梳理传统文化资源，讲清楚中华优秀传统文化的历史渊源、发展脉络、基本走向，讲清楚中华文化的独特创造、价值理念、鲜明特色，引导人们树立正确的历史观、民族观、国家观、文化观。实施《完善中华优秀传统文化教育指导纲要》，推动中华优秀传统文化进课堂。创作生产一系列弘扬优秀传统文化的艺术作品，推出传播优秀传统文化的栏目，组织开展丰富多彩的传统文化宣传展示活动，把跨越时空、超越国度、富有永恒魅力、具有当代价值的文化精神弘扬起来。

教育部印发《完善中华优秀传统文化教育指导纲要》

加强文化遗产保护，振兴传统工艺，实施中华典籍整理工程。保护历史文化遗产，保存文化基因延续的历史文脉。开展文化遗产资源普查，完善保护名录体系。实施重大文物保护工程，严厉查处打击文物盗掘走私犯罪，保护文物安全。推进大遗址的保护利用和传承发展，有效保护遗址本体及其环境风貌。开展传统村落保护，禁止过度开发、无序建设。推进非物质文化遗产的分类保护、整体性保护和生产性保护，为传承单位和传承人创造良好条件，切实保护好文化生态，有效传承传统技艺。加强对珍贵文物和非物质文化资源出境的管理，防止珍贵资源外流。处理好城市改造开发和历史文化遗产保护利用的关系，在保护中发展、在发展中保护。大力推动典籍整理工作，通过丰富多彩的画面通俗易懂的语言，讲清典籍发展过程，讲好典籍背后故事，使人们深入领略和感受中华文化深厚底蕴。

推动中华优秀传统文化的创造性转化、创新性发展，使中华传统文化焕发新的光彩。立足于中国特色社会主义实践，对中华优秀传统文化进行科学梳理、精心萃取，赋予其新的时代内涵和现代表现形式，同时对其内涵进行补充拓展、完善，使之不断发扬光大，与当代文化相适应，与现代社会相协调，成为中华民族前行的动力。推动文物和非物质文化遗产的合理利用，使之与现代生活紧密融合，成为推动经济社会发展的不竭动力。重视和发展民族民间文化，支持戏曲艺术传承发展，使中华传统文化活起来、传下去。

相关链接：
传承弘扬中华优秀传统文化

3 维护重点领域国家安全

(三) 大力推进文化繁荣发展,奠定维护文化安全的坚实基础

扶持优秀文化产品创作生产,加强文化人才培养繁荣发展文学艺术、新闻出版、广播影视事业。抓好重大主题、重大题材作品的创作生产,突出中国梦主题和爱国主义主旋律。发挥好文艺批评、文艺评奖在引领和促进文艺创作繁荣方面的杠杆作用。广大作家、艺术家要扎根人民、扎根生活,努力创作出更多思想性、艺术性、观赏性有机统一的优秀作品。

加强现代公共文化服务体系建设,保障和实现人民群众基本文化权益。坚持政府主导、社会参与的原则,以标准化、均等化为抓手,构建覆盖城乡、便捷高效,保基本、促公平的现代公共文化服务体系。完善公共文化服务体系,引导文化资源向城乡基层倾斜,创新公共文化服务方式,保障人民基本文化权益。加强和改进基层宣传思想文化工作,深化各类群众性精神文明创建活动。

推动文化产业结构优化升级,发展骨干文化企业和创意文化产业,培育新型文化业态,扩大和引导文化消费。大力发展文化产业,推动文化产业结构战略性调整,优化产业布局,提高文化产业规模化、集约化、专业化水平。壮大传统文化产业,加快发展新型文化业态。鼓励资本向文化产业流动,培育一批具有竞争优势的文化企业,形成一批新的增长点和增长极。促进文化与科技、旅游等相关产业融合发展,推进内容创新、形式创新、业态创新。进步培育市场主体,激发市场活力,建立统一开放、竞争有序的现代文化市场体系。推动国有文化企业改革,建立有文化特色的现代企业制度,坚持把社会效益放在首位,实现社会效益和经济效益相统一。

(四) 掌握文化交流交融交锋主动权,营造维护文化安全的国际环境

深化文化交流,提高中华文化的影响力。努力构建多渠道、多层次、宽领域的对外文化交流格局,一方面要努力吸收借鉴有益成果,为中华文化注入新的血液、丰富的养料;另一方面要积极推动中华文化走向世界,传播当代中国价值观念。推动中华优秀文化艺术精品及文化项目出国演出展览,既能体现优秀传统文化精髓,又能反映当代中国精神。推进海外中国文化中心建设,大力传播中华文化。以孔子学院为平台,推进国际汉语教育,不断提高中文的国际地位。

加强国际传播能力和对外话语体系建设,不断提升中华文化的传播力。加强整体谋划,明确重点,逐步形成由点及面、辐射全球的对外传播总体布局。深入研究和有效借鉴国际传播规律和经验,精心构建独具特色的对外话语体系,着力打造融通中外的新概念、新范畴、新表述,讲好中国故事、传播好中国声音、阐释好中国特色。

促进国际文化贸易加快发展,提高中华文化竞争力。搭建重点领域文化产业公共服务平台,扶持推进国家对外文化贸易基地、海外文化贸易促进中心、境外文化贸易合作区建设,提高我国文化产品、服务的国际竞争力。着力打造具有国际竞争力的外向型文化企业、文化品牌,不断扩大我国文化产品和服务在国际市场中的份额。

积极参与文化领域的国际对话,增强国际话语权。继续积极参与联合国教科文组织、世界知识产权组织、亚欧基金等国际组织的有关对话活动,参与相关国际公约的制

定、履行，为维护世界文化多样性作出贡献。积极参与世界贸易组织和其他双边或多边贸易谈判，充分利用国际规则和国外经验，借鉴文化例外、文化多样性原则，在文化贸易谈判中维护文化安全。主动参与国际互联网规则制定，推动构建和平、安全、开放、合作的网络空间，切实维护网络主权。

（五）防范和抵御不良文化的影响，构筑维护文化安全阵地防线

牢牢把握正确舆论导向，健全社会舆情引导机制，传播正能量。有针对性地开展思想舆论斗争，掌握意识形态领域主导权。旗帜鲜明地批驳各种错误思潮以及质疑改革开放、质疑中国特色社会主义的错误言论，帮助广大干部群众明辨是非、澄清认识，巩固马克思主义在意识形态领域的指导地位，巩固全党全国人民团结奋斗的共同思想基础。

依法加强文化阵地规范管理，提升维护文化安全工作法治化水平。坚持主管主办制度，落实谁主管谁负责和属地管理原则，严格执行文化资本、文化企业、文化产品市场准入和退出政策。深入开展"扫黄打非"专项行动，完善文化市场管理，切实营造确保国家文化安全的市场秩序。依法规范、引导境外非政府组织在文化领域开展有利于公益事业发展的活动，加强监督管理，保障其合法权益。

加强网上思想文化阵地建设，实施网络内容建设工程，发展积极向上的网络文化，净化网络环境。加大依法管网治网力度，持续开展专项整治行动，规范网络信息传播秩序。推动传统媒体和新兴媒体融合发展，加快媒体数字化建设，打造一批新型主流媒体。

第六节　维护社会安全

当今中国社会阶层正在发生结构性变化，社会阶层结构重新洗牌并开始固化，社会阶层的新变化给中国社会的稳定带来严峻挑战。分配不公造成严重的社会问题，导致中国社会"马太效应"严重，贫富差距进一步拉大。中国社情复杂、潜藏危机，群体事件接连不断，严重地影响社会稳定，带有黑社会性质的犯罪团伙恶化了社会治安环境。

一、社会安全的基本内涵

从国家安全视角来看，社会安全可理解为对共同体的认同度及认同危机。因此，对于社会安全最主要的威胁为社会矛盾，社会矛盾代表了民众对社会的不认同，以及对政府政权合法性产生怀疑，从总体来看，这种社会矛盾产生的认同危机会严重影响国家安全。因此，社会安全指的是整个社会处于合理有序的状态，公民人身和财产都有保障，并且处于一个稳定状态。综合来看，社会安全的概念有广义和狭义之分，其内涵随时代的发展在变化。

社会安全

狭义的社会安全，指的是国家安全观中的"社会安全"，是相对于政治、经济文化安全等概念而言的，因此社会安全指的是排除了政治、经济、文化、军事、科技等社会现象的狭义"社会安全"。狭义的社会安全不考虑影响社会领域的文化、政治等衍生领域，单纯考虑人们所居住的社会空间的安全状态。

广义的社会安全，包括文化、政治、军事等广泛的社会化领域在内的社会空间保持稳定，不受破坏的安全状态。因此，广义的社会安全不仅仅包含狭义社会安全的范围，还包括政治安全、经济安全、文化安全、生态安全等影响社会安全的其他因素，是整个社会处于安全有序、不受外界影响的综合状态。

二、社会安全的重要意义

社会安全既事关每个社会成员切身利益，也事关国家经济发展和社会稳定，对于保障人民安居乐业、社会安定有序、国家长治久安意义十分重大。

（一）社会安全是国家安全的重要内容

维护国家安全，离不开社会的和谐稳定和长治久安。改革开放以来，我们党始终高度重视社会安全，始终把维护社会安定作为一项基础性工作。党的十八大提出全面建成小康社会的奋斗目标，大大拓展和丰富了社会安全的领域，赋予社会和谐稳定新的内涵，把工作触角从打击犯罪、维护稳定延伸到维护政治安全、经济安全、文化安全等领域，把工作着力点从打击、防范、管控拓展到服务、管理、建设等各个环节。

（二）社会安全是国家改革发展的重要保障

新中国成立特别是改革开放以来，我国用几十年时间走过发达国家一两百年走过的现代化进程。这种发展奇迹也意味着发达国家在不同历史发展阶段渐次出现的各种社会问题，在我国几乎同时出现，既带有转型国家普遍存在的一般性，又具有自身国情带来的特殊性。随着我国改革进入攻坚期和深水区，统筹协调各方面利益关系的难度加大，不仅社会矛盾多样多发，而且关联性、复杂性、敏感性增强，极易引发影响社会稳定的重大群体性事件。随着社会开放性日益增强，人员、物资、资金、信息的流动加快，刑事犯罪高位运行，重大安全事故时有发生，加之受社会心态、网络炒作等因素影响，一地问题有可能演变成多地问题，治安问题有可能演变成社会问题，内政问题有可能演变成外交问题。

（三）社会安全直接反映人民群众的幸福感和满意度

社会安全与人民群众生命财产安全等切身利益关系最密切，是人民群众安全感的晴雨表，是社会安定的风向标。习近平总书记指出，平安是人民幸福安康的基本要求，是改革发展的基本前提。随着经济发展、社会进步，人民群众对过上美好生活有更高的期待，对社会安全有更高的标准。人民群众不仅关注人身安全，而且关注吃得放不放心、住得安不安心、出行是否平安；不仅关注打击犯罪、维护稳定成效如何，而且关注社会治理、公共服务的水平高不高；不仅关注自身合法权益能不能得到有效保障，而且关注执法司法是否严格公正，社会公平正义能否以看得见的方式得到充分体现。只有自觉把群众对社会安全的需求作为努力方向，始终把重点放在化解社会矛盾、打击违法犯罪，维护人民群众的人身安全、财产安全、食品安全、网络安全、环境安全，预防和减少社会安全事故的发生，努力让群众过上更平安的生活，才能不断提升群众的安全感和满意度。

三、社会安全面临的威胁与挑战

新形势下我国国家安全和社会安定面临的威胁和挑战增多，特别是各种威胁和挑战联动效应明显。对此必须保持清醒头脑，强化底线思维，有效防范、管理处理国家安全风险，有力应对、处置、化解社会安定的挑战。在国内外形势的变化之中，我国的社会安全也面临着众多威胁和挑战。总体来说，我国的社会安全面临以下几种威胁和挑战。

（一）自然风险带来的危害

社会发展需要依赖其自然环境，自然相关风险具体涉及环境质量、自然灾害以及生态失衡等方面的因素。环境质量表示民众所处环境中的空气质量、土壤质量、水质、噪声污染情况等。生态失衡因素主要衡量城市生产生活对能源的消耗、环境承受程度、城市排污的自净能力，包括水华效应、热岛效应、雾霾、沙尘等问题。自然灾害是一种突发性的影响社会安全与稳定的因素，破坏性强的自然灾害一旦发生，就会给人民的生命和财产造成难以挽回的巨大损失，导致民心不稳、疫病流行的问题。影响社会安全与稳定的因素包括破坏性地震或海啸、突发性地质灾害、水旱灾害、大风及沙尘暴。自然相关风险造成的人员和财产损失也容易引发集体性的心理创伤。因此，应注意自然风险对我国社会安全带来的威胁和挑战。

（二）公共卫生事件的风险

公共卫生事件是指突然发生，造成或者可能造成对社会公众健康严重损害的重大传染病疫情、群体性不明原因疾病、重大食物和职业中毒以及其他严重影响公众健康的事件。公共卫生事件的发生具有突发性、传播快、危害大、受众广等特点，因此对社会民众的安全和社会运行的正常秩序会产生巨大影响，所以，公共卫生事件频发对我国的医疗卫生保障制度体系和应急应变能力提出了巨大挑战。

公共卫生事件

（三）社会矛盾积聚的风险

改革开放以来，我国社会加速转型，积聚了诸如生产责任事故高发、劳资冲突不断、社会道德失范、信任危机加深之类的社会风险因素，出现了不同社会发展阶段风险因素交织叠加的特征。一般社会问题和深层次社会问题、改革发展中的新问题与历史遗留的老问题交织叠加，境外因素引发境内问题，经济问题引发社会问题，一地矛盾引发其他地方矛盾，一些单纯利益冲突事件引发非直接利益群体参与等特点日趋明显。由此容易引发规模大、难处理的重大群体性事件，直接影响社会和谐安定。

（四）网络领域的安全风险

随着计算机和互联网的普及，截至2021年6月，我国的网络用户高达10.11亿人，互联网普及率达71.6%。一方面，信息化带来了新发展，例如，信息化与工业化深度融合、提高农业生产智能化、推进精准脱贫、实施"互联网+教育"、实施"互联网+医疗"、实施"互联网+文化"，促进基本公共服务均等化。另一方面，互联网的飞速发展也产生了一些新问题，对社会治理与社会安全提出了新的挑战。例如，危害社会安全的网络犯罪，包括网络从事虚假、诈骗、传播色情暴力内容等违法、违规活动，又如个人隐私泄露、机密工作曝光等网络安全问题。面对复杂严峻的网络安全形势，必须保持清醒头脑，各方面齐抓共管，切实维护网络安全。

（五）恐怖主义活动的风险

恐怖活动是指以制造社会恐慌、胁迫国家机关或者国际组织为目的，采取暴力、破坏、恐吓或者其他手段，造成或者意图造成人员伤亡、重大财产损失、公共设施损坏、社会秩序混乱等严重危害社会的行为。近些年来，国际恐怖主义活动越来越猖獗，严重扰乱了社会秩序，后果也越来越严重，对我国造成的影响也日渐增加。恐怖主义活动的发生不仅会造成巨大的财产损失，还会给民众带来恐惧心理，扩大恐怖氛围，严重威胁到社会安全。

延伸阅读

昆明"3·1"暴恐事件

2014年3月1日，一伙暴徒在昆明火车站持刀肆意砍杀无辜群众，造成31人死亡，141人受伤，其中40人系重伤。该案是暴力恐怖团伙所为，残忍暴行令人发指，更让人警醒。

全力打击暴力恐怖犯罪、坚决依法惩处暴恐分子，为人民群众创设安定有序、繁荣和谐的社会环境，既是民心所盼，也是众望所归。该案警示我们，要更加深刻地认识到反恐形势的严峻性和复杂性。对这种丧心病狂、滥杀无辜的暴力恐怖行径，必须坚决依法实施最严厉打击，切实加强治安防控措施，全力维护安全稳定。唯有如此，才能有力地保障人民群众生命财产安全，让人民群众放心、安心。

（资料来源：《洛阳日报》，http://lyrb.lyd.com.cn/html/2014-03/03/content_1085812.htm，有改动）

相关链接：
昆明"3·1"严重暴恐事件

四、维护社会安全的途径与方法

维护社会安全，要始终以人民群众安全需求为导向，全面推进平安中国建设，积极构建坚实可靠的社会安全体系，健全完善高效的社会安全机制，有效控制严重的社会安全问题，稳步提升人民群众的安全感和满意度。为此，应坚持"四个治理"：一是坚持系统治理，完善党委领导、政府主导、社会协同、公众参与、法治保障的社会治理体制，推进社会治理精细化，构建全民共建共享的社会治理格局。二是坚持综合治理，统筹各方面资源和力量，实现从注重事后处置向预防、处置和恢复全过程治理的转变，把影响社会安全的隐患风险消除在萌芽状态。三是坚持依法治理，自觉把法治思维和法治方式作为社会安全的基本思维和方式，善于运用法治方式研究、解决社会安全面临的问题，真正在法治轨道上维护稳定、化解矛盾、治理社会。四是坚持源头治理，始终把人民群众的利益放在首位，健全信息获取、利益凝聚、利益表达、利益协调、利益保护机制，引导群众依法行使权利、表达诉求、解决纠纷。

（一）切实维护公共安全

公共安全连着千家万户，确保公共安全事关人民群众生命财产安全，事关改革发展稳定大局。为此，必须坚决遏制重大公共安全事件的发生，最大限度地预防和减少国家和人民的财产损失及人员伤亡，要不断完善社会治安综合治理体制机制，以信息化为支撑加快建设社会治安立体防控体系，建设基础综合服务管理平台，努力编织全方位、立体化的公共安全网。

依法严厉打击各类严重刑事犯罪。要坚决打击境内外各种势力的破坏活动，坚决打击黑恶势力和严重暴力犯罪，坚决依法惩处多发性侵财犯罪和网络、电信诈骗等新型犯罪，坚决整治黑拐抢、黄赌毒等各类突出治安问题，全力维护公共安全。要加强对犯罪规律的研究，建立健全打击犯罪新机制，切实提高破案水平。

完善社会治安防控运行机制。构建情报收集网络，建立社会治安情报信息互通会商机制，通过准确研判引领实战。完善社会治安形势分析研判制度、社会治安重点地区排查整治工作制度，强化工作联动，形成工作合力。积极搭建治安防控区域协作平台，健全协作机制，增强防控整体实效。

健全社会面动态防控机制。科学划分巡逻区域，优化防控力量布局，提升社会面动态控制能力。强化人防、物防、技防建设和日常管理，全面落实各项安全保卫措施，完善人员密集场所和重点要害部位的安全防范机制，强化安全隐患排查，严防发生重大暴力案件和治安灾害事故。

加强重点行业和重点群体治安防控网建设。加强治安管理信息系统建设，完善重点行业信息采集和从业人员实名制登记等管理措施。加强邮件、快件寄递渠道安全管理。严格落实重点物品监管责任和相关制度。建立城乡统一的户口登记制度，健全人口信息管理制度。加强特殊人群服务管理工作，健全政府、社会、家庭"三位一体"关怀帮扶体系。进一步加强机关、企事业单位内部治安防控网建设，严格落实各项治安保卫制度。

大力加强安全生产管理工作。完善和落实安全生产责任和管理制度，实行党政同责、一岗双责、失职追责，强化预防治本，改革安全评审制度，健全预警应急机制，加大监管执法力度，及时排查化解安全隐患，坚决遏制重特大安全事故频发势头。实施危险化学品和化工企业生产、仓储安全环保搬迁工程，加强安全生产基础能力和防灾减灾能力建设，切实维护人民生命财产安全。加强危害食品药品安全、损害生态环境问题治理，严防发生群死群伤重大事故。

（二）深入开展反恐怖斗争

反恐怖斗争是一场维护祖国统一、政治安全、社会安定、人民幸福的斗争，必须采取坚决果断措施保持严打高压态势，坚决把暴力恐怖分子嚣张气焰打下去。

要以强烈的政治担当、责任担当，扎实做好反恐怖各项工作。要进一步强化情报预警，最大限度防止发生现实危害。要保持严打高压态势，持续深化严打暴恐专项行动，严厉打击暴力恐怖活动，决不给暴恐极端分子留下喘息之机。要强化网络反恐怖治理，巩固拓展打击网上暴恐音视频专项行动成果，坚决阻断有害信息传播和暴恐分子网络勾连渠道。要严格边境口岸管控，严防恐怖分子潜进潜出。要全面贯彻党的民族政策，坚持各民族一律平等，坚持依法管理，注意工作方法，以优质高效的服务环境和管理举措，促进各民族群众交往交流交融，筑牢各民族人民共同维护祖国统一、维护民族团结、维护社会稳定的钢铁长城。

要进一步强化立体防控和应急处置工作，筑牢社会面整体防控的铜墙铁壁。要落实基础防范措施，强化反恐怖防范标准建设，严密反恐怖防范体系，加强对新兴业态和寄递物流的隐患排查与安全监管。要健全完善反恐怖应急机制，强化应急力量、预案建设和演习演练，不断提升应急准备的常备性和精准性。要持续加大对反恐维稳工作支持力度，要持续深化去极端化工作，最大限度铲除宗教极端思想滋生蔓延的土壤。要进一步强化反恐怖国际合作，积极参与联合国、亚太经合组织、上合组织等多边框架内的反恐交流合作，加强与"一带一路"相关国家的反恐合作，保护我国境外人员、机构和项目的安全。

（三）有效预防和妥善处置群体性事件

面对群体性事件，要建立健全应急管理体制和工作预案，形成统一指挥、功能齐全、反应灵敏、运转高效的应急机制，及时应对有效处置，确保社会稳定。

加强矛盾纠纷源头防范。加快建立畅通有序的诉求表达、心理干预、矛盾调处、权益保障机制，完善人民调解、行政调解、司法调解联动工作体系，建立影响社会稳定的重点问题、重点领域、重点群体矛盾化解机制。完善社会稳定风险评估机制。加大重点信访案件化解力度，把各类不稳定因素消除在源头、解决在基层。坚持依法处置。依法办事是提高处置群体性事件能力的关键，也是必须坚守的底线。把依法处理作为基本方式，依法给事件定性，依法分清责任，依法采取各种处置措施，不允许任何人踩踏法律这条红线。同时，积极搭建协商谈判平台，让群众能够充分表达意见，争取群众的理解支持，最终达到化解矛盾、平息事态的目的。

加强舆论引导。做到早发现、早研判、早引导，使事件处置与舆论引导密切配合、同步实施。充分用好新媒体，为处置工作创造良好社会氛围。

相关链接：
"枫桥经验"：小事不出村、大事不出镇、矛盾不上交

（四）切实维护网络社会安全

维护网络社会安全，必须积极构建网上网下相结合的网络安全防控体系，严防各类违法犯罪活动在网上滋生蔓延，建立健全网络社会事件应对机制。

建立网络社会事件管控组织体系，制定有针对性的应对预案，及时回应或处置好相关事件。增强信息透明度，不断提高处理网络社会事件能力。

严厉打击网络违法犯罪活动。严格落实网络安全管理责任，严格落实网上巡查管理措施，开展网络造谣、网络诈骗、网络传销、网络色情、网络赌博和侵害公民个人信息等专项打击整治行动。

推进网络社会法治化治理。完善我国网络安全法律制度，把握网络空间特点，增强针对性、有效性和操作性。不断丰富执法手段，提高执法能力，规范执法行为。发挥互联网管理者、网站主办者以及广大群众的作用，同力共举，牢固树立法治观念和自律精神，努力建设一个健康、有序、和谐的网络空间。

第七节 维护科技安全

科学技术是国家发展的推动力，科技安全是国家安全的主要标志之一。党的十八大以来，党和国家大力发展科技事业，我国的创新能力快速跃升，科技实力不断增强，科技创新提供的物质技术基础越来越坚实。与此同时，科技安全也同样面临着复杂严峻的考验和挑战。

一、科技安全的基本内涵

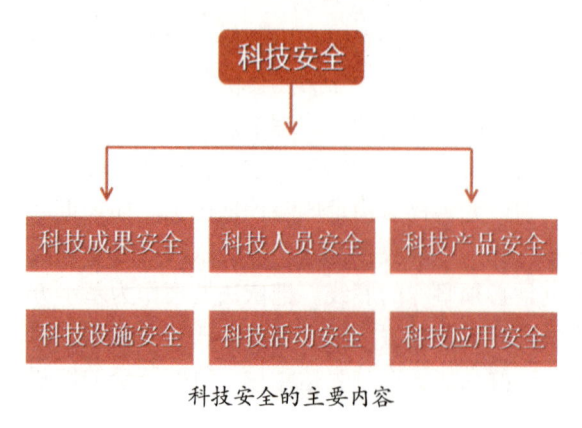

在总体国家安全观下，科技安全是指科技体系完整有效，国家重点领域核心技术安全控制，国家核心利益和安全不受外部科技优势危害，以及保障持续安全状态的能力。具体而言，科技安全包括科技成果安全、科技人员安全、科技产品安全、科技设施安全、科技活动安全和科技应用安全。科技安全是国家安全体系的重要组成部分，是支撑国家安全的重要力量。

科技安全的主要内容：科技安全——科技成果安全、科技人员安全、科技产品安全、科技设施安全、科技活动安全、科技应用安全

80

3 维护重点领域国家安全

作为总体国家安全观的重要组成部分，一方面，科技安全可以通过军事安全、经济安全、生态安全等安全要素体现出来，也可以从一些与科技安全密切相关的具体领域如网络安全、核安全、生物安全等体现出来。每个时期科技安全关注的重点是随着科技发展而不断变化的，如网络安全是当前科技安全中令人关注的问题。而随着现代生物技术飞速发展，生物安全问题也将成为科技安全关注的重点。另一方面，科技安全与其他领域安全密不可分。习近平总书记指出，能源安全、网络安全、生态安全、国防安全等风险压力不断增加，需要依靠更多更好的科技创新保障国家安全。

二、科技安全的重要意义

科技安全既是支撑国家安全的重要力量和物质技术基础，也是实现其他相关领域安全的关键要素，更是实施创新驱动发展战略的基本保障。

（一）科技安全是国家安全的重要保障

总体国家安全观内涵十分丰富，包括政治、国土、军事、经济、文化、社会、科技、信息、生态、资源、核等重点领域安全，以及太空、深海、极地、生物等新兴领域安全。科技安全是国家安全的重要组成部分，是支撑和保障其他领域安全的力量源泉和逻辑起点，是塑造中国特色国家安全的物质技术基础。历史证明，科技兴则国家兴，科技强则国家强。近代我国错过几次科技革命、工业革命的发展机会，科技落后、国力羸弱、被动挨打。新中国成立特别是改革开放以来，党和国家大力发展科技事业，科技在支撑发展和维护国家安全中发挥了至关重要的作用。当前，科技越来越成为影响国家竞争力和战略安全的关键要素，在维护相关领域安全中的作用更加凸显。

（二）科技安全是支撑国家安全的重要力量和物质技术基础

科技发展事关民族振兴，科技强大事关国家富强。明代以后，由于封建统治者闭关锁国、夜郎自大，我国同世界科技发展潮流渐行渐远，屡次错失强国富民的历史机遇。近代史上，我国落后挨打的根子之一就是科技落后。在一定程度上，科技实力决定着世界政治经济力量对比的变化，也决定着各国各民族的前途命运。科技是维护国家安全的重要力量和手段，科技安全是确保国家安全的物质技术基础。

（三）科技安全是实现其他相关领域安全的关键要素

习近平总书记指出："只有把核心技术掌握在自己手中，才能真正掌握竞争和发展的主动权，才能从根本上保障国家经济安全、国防安全和其他安全。"科技是实现政治、国土、军事、经济等相关领域安全的关键实力要素，是解决各种传统安全和非传统安全问题的核心力量。保证上述重点领域的安全，必须维护各领域的科技安全，改变核心技术受制于人的局面。

（四）科技安全是实施创新驱动发展战略的基本保障

当前，我国比以往任何时候都更加需要强大的科技创新力量。党的十八大做出实施创新驱动发展战略的重大部署,强调科技创新是提高社会生产力和综合国力的战略支撑,必须摆在国家发展全局的核心位置。顺利实施创新驱动发展战略,科技安全是最基本的前提条件。只有不断完善科技创新体系,切实增强自主创新能力,维护我国科技持续发展的安全状态,才能实现以科技创新为核心的商业模式、管理、体制机制和环境等全面创新,推动创新驱动发展战略顺利实施。

三、科技安全面临的威胁与挑战

在人类文明史上,科学技术一直是推动历史前进的巨大动力和杠杆。进入21世纪,科学技术发展的水平及竞争能力,在相当程度上决定了国家在世界竞争格局中的地位,成为影响国家安全的重要因素。谁掌握了高新科技的主控权,谁就拥有综合国力竞争的优势和主动权。随着世界上各个国家对科学技术的日益重视,科技领域所面临的威胁和挑战也日益增强。

(一)关键核心技术与国际先进水平仍有差距

随着我国经济由高速增长阶段转向高质量发展阶段,关键核心技术受制于人已成为制约发展的瓶颈。要大力提升自主创新能力,尽快突破关键核心技术,这是关系我国发展全局的重大问题。改革开放以来,我国科技一直坚持独立自主,抢抓机遇,不断开拓,科技创新成果不断涌现,科技整体能力持续提升,科技强国目标扎实推进。但同时也要看到,我国科技发展水平特别是关键核心技术创新能力同国际先进水平相比还存在很大差距,核心技术受制于人的问题依然没有得到根本解决,一些制约我国科技发展的瓶颈问题依然存在。在当前贸易保护主义上升、逆全球化思潮抬头的形势下,如果重要产业关键技术不掌握在自己手中,往往容易被他人"定点攻击",相关企业和行业也将面临生死考验。

(二)外部风险持续增加

近些年我国在科技领域取得的成就,加剧了部分西方国家的焦虑感,其为了维持在科技领域的霸权地位,采取打压、封锁、垄断手段阻遏我科技发展。一些国家为转移国内矛盾,以贸易战为工具,对我科技企业进行极限施压,对我科技人员严加防范;把一些中国企业列入"实体清单",实行技术封锁、产品禁运,构筑技术壁垒;处于技术金字塔顶端企业为了尽可能延长已开发技术的生命周期,维持长期专利利益,滥用技术优势,实行技术垄断,提高市场准入和技术门槛,损害全球用户利益。来自外部风险持续累加、迭代升级,科技垄断与反垄断、竞争与反竞争的斗争长期存在,对我维护科技安全造成长期性、持续性损害,我必须加强博弈手段的综合运用,切实有效维护我科技安全。

(三)高精尖科技人才资源较为匮乏

科技人才不仅是一种智力资源,同时也是最重要的科技资源。科技人才作为我国科技安全的重要载体,面临诸多挑战。当前,我国战略科学家和高精尖人才较为匮乏,能够把握、规划和推动关键领域取得创新突破或带领我国占据科技创新制高点的战略科学家群体极为稀缺。这与世界主要科技强国存在较为明显的差距。我国不仅缺乏掌握核心技术的人才，也缺乏将核心技术应用推广的产业化人才。在实施创新驱动和高质量发展战略背景下，人才评价、使用和激励等体制机制方面的一些深层次问题还待进一步破解，人才法治建设有待进一步加强。

四、维护科技安全的途径与方法

（一）实施创新驱动发展战略，增强科技支撑国家安全的体系化能力

实现"两个一百年"奋斗目标，建设世界科技强国，必须统筹发展与安全，坚定不移实施创新驱动发展战略，加快提升创新能力和科技实力，全面增强科技维护和塑造国家总体安全的能力。

聚焦重大需求突破关键核心技术，牢牢把握发展和安全的主动权。发展是国家安全的基础，科技创新要落实新发展理念，加强重大科研攻关任务部署，保障关系国计民生的重要行业和关键领域安全。围绕高质量发展建立现代化经济体系，统筹部署创新链产业链，补短板、建优势、强能力，着力构建市场经济条件下关键核心技术攻关新型举国体制，加快解决关键核心技术受制于人问题。围绕脱贫攻坚、乡村振兴，大力推动农业农村科技创新，加快农业高端装备研制，保障粮食安全。围绕实施健康中国战略，加快重大疾病和传染病防治研究，当前全力支撑打赢新型冠状病毒性肺炎疫情防控阻击战，加强人民群众生命健康科技支撑。聚焦美丽中国建设，加强大气、水、土壤、化学品风险防控等领域科技创新，支撑打赢污染防治攻坚战。围绕平安中国建设，加强公共安全风险防控与应急技术装备研发和应用，提升人民群众的安全感。

加强基础和前沿领域前瞻布局，为国家持久安全提供不竭动力。我国已进入跻身创新型国家前列、建设世界科技强国的新阶段。站在新的历史方位上，要以更高的目标、更长远的眼光，对科技创新进行前瞻谋划和系统部署。加强学科布局和体系建设，全面夯实基础学科，补足冷门、薄弱学科短板，推动学科交叉融合。加强"从0到1"的基础研究，加大基础研究稳定支持力度，推动自由探索的基础研究和目标导向的基础研究有机衔接。加强人工智能、脑科学、量子通信等面向长远发展的科技创新重大项目的部署和实施，推动颠覆性技术创新，形成引领经济社会发展和保障国家安全的动力源泉。

完善国家创新体系，夯实维护国家安全的科技能力基础。国家创新体系是决定科技发展水平的基础。加强科技创新，保障科技安全，必须构建系统、完备、高效的国家创新体系。强化国家战略科技力量，在重大创新领域布局建设国家实验室。深化科研事业单位改革，强化国家使命和创新绩效导向，扩大科研自主权。建设世界一流大学，系统提升高校人才培养、学科建设和科研开发三位一体的创新水平。强化企业技术创新主体地位，通过完善市场环境、加大财税金融政策支持，引导企业加大研发投入，培育壮大一批创新型领军企业。完善科技人才发现、培养、使用和激励机制，激发科技人才创新创业活力。坚持全球视野，加强国际合作，合力解决人类共同面临的粮食危机、气候变化、公共卫生等重大挑战，协力打造人类命运共同体。

（二）健全科技安全工作体系，提高科技安全治理水平

提高科技安全工作的政治站位。以习近平新时代中国特色社会主义思想为指导，深入学习贯彻习近平总书记关于国家安全和科技创新的重要论述，坚持和加强党对科技安全工作的全面领导，增强"四个意识"，坚定"四个自信"，做到"两个维护"。用总体国家安全观武装头脑，以国家利益至上为准则，以人民安全为宗旨，牢固树立国家安全和科技安全意识，坚持底线思维，发扬斗争精神，增强斗争本领，切实提高维护科技安全的能力和水平。

建立科技安全管理责任机制。把科技安全工作贯穿在科技工作的各个方面和各个环节，建立科技安全工作分级分类管理责任机制，明确管理事项、责任主体和工作程序。落实科技安全管理手段措施，加强机构、队伍和条件建设，完善科技安全工作体系。加强科技信息建设和管理、风险研判、预警监测、安全审查、处置管控和综合评估，打造科技安全工作完整链条。加强科技领域与其他领域国家安全工作协调，形成相互支撑的工作合力。

建立健全科技安全预警体系。完善科技安全预警监测指标，加强国际科技发展趋势、新兴领域、重大项目、前沿技术和颠覆性技术的动态监测，及时总结评估我国科技安全状况，建立相关部门分工合作的预警工作机制。发挥智库作用，加强科技安全工作专家智力支撑。制定重大科技安全风险应对预案，加强风险研判和危机管控。建立科技安全动员机制，坚持平战结合，提高科技在重大安全事件中的应急反应能力。

加强科技安全法规制度建设。全面贯彻落实《国家安全法》，加快出台生物安全法，完善生物技术研究开发管理规范，严格执行人类遗传资源管理、实验室生物安全管理等法规。完善国家科技保密制度，强化事关国家安全和重大利益的敏感领域、重大项目、重点机构保密管理。建立实施国家技术安全清单制度，严格执行国家禁止出口限制出口技术审查。在人工智能研发应用、生物医学研究等领域，全面推行伦理审查制度。加强无人驾驶、区块链等新兴领域立法研究，积极推动各国就共同关心的技术领域安全风险管控开展国际对话，参与和引导相关全球治理规则的制定。

第八节　维护网络安全

在大数据时代，中国网络安全的总体水平不容乐观。国家信息资源安全隐患严重，国家信息疆域和信息边界面临安全威胁，国家信息技术安全受制于人，国家网络安全人才严重缺乏。我国的网络安全面临严峻的挑战，维护国家网络安全刻不容缓。

一、网络安全的基本内涵

《国家安全法》第二十五条对网络安全的内容作出了具体的阐释："国家建设网络与网络安全保障体系，提升网络与网络安全保护能力，加强网络和信息技术的创新研究和开发应用，实现网络和信息核心技术、关键基础设施和重要领域信息系统及数据的安全可控；加强网络管理，防范、制止和依法惩治网络攻击、网络入侵、网络窃密、散布违

法有害信息等网络违法犯罪行为，维护国家网络空间主权、安全和发展利益。"网络安全是一个复杂的系统性问题，表现为个体利益、企业发展、社会稳定和国家安全等多个层次，体现在政治、经济、军事、科技、文化等各个领域。

2016年11月7日，第十二届全国人民代表大会常务委员会第二十四次会议通过的《中华人民共和国网络安全法》第七十六条规定："网络安全，是指通过采取必要措施，防范对网络的攻击、侵入、干扰、破坏和非法使用以及意外事故，使网络处于稳定可靠运行的状态，以及保障网络数据的完整性、保密性、可用性的能力。"网络安全的本质在对抗，对抗的本质在攻防两端技术能力的较量。网络安全包括网络基础设施、网络运行、网络服务、网络管理等方面，是保障和促进信息社会健康发展的基础。

相关链接：
网络安全为人民，网络安全靠人民

二、网络安全的重要意义

没有网络安全就没有国家安全。一个安全稳定繁荣的网络空间，对各国乃至世界都具有重大意义。网络安全事关我国国家安全和社会稳定，事关人民群众切身利益。

（一）网络安全事关国家安全和国家发展

网络安全已成为信息时代国家安全的战略基石。信息化与全球化的快速发展，正在塑造一个"一切皆由网络控制"的未来世界；网络空间的快速成长，正在催生"谁控制网络空间谁就能控制一切"的法则。政治、经济、社会、军事、科技等各个领域的安全问题，都与网络安全问题紧密关联。政治领域的"颜色革命"暗流涌动、经济领域的网络犯罪频繁发生、社会领域的网络攻击日益猖獗、军事领域的作战方式加速转型、科技领域的网络窃密，都是网络空间对传统领域安全问题的催化与变异。从国家安全的战略高度认识网络安全，把网络安全作为国家安全的战略基石去捍卫，是维护国家安全的时代诉求。

维护网络安全是促进国家发展的前提和条件。安全和发展是一体之两翼、驱动之双轮。发展是安全的基础，不发展是最大的不安全。放慢信息技术发展、限制网络应用、拒绝开放共享，换不来持久安全。安全是发展的条件，任何以牺牲安全为代价的发展都难以持续。要以改革的精神、开放的理念、创新的机制，科学治理和化解信息化发展中出现的问题与风险，掌握国家网络安全战略主动权，维护网络安全，促进国家发展。

（二）网络安全事关广大人民群众工作生活

互联网深刻影响和改变着人们的工作生活方式。越来越多的人通过互联网获取信息、学习交流、购物娱乐、创业兴业。截至2021年6月，我国网民规模达10.11亿、互联网普及率达71.6%，网络深度融入经济社会发展、融入人民生活。与此同时，网络安全问题也相伴而生。网络攻击、网络恐怖等安全事件时有发生，侵犯个人隐私、窃取个人信息、诈骗网民钱财等违法犯罪行为猖獗，网上黄赌毒、网络谣言等屡见不鲜，已经成为影响公共安全的突出问题。我国个人互联网使用的安全状况不容乐观，根据 2021 年 8 月发布的《第 48 次中国互联网络发展状况统计报告》，截至 2021 年 6 月，61.4% 的网民表示过去半年在上网过程中未遭遇过网络安全问题。此外，遭遇个人信息泄露的网民比例最高，为 22.8%；遭遇网络诈骗的网民比例为 17.2%；遭遇设备中病毒或木马的网民比例为 9.4%；遭遇账号或密码被盗的网民比例为 8.6%。维护网络安全就是维护每个公民自身的安全，清理整治网络有害信息和打击不法行为迫在眉睫、刻不容缓，广大人民群众对此呼声非常强烈。

延伸阅读

大数据的"妙用"

随着云计算时代的来临，大数据（Big data）也吸引了越来越多的关注。大数据是对大量、动态能持续的数据，通过运用新系统、新工具、新模型的挖掘，从而获得具有洞察力和新价值的东西。大数据不仅颠覆了生活方式，还对国家政治、经济、军事、生态等重大领域有着重要影响，是国家的重要战略资源。大数据发展日新月异的同时，随之而来的是数据安全的保障问题。比如，有人说，大数据时代，人类就像生活在"玻璃房"里。这句话道出了大数据时代潜在的安全风险：数据缺乏有效管理，就有泄露的危险，如果被别有用心的人利用，就会对个人隐私和国家安全造成极大危害。

（资料来源：《解放军报》，http://www.81.cn/jfjbmap/content/2019-04/15/content_231684.htm，有改动）

三、网络安全面临的威胁与挑战

国家互联网信息办公室发布的《国家网络空间安全战略》指出，网络安全形势日益严峻，国家政治、经济、文化、社会、国防安全及公民在网络空间的合法权益面临严峻风险与挑战。

（一）网络渗透危害政治安全

政治稳定是国家发展、人民幸福的基本前提。利用网络干涉他国内政、攻击他国政治制度、煽动社会动乱、颠覆他国政权，以及大规模网络监控、网络窃密等活动严重危害国家政治安全和用户信息安全。

（二）网络攻击威胁经济安全

网络和信息系统已经成为关键基础设施乃至整个经济社会的神经中枢，遭受攻击破坏、发生重大安全事件，将导致能源、交通、通信、金融等基础设施瘫痪，造成灾难性后果，严重危害国家经济安全和公共利益。

（三）网络有害信息侵蚀文化安全

网络上各种思想文化相互激荡、交锋，优秀传统文化和主流价值观面临冲击。网络谣言、颓废文化和淫秽、暴力、迷信等违背社会主义核心价值观的有害信息侵蚀青少年身心健康，败坏社会风气，误导价值取向，危害文化安全。网上道德失范、诚信缺失现象频发，网络文明程度亟待提高。

（四）网络恐怖和违法犯罪破坏社会安全

恐怖主义、分裂主义、极端主义等势力利用网络煽动、策划、组织和实施暴力恐怖活动，直接威胁人民生命财产安全、社会秩序。计算机病毒、木马等在网络空间传播蔓延，网络欺诈、黑客攻击、侵犯知识产权、滥用个人信息等不法行为大量存在，一些组织肆意窃取用户信息、交易数据、位置信息以及企业商业秘密，严重损害国家、企业和个人利益，影响社会和谐稳定。

（五）网络空间的国际竞争方兴未艾

国际上争夺和控制网络空间战略资源、抢占规则制定权和战略制高点、谋求战略主动权的竞争日趋激烈。个别国家强化网络威慑战略，加剧网络空间军备竞赛，世界和平受到新的挑战。

四、维护网络安全的途径与方法

维护好网络安全，不仅是自身需要，对于维护全球网络安全乃至世界和平都具有重大意义。中国致力于维护国家网络空间主权、安全、发展利益，推动互联网造福人类，推动网络空间和平利用和共同治理。

（一）强化网络社会管理，营造风清气正的网络环境

网络空间是亿万民众共同的精神家园。网络空间天朗气清、生态良好，符合人民利益。网络空间乌烟瘴气、生态恶化，不符合人民利益。谁都不愿生活在一个充斥着虚假、诈骗、攻击、谩骂、恐怖、色情、暴力的空间。互联网不是法外之地。利用网络鼓吹推翻国家政权，煽动宗教极端主义，宣扬民族分裂思想，教唆暴力恐怖活动等，这样的行为要坚决制止和打击，决不能任其大行其道。我们要依法加强网络空间治理，加强网络内容建设，做强网上正面宣传，培育积极健康、向上向善的网络文化，用社会主义核心价值观和人类优秀文明成果滋养人心、滋养社会，做到正能量充沛、主旋律高昂，为广大网民特别是青少年营造一个风清气正的网络空间。

（二）维护网络空间主权和政治安全

根据宪法和法律法规管理我国主权范围内的网络活动，保护我国信息设施和信息资源安全，采取包括经济、行政、科技、法律、外交、军事等一切措施，坚定不移地维

护我国网络空间主权。坚决反对通过网络颠覆我国国家政权、破坏我国国家主权的一切行为。防范、制止和依法惩治任何利用网络进行叛乱、分裂国家、煽动叛乱、颠覆或者煽动颠覆人民民主专政政权的行为；防范、制止和依法惩治利用网络进行窃取、泄露国家秘密等危害国家安全的行为；防范、制止和依法惩治境外势力利用网络进行渗透、破坏、颠覆、分裂活动。

（三）保护关键信息基础设施

国家关键信息基础设施是指关系国家安全、国计民生，一旦数据泄露、遭到破坏或者丧失功能可能严重危害国家安全、公共利益的信息设施，包括但不限于提供公共通信、广播电视传输等服务的基础信息网络，能源、金融、交通、教育、科研、水利、工业制造、医疗卫生、社会保障、公用事业等领域和国家机关的重要信息系统，重要互联网应用系统等。采取一切必要措施保护关键信息基础设施及其重要数据不受攻击破坏。坚持技术和管理并重、保护和震慑并举，着眼识别、防护、检测、预警、响应、处置等环节，建立实施关键信息基础设施保护制度，从管理、技术、人才、资金等方面加大投入，依法综合施策，切实加强关键信息基础设施安全防护。加强关键信息基础设施风险评估，建立实施网络安全审查制度。

（四）开展国际交流合作，维护网络空间的国家主权

网络安全是全球性挑战，没有哪个国家能够置身事外、独善其身，维护网络安全是国际社会的共同责任。各国应该加强沟通交流，完善网络空间对话协商机制，研究制定全球互联网治理规则，使全球互联网治理体系更加公正合理，更加平衡地反映大多数国家意愿和利益。应该携手努力，共同遏制信息技术滥用，反对网络监听和网络攻击，反对网络空间军备竞赛。推动制定各方普遍接受的网络空间国际规则，制定网络空间国际反恐公约，健全打击网络犯罪司法合作机制，共同维护网络空间和平安全。加强本国网络的信息基础设施的建设和网络智能化的信息技术设备研发领域的国际合作，切实提高我国的网络信息安全水平。

相关链接：
网络安全无小事，看看法律怎么说？

第九节　维护生态安全

我国作为一个领土、人口大国，随着经济社会的快速发展，资源约束趋紧，环境污染严重，生态系统退化，生态问题日益成为经济、社会发展中的关注点。维护生态安全直接关系人民群众福祉、经济可持续发展和社会长久稳定，生态安全成为国家安全体系的重要组成部分。

一、生态安全的基本内涵

生态安全是指一个国家赖以生存和发展的生态环境处于不受或少受破坏和威胁的状态，以及应对内外重大生态问题保障这一持续状态的能力。生态安全包括水、土地、大气、生物物种安全等方面，是人类生存发展的基本条件。面临生态破坏、环境污染、疫情等威胁。维护生态安全必须践行"绿水青山就是金山银山"理念，加强综合治理，筑牢国家生态安全屏障。

生态安全是国家安全的重要组成部分，是经济社会持续健康发展的重要保障，是人类生存发展的基本条件。《国家安全法》第三十条规定，国家完善生态环境保护制度体系，加大生态建设和环境保护力度，划定生态保护红线，强化生态风险的预警和防控，妥善处置突发环境事件，保障人民赖以生存发展的大气、水、土壤等自然环境和条件不受威胁和破坏，促进人与自然和谐发展。

生态安全

二、生态安全的重要意义

习近平指出，保护生态环境就是保护生产力，改善生态环境就是发展生产力。良好生态环境是最公平的公共产品，是最普惠的民生福祉。生态问题不仅关系到人民群众幸福安康，更直接关系到国家经济社会发展，事关国家兴衰和民族存亡。

（一）生态安全是人类生存发展的基本条件

自然生态系统是人类社会的母体。人类生存需要水、空气、土壤和食物供给等必备条件。人工生态系统和人类社会的和谐稳定，需要营养物质循环、气候与水文调节、污染物降解等生态调节过程。这些物质条件和功能构成了包括人类在内的所有生物的生命支撑系统。维护生态安全，首先就是维护人类生命支撑系统的安全。

就人类的实践活动而言，发展生产与影响生态环境可以说是同步进行的。人类只要进行生产，不管是多么科学的生产，都不可避免地会给自然环境带来影响。人类在生产生活过程中，会不断地把自然生态系统变为人工生态系统。这种人工生态系统以满足人类的物质精神需求为核心，受到人类的干预和主宰，但仍然必须遵循自然规律和生态法则。

维护生态安全，必须在满足人类生存发展条件的同时，防止生态环境的恶化。如果人类社会的发展让自身失去了生存的条件，例如没有清洁的空气、水、食品，那么发展就失去了意义。因此，生态的良好和可持续是经济和社会发展的基础和底线。

（二）生态安全影响经济安全、政治安全和社会稳定

人类历史上，由于生态退化和自然资源减少而造成经济衰退乃至文明消亡的现象屡

见不鲜。对任何国家来说，其存在与发展都离不开自然环境的消耗。这种消耗要想可持续，就必须是有节制的，即对自然环境的索取必须是自然环境能够承受的。超过了这个限度，问题积累起来，就会导致三个结果：一是资源会越来越少；二是环境质量会越来越差；三是生态系统会越来越不稳定。一旦超过生态系统所能承受的阈值，将造成不可逆的生态退化或破坏，不但导致直接的经济不安全问题，而且会透支后代的发展资源和生存环境，甚至对国家、民族的发展带来不可估量的影响。从这个意义来讲，生态安全构成了经济安全的条件与保障。可以说，没有生态安全，就没有经济的可持续发展，也就没有经济安全。

生态安全关乎人民群众的健康和生产生活。生态环境的恶化意味着人民生活质量的下降，甚至生存发展条件的丧失，可能导致社会动荡、冲突。随着全球人口的不断上升，对生产、生活资源需求持续增长，对环境破坏日益严重，与生态相关的冲突很有可能在今后几十年进一步增多。过度的城市化、气候变暖、森林消失、生物物种减少、荒漠化和人类生存环境的恶化，都有可能导致社会关系的紧张，并进一步演变成政治安全问题。从这个意义讲，维护生态安全对维护政治安全与社会稳定的重要作用不言而喻。

（三）生态安全影响文化安全和意识形态安全

生态问题并不只是生态本身存在的问题，而且是文化问题和人的问题。生态本身无所谓文明与野蛮之分，生态文明根源于人的文明。人们对于生态价值和生态安全的认识会形成生态文化价值观，生态文化也是意识形态的重要内容。一个社会的生态文化如何，直接反映出一个社会的文明程度，反映出该社会成员的整体文明素质。在错误的生态文化价值观支配下，人类对生态环境所采取的极其不友好的生产方式、生活方式和消费方式，会引发人与自然的紧张关系。在不科学的生态文化价值观和非绿色的发展观念指导下，形成了不科学的发展观、政绩观和生活消费观，产生了竭泽而渔的发展方式、奢靡浪费的生活方式和消费方式，进一步助长了与自然为敌的观念意识。社会主义生态文明观是一种科学的生态文化价值观，体现了人与自然和谐共生的思想观念，是习近平新时代中国特色社会主义思想的重要组成部分。我们要牢固树立社会主义生态文明观，为保护生态环境做出应有的努力。

（四）生态安全影响国土安全和资源能源安全

传统的安全观一般把国土安全作为维护边界、主权和国家统一的重要内容，不太注重土壤、空气、水体是否遭到污染，自然环境和人居环境是否适宜等生态环境因素，具有一定的局限性。无论是在古代还是在现代，生态安全对国土安全的影响都是十分明显的。没有肥田沃土、绿水青山的国土不是安全的国土。由于生态不安全，直接影响国土质量和国土的实用价值，进而影响生产力发展水平和可持续发展能力。生态安全也是资源能源安全的重要基础。生态系统作为人类生存和发展的客体系统，构成人类生存和发展的空间，是人类获取生产资料和生活资料的来源。维护好生态安全，就能以健康稳定的生态系统为经济社会发展提供充足、稳定、可持续供给的资源能源。

相关链接：
绿水青山就是金山银山

三、生态安全面临的威胁与挑战

中国幅员辽阔、海陆兼备，自然资源丰富，但适宜工业化、城镇化开发的面积有限，人均水资源占有量较低，人口分布、经济发展与资源环境条件不均衡，布局性、结构性矛盾突出，中国生态安全面临众多挑战。

总体上看，中国生态安全主要面临的威胁和挑战包括：一是自然生态空间过度挤压，总体缺林少绿，草原超载过牧现象较为严重，湿地开垦、淤积、污染、缺水等问题比较突出，近海生态恶化趋势还没有得到全面遏制。二是土地沙化、退化及水土流失不容忽视，2020年度全国水土流失动态监测结果显示，全国水土流失面积269.27万平方公里，荒漠化和沙化土地约占国土面积的1/3，因农田过度利用导致土层变薄、酸化、次生盐渍化加重和有机质流失的情况分布较广。三是水资源短缺，海河、黄河、辽河等流域水资源开发利用率远远超过国际公认的40%的生态警戒线，一些地方河流开发利用已接近甚至超出水环境承载能力，部分区域水生态系统受损严重。四是生物多样性面临挑战，外来物种入侵事件频繁发生，对自然生态系统平衡、本土物种基因构成威胁。五是城乡人居环境严峻，一些城市空气质量超标，部分区域灰霾污染频发，部分河流和湖泊的污染物入河（湖）量超过其纳污能力，部分地区城乡饮用水水源存在安全隐患，土壤点位超标率也比较高。六是气候变化可能造成重大影响，近年来，我国的温室气体排放量急剧攀升。受气候变化影响，洪涝、台风、季节性干旱更趋严重，低温冰雪和高温热浪等极端天气事件频发，造成农业生产的不稳定性和成本增加，基础设施建设和运行安全受到影响。

碳排放加速全球变暖

四、维护生态安全的途径与方法

党的十九大报告提出把我国建成富强民主文明和谐美丽的社会主义现代化强国的战略部署，其中包含了构建生态安全型社会的重大任务。因此，我们要不断优化生态安全屏障，大力推进生态文明建设，提供更多优质生态产品，使人民充分感受到建设美丽中国和走向社会主义生态文明新时代的幸福愉悦，满足人民日益增长的优美生态环境需要。

（一）强化国土空间和资源开发管制

坚定不移实施主体功能区制度，健全财政、投资、产业、土地、人口、环境等配套政策。强化土地用途管制，划定并严守生态保护红线。严守水资源开发利用、用水效率、水功能区限制纳污三条红线，加强地下水开采总量控制。积极发展循环经济，强化节能节地节水准入，提高全社会资源产出率。实施工业绿色发展战略，加强产业上下游间衔接与耦合，推进工业集约化发展。严格实施矿产资源规划，强化准入管理，严控采矿活动对生态环境的影响。

（二）完善相关法律法规和财税制度

加快推进生态安全重点领域立法修法工作，强化环境保护监督工作。将生态环境保护纳入领导干部政绩考核体系，探索编制自然资源资产负债表，建立领导干部自然资源资产离任审计制度，制定《党政领导干部生态环境损害责任追究办法（试行）》，对失职渎职、滥用职权的予以严肃追责。落实并完善促进节能减排、保护生态环境的税收政策，加快推进环境保护费改税和资源税费改革。深化自然资源及其产品价格改革，探索建立全面反映市场供求和资源稀缺程度、体现生态价值和代际补偿的资源有偿使用制度，建立健全生态保护补偿机制。

（三）加强自然生态系统保护与修复

加强林草植被保护与建设，提升森林和草原质量。强化天然湿地保护，有计划推进退耕还湿。调整农业结构，推进农业清洁生产，保护与提升耕地质量。强化自然海岸线保护，控制海岸带环境污染和生态破坏，控制领海内海水污染，推进受损典型海洋生态系统修复。强化自然保护区建设和管理，探索建立以自然生态资源保护为核心的国家公园体系，加强极小种群、重要野生动植物及栖息地保护和恢复，严格重要种质资源、珍稀濒危野生生物资源进出口管理，加强外来物种监测预警及风险管理。积极推进重点地区水土流失和沙化、石漠化土地治理。

（四）推进重点环境问题治理

加强水生态保护，系统整治江河流域，连通江河湖库水系，开展退耕还湿、退养还滩。推进荒漠化、石漠化、水土流失综合治理，强化江河源头和水源涵养区生态保护，开展蓝色海湾整治行动。实施大气污染综合防治，推进清洁生产和节能减排，严控多种大气污染物排放量，切实改善大气环境质量。完善国家土壤环境监测网络，加大土壤重金属污染治理修复力度，强化农产品产地安全和污染场地开发利用监管。实施矿山生态环境保护与恢复治理。

（五）加强生态安全能力建设

加强生态安全能力建设主要包括以下两方面内容：一是加强国家生态安全智慧建设，它是一项将信息智能技术纳入生态安全系统，以便于全面提高生态安全的知识化、信息化、智能化和可控化的能力建设，它涉及环境污染源监控管理信息系统建设、环境保护管理信息系统建设、环境质量监测管理信息系统建设、核安全与辐射管理信息系统建设和环境应急管理信息系统建设等多方面内容。二是增强生态安全韧性，它是指增强国家和公民个人在逆变环境中的反应、承受、适应和迅速恢复的能力，使国家和公民在环境灾难和环境压力面前具有坚不可摧的韧性和弹性。

（六）积极参与全球生态环境治理

人类只有一个地球，在全球性生态危机面前，没有哪一个国家可以独善其身。积极参与全球生态治理，有助于协调世界各国在应对气候变化和阻止全球性生态危机方面的职责与利益，建立起国际分工明确、协调统一的全球生态治理体系，推动全球生态治理体系和治理能力现代化；有利于世界各国分享在环境保护、绿色低碳技术、生态文明教育、生态治理法律制度建设等方面的经验智慧，推动全球生态治理合作共赢。

延伸阅读

扎实做好碳达峰碳中和工作

近日，中共中央、国务院正式公布《关于完整准确全面贯彻新发展理念做好碳达峰碳中和工作的意见》（以下简称《意见》），对碳达峰碳中和工作作出系统谋划，明确了总体要求、主要目标和重大举措，是指导做好碳达峰碳中和这项重大工作的纲领性文件。我们要坚持以习近平新时代中国特色社会主义思想为指导，全面贯彻习近平生态文明思想，完整、准确、全面贯彻新发展理念，认真落实《意见》要求，扎实有力推进各项工作，确保如期实现碳达峰碳中和。

二氧化碳排放力争于2030年前达到峰值，努力争取2060年前实现碳中和，是以习近平同志为核心的党中央统筹国内国际两个大局，经过深思熟虑作出的重大战略决策，事关中华民族永续发展和构建人类命运共同体。在新发展阶段，做好碳达峰碳中和工作，加快经济社会发展全面绿色转型，对我国实现高质量发展、全面建设社会主义现代化强国具有重大意义。

实现碳达峰碳中和，绝不是就碳论碳的事，而是多重目标、多重约束的经济社会系统性变革，需要统筹处理好发展和减排、降碳和安全、整体和局部、短期和中长期、立和破、政府和市场、国内和国际等多方面多维度关系，采取强有力措施，重塑我国经济结构、能源结构，转变生产方式、生活方式。

实现碳达峰碳中和是一场硬仗，也是对我们党治国理政能力的一场大考。要增强"四个意识"、坚定"四个自信"、做到"两个维护"，充分发挥我国的制度优势，抓住"十四五"开局起步关键期，围绕能源、工业、城乡建设、交通运输等重点领域，扎实推进各项重点工作，确保碳达峰碳中和工作取得积极成效。

（资料来源：《人民日报》，http://paper.people.com.cn/rmrb/html/2021-10/25/nw.D110000renmrb_20211025_1-06.htm，有改动）

第十节 维护资源安全

作为世界第一大资源消费国,资源安全问题与全面发展息息相关。我国资源安全的环境和形势错综复杂,资源能源安全令人担忧。能源短缺已经成为我国经济发展的瓶颈,能源安全面临诸多挑战。其中,石油能源安全事关国家发展全局,特别是在全球展开石油能源争夺战的情况下,我国能源地缘环境正在发生改变。因此,必须从国家安全战略的高度谋划中国资源安全保障,制定符合国情的资源安全策略,从长远上谋划中国能源安全保障。

一、资源安全的基本内涵

资源安全核心内容包括三个方面:资源的数量、资源供应的稳定性和资源价格的合理性。目前资源安全的定义主要有两大类型,一种是从资源本身来定义资源安全,即自然资源基础和生态环境处于良好的状态或遭到难以恢复的破坏,这一界定主要考虑的是资源的基础是否保持良好和资源自身的安全状态,因而有人把这一概念作为生态安全或环境安全的定义。另一种是从自然资源对社会经济发展的保障程度来定义资源安全,将资源安全理解为一个国家或地区战略性自然资源可持续保障的状态,或者是指一国或地区自然资源保障的充裕度、稳定性和均衡性。

在总体国家安全观下,资源安全是一个国家或地区可以持续、稳定、及时、足量和经济地获取所需自然资源的状态或能力,同时自然资源基础赖以依存的生态环境也处于良好或免遭不可恢复破坏的状态。从国家安全的角度看,资源的构成主要包括水资源、能源资源、土地资源、矿产资源等多个方面。资源安全的核心是保证各种重要资源充足、稳定、可持续供应,在此基础上,追求以合理价格获取资源,以集约节约、环境友好的方式利用资源,保证资源供给的协调和可持续。可见资源安全所关注的根本问题是如何保障国民经济发展命脉的自然资源具有可持续的供给能力,如何实现资源利用在时空上的优化配置,以及如何保护和恢复自然资源开发利用中所处的生态系统的功能和结构。

资源的构成

二、资源安全的重要意义

资源安全在国家安全中居于重要地位。资源作为战略保障,是国家维护政治、军事安全的基础,是经济社会平稳可持续发展必不可少的要素。由于资源是环境的一部分,因此又与生态安全息息相关。

(一)资源安全是国家安全的重要支撑

任何国家的生存与发展,都以消费自然资源为条件。没有可靠的资源供应,人类的生产、生活就不能进行，经济就会崩溃，社会就会动荡，进而政权就会失去存在的基础。由于资源对于国家具有生死攸关的重要性，因此国家间往往会因资源问题而发生冲突甚至战争。

（二）资源安全是其他领域安全的依托

资源安全与其他领域安全都直接或间接相关联，发挥着重要的依托作用。例如，资源的权属关系，是国家政治制度的重要部分；控制国土上的资源是维护国土安全的重要内容；没有充足的、稳定的资源供应，经济无法正常运行，社会无法稳定，军事安全、科技安全、网络安全、核安全也得不到原料保障；只有高效利用资源，才能使生态安全和资源安全协调兼顾。

三、资源安全面临的威胁与挑战

资源安全是国家战略命脉和国家发展依托。面临供需矛盾大、对外依存度高、开发利用水平低等问题。维护资源安全必须坚持推进绿色发展、利用好两个市场和两种资源。

（一）水资源供需矛盾突出

我国地域辽阔，水资源时空分布不均，南多北少、东多西少、夏秋多冬春少。根据2020年度《中国水资源公报》显示，我国水资源总量3.16万亿立方米，人均水资源量仅为世界平均水平的1/4，水资源供需矛盾突出。加之水生态损害、水环境污染的问题不断积累，保障水资源可持续利用，推动水环境水生态持续改善，已成为推动绿色发展的当务之急。此外，全社会节水意识不强、用水粗放、浪费严重，水资源利用效率与国际先进水平存在较大差距，水资源短缺已经成为生态文明建设和经济社会可持续发展的瓶颈制约。

（二）土地资源形势严峻

我国人均耕地面积偏低，根据2021年8月发布的《第三次全国国土调查主要数据公报》显示，我国耕地面积约19.18亿亩，人均耕地面积不足1.4亩仅为世界平均水平的2/5，而且地区间很不平衡。随着人口增长，耕地资源约束将更紧。同时，人多地少的基本国情没有变，粗放利用土地现象依然突出，土地管理形势依然严峻。土地的粗放利用不但加剧了土地供需矛盾，而且降低了经济发展的质量。此外，生态用地数据变化明显，生态承载问题日益突出。全国因草原退化、耕地开垦、建设占用等因素导致草地减少；具有生态涵养功能的滩涂、沼泽减少，冰川与积雪减少；局部地区盐碱地、沙地增加较多，生态承载问题比较突出。

（三）资源对外依存度过高

长期以来，我国一直存在着能源和矿产资源供给能力严重短缺的问题。我国资源总量丰富，但人均资源占有量远低于世界平均水平。由于国内资源严重短缺，资源对外依存度呈上升趋势。从进口运输通道看，我国资源进口集中于海运，主要海运通道均须穿过马六甲海峡和南海，通道安全保障面临多种威胁。

（四）资源开发利用水平不高

从国内的资源生产来讲，由于过去的高强度开发，主要矿种产量占全球比重远高于储量占全球比重，开发强度远超过世界平均水平，有的甚至超过10倍以上。特别是优势资源大量出口发达国家，产量普遍占全球的一半以上，有的甚至高达80%～90%。由于我国矿产冶炼加工产能扩张过快，甚至出现了钨、锑等优势资源也需要大量进口矿石的情况。这种高强度开采所导致的国内资源大量消耗，进一步削弱了我国资源的可持续供应能力。从总体上讲，我国资源开采方式粗放，资源浪费严重，环境污染等问题突出，特别是非法开采、超指标开采、采富弃贫等问题屡禁不止。矿产开采引发的生态破坏问题造成了高昂的经济成本和社会成本。

四、维护资源安全的途径与方法

资源是各国争夺的焦点，维护我国资源安全面临内外部各种挑战，必须加强谋划，综合施策，重点把握好以下三方面问题。

（一）既要坚持立足国内，又要充分利用国际资源

维持必要的资源自给能力是保障资源安全的战略基点。国内供应达到总需求的一定比例，资源安全对国家安全的支撑作用就能得到最低限度的保障。要坚持立足国内，一方面加大矿产等资源的勘查力度，争取取得突破，增加国内资源储量；另一方面合理规划矿业等的规模，高度重视优势资源保护，防止、限制外部对我国资源能源的不当获取和掠夺。

鉴于我国的资源禀赋特性，保障资源安全必须充分利用外部资源。从长远看，除了资源出口型经济外，经济大国要完全依靠自身资源保障需求都会导致资源环境的不可持续。当前，国际环境总体和平，资源供给相对充足，市场秩序较为稳定，应当充分利用国际资源，减少国内资源消耗并保护环境。综合采取加大海外资源权益投资、强化储备应急能力建设、加强运输通道保障等多方面措施，着力提升我国对境外资源的掌控力，增强话语权和定价权，变依赖国际资源为运筹国际资源，切实保障海外资源安全供应。

（二）着力提高资源开发利用水平，坚持资源开发和环境保护并重

资源开发利用总体水平不高，是我国资源安全面临的突出问题。一方面导致资源浪费严重，加剧资源供需紧张关系；另一方面造成高昂的环境代价，不仅经济上不可持续，水污染、大气污染等问题还影响到人民身心健康，使得一些必要的资源开发利用项目不被公众理解。因此，维护资源安全必须以提高资源开发利用水平为重要抓手，资源开发和环境保护并重，找到资源开发利用和环境保护的平衡点，实现资源和环境的双赢，为资源安全长治久安奠定基础。一是高度重视资源节约，加快转方式调结构，着力构建资源节约型社会，减轻经济发展对资源投入的依赖，有效降低资源消耗强度。二是

3 维护重点领域国家安全

加强资源开发利用的生态监管，严格环境管理和执法，依法从严查处违法行为，着力治理资源开发利用造成的各种环境污染，推动资源利用与环境保护相协调。三是加大科技创新力度，推动资源行业由大变强，不断提高资源利用和深加工水平，解决高端产品和装备对外依赖问题，推进资源的全产业链安全，为资源安全提供强大支撑。

（三）坚持底线思维，着力防范资源对外依赖可能导致的极端风险

我国资源安全存在石油对外依存度较大，资源进口运输通道单一且安全保障能力不足等突出软肋。要吸取有关国家遭遇封锁、禁运等情况的教训，坚持底线思维，健全预防预备体系，完善应急处置预案，提高抵御极端风险挑战和应急状态的能力。

还要注意到，底线思维中的"底线"会随着经济社会发展而不断改进。在战争条件下，"底线"意味着要保证军事、军工最低需求；在和平时期，"底线"则意味着必须保证经济运行平稳、群众日常生活的需要。针对不同资源、不同用途、不同时期、不同情况，分别制定针对性底线指标。

第十一节　维护核安全

原子的发现和核能的开发利用，给人类发展带来了新的动力，极大增强了人类认识世界和改造世界的能力。同时，核能发展也伴生着安全风险和挑战。人类要更好利用核能、实现更大发展，必须应对好各种核安全挑战，维护好核安全。

一、核安全的基本内涵

国际原子能机构对核安全的定义是："核安全是指对核材料、其他放射性物质以及相关设施的偷盗、破坏、非授权进入、非法转移等行为进行的防范探测和反应。"这一定义重点关注的是核材料及核设施，而未将核信息、核技术的扩散以及核军备竞赛、核军控、核武器等内容包括在安全范畴。2010年《华盛顿核安全峰会公报》中，对核安全的定义进行了补充和完善，并指出各国应该根据

《华盛顿核安全峰会公报》发布

各自的义务，对维护各自所控制的核材料（包括核武器中使用的核材料）和核设施的有效安全，以及防止非国家行为体获取使用涉核材料所需要的信息和技术负有根本上的责任。

在总体国家安全观下，核安全是指国家坚持和平利用核能和核技术，加强国际合作，防止核扩散，完善防扩散机制，加强对核设施、核材料、核活动和核废料处置的安全管理、监管和保护，加强核事故应急体系和应急能力建设，防止、控制和消除核事故对公民生命健康和生态环境的危害，不断增强有效应对和防范核威胁、核攻击的能力。

二、核安全的重要意义

维护核安全，既具有军事意义（即防范核威胁和核攻击），也具有非军事意义（即防范核犯罪、核事故所造成的核危害）；既涉及国家与国家之间的关系（即防范核武器扩散），也涉及国家与非国家行为体之间的关系（即防范核材料被盗窃、走私，特别是要防范核武器、核材料落入恐怖分子之手）。从目标来说，维护核安全最终应在实现无核武器世界的条件下，确保核材料、核设施的安全。

（一）核安全是国家安全体系的重要组成部分

我国是拥有核武器的国家，也是和平利用核能的国家。核安全事关国家安危、人民健康、社会稳定、经济发展及大国地位。无论是涉及国家的生存与军事安全，还是涉及国家的经济安全与能源安全，核安全都不可或缺。由于核武器具有巨大的杀伤力与破坏能量，核恐怖主义会给国家乃至全世界人民的生命安全带来极大危害，核事故会给国家和社会带来不可估量的后果。因此，维护核安全关乎国家的政治安全、社会安全以及生态安全。

（二）维护核安全事关我国负责任大国形象

作为一个负责任和爱好和平的国家，我国一贯高度重视核安全问题，不但对本国人民负责，而且对国际社会负责。我国始终奉行不首先使用核武器的政策，坚持自卫防御的核战略，无条件不对无核武器国家和无核武器地区使用或威胁使用核武器。在国际上，我国坚决反对核扩散和核恐怖主义，积极支持国际社会加强核安全合作。自2010年以来，我国领导人连续出席核安全峰会，为国际社会加强核安全的努力做出了积极贡献。

在当今世界，核安全是一个全球性问题，核攻击、核扩散、核事故和核恐怖主义都具有跨越国界的影响。人类历史上发生过多次重大核事故，如美国三里岛核事故（1979年）、苏联切尔诺贝利核事故（1986年）、日本福岛核事故（2011年）。解决核安全问题，核武器和核能利用大国必须负起责任。核大国不但要为国际规范的制定和国际合作起推动作用，而且要带头遵约，发挥监督作用。2014年3月，在第三届核安全峰会上，习近平总书记阐述了我国"理性、协调、并进"的核安全观。

长期以来，我国积极采取措施防止核与放射性材料丢失或被盗，防止恐怖组织利用放射性物质实施攻击和破坏行动，保持着良好的核安全纪录。同时，我国积极推动建立"公平、合作、共赢"的国际核安全体系，维护国际核不扩散体制，倡导各国普遍遵守核安全多边法律文书，支持国际原子能机构的工作，积极参加核安全领域各平台的活动，支持加强协调与互补等。作为负责任的核大国，我国认真履行《国际原子能机构规约》《核材料实物保护公约》等国际公约，建设性地参与国际核安全进程。

相关链接：
中国"核安全观"助实现持久核安全

> **延伸阅读**
>
> **福岛核事故**
>
> 2011年3月11日，一场特大地震和随之而来高达17米的海啸，引发了日本东京电力公司运营的福岛第一核电站的核泄漏。核事故发生后，日本政府将福岛核电站周边占福岛县面积约10%的区域划为避难区，这一区域内辐射水平严重超标。核事故让原本物产丰饶、环境优美之地变得令人生畏，至今依然有大片土地被划为"禁区"。2012年，日本原子能安全保安院根据国际核事件分级表将福岛核事故定为7级，与20世纪80年代的切尔诺贝利核事故等级相同。
>
> （资料来源：《国家安全知识百问》，人民出版社2020年版，有改动）

三、核安全面临的威胁与挑战

我国周边可以说是核武器最为集中的一个地区，来自核恐怖主义的威胁较大，且各国的核材料、核设施等保护机制相对来说不够完善，存在核扩散的风险，可能产生一连串严重的后果。具体来说，我国核安全面临的威胁与挑战主要体现在以下几个方面。

（一）周边国家核扩散形势严峻

核扩散主要是指有核武器国家增多。1970年生效的《不扩散核武器条约》，一方面禁止核武器国家（1967年以前制造并爆炸了核武器或其他核装置的国家）向任何接受者转让核武器或其他核爆炸装置，或是协助、鼓励、诱导非核武器国家和地区生产或以其他方式获得核武器或核装置；另一方面禁止非核武器国家和地区接受、制造或以其他方式获得核武器或核装置。作为非核武器国家承担不扩散义务的条件，条约确保非核武器国家的缔约方也能享有和平利用核能带来的潜在好处，同时要求缔约方就早日停止核军备竞赛，实施全面彻底的核裁军进行有诚意的谈判。

在我国周边，核扩散形势严峻。印度和巴基斯坦紧张的国家间关系，存在导致核冲突的危险。朝鲜坚持发展核武器，朝鲜半岛无核化进程遇到困难，六方会谈暂时停滞。朝韩、朝美关系的紧张，也存在导致冲突的危险。日本拥有制造核武器的能力与资源，至于是否会走上核武器国家道路，引人关注。鉴于周边的核扩散局势，坚持核不扩散立场，是维护我国核安全的重要一环。

（二）核恐怖主义威胁加大

"9·11"事件之后，恐怖主义已上升为世界各国面对的首要威胁。作为一种以制造恐怖气氛为政治目标的暴力行为，不加区分性与残忍毁灭性是其最显著特征。为制造最大的社会震动，恐怖主义组织可以袭击任何他们认为值得袭击的目标。"9·11"事件警示人们，如果恐怖分子拥有大规模杀伤性武器，很可能会毫不犹豫地加以使用。使用大规模杀伤性武器的恐怖主义亦被称为"超级恐怖主义"，即受伤害者达到10万人以上的恐怖主义。与传统恐怖主义造成最大恐怖气氛的特点不同，这种超级恐怖主义谋求的是杀死尽可能多的人，达到最大的毁灭效应。当代的恐怖主义者出于对特定国家、文化或种族的仇恨，与传统恐怖主义者相比，对于使用大规模杀伤性武器更少犹豫。

近年来，核能与核技术的广泛应用导致越来越多的核材料分散在世界各地，而一些国家和地区对这些核材料与核技术缺乏有效的保护，核材料与核技术流失现象严重。一旦恐怖分子获得核武器或核材料，并发动核恐怖袭击，将对人类造成严重危害。虽然国际上尚未发生真正意义上的核恐怖袭击，但核材料与放射性物质丢失、被盗事件的不断发生表明，管理失控的风险始终存在。恐怖组织攻击和破坏核设施，利用"脏弹"进行恐怖袭击的潜在风险不容忽视，盗取核材料、放射性物质的可能性也在加大。

（三）核电、核技术利用事业须防范事故风险

在当今世界，核技术在能源、农业、医疗等领域的应用日益广泛。核电是仅次于水电的世界第二大低碳电力。全世界441个在运的核电机组（截至2019年）生产了约10%的电力。核技术的发展满足了社会的需要，同时也伴随核安全风险和挑战。1986年苏联切尔诺贝利核事故和2011年日本福岛核事故所造成的重大灾难，警醒世界各国必须确保利用核能的安全。

截至2021年1月1日，我国核电机组保持安全稳定运行，新投入商运核电机组20台，新增装机容量2344.7万千瓦，商运核电机组总数达48台，总装机容量为4988万千瓦，装机容量位列全球第三，2020年发电量达到世界第二；新开工核电机组11台，装机容量1260.4万千瓦，在建机组数量和装机容量多年位居全球首位。这样广泛的核能与核技术利用，对核安全提出了挑战。

（四）核设施保护状况欠佳

核设施保护的分析存在一个矛盾点：一方面，由于核材料是核安全问题的源头，所以原则上要求限制其的使用和制造；但另一方面，核能作为一种新型能源，目前有很好的发展势头，各国的核设施也在随之增多，这在一定程度上增加了核材料扩散和可能受到恐怖主义组织袭击的风险。核设施的保护不仅包括对核电厂等核动力厂的保护，还包括对研究堆、实验堆等一些反应堆以及些事后处理设施的保护。从治理方面来看，总的来说，问题主要体现为没有完善的保护和监管的标准体系，核反应堆、核原料以及放射性产品监管方面都存在很大漏洞，很多国家在这方面并没有很好的保护措施和相关立法。为了解决这个矛盾，良好的核设施保护措施是必要的，各国应该针对自己国内的情况制定相关的政策标准来进行监管，降低核扩散的风险。此外，正在运行的核设施如果遭到常规制导武器的破坏，将会导致大量放射性材料的泄漏，这些放射性材料通过空气或水源进行扩散，不仅会给环境造成很大的污染，其辐射对人体也会产生很大的伤害。核设施在生产过程中的安全也存在很大的隐患，设备的失灵和人为的错误操作都有可能造成大型核事故，如发生在美国的三里岛核事故和发生在苏联的切尔诺贝利核事故均是因为此原因造成的。所以完善核设施的保护机制和监管机制很重要。

四、维护核安全的途径与方法

维护核安全，要秉持为发展求安全、以安全促发展的理念，使发展和安全两个目标有机融合。任何以牺牲安全为代价的核能发展都难以持续，都不是真正的发展。只有采取切实举措，才能真正管控风险；只有实现安全保障，核能才能持续发展。为此，要加强事故预防，做好事故缓解，注重基础建设，提升能力建设，不断提升国家核安全水平。

（一）不断完善国家核安全体系

近年来，中国不断践行理性、协调、并进的核安全观，推动建设公平、合作、共赢的国际核安全体系。

一是加强核安全顶层设计。将核安全纳入国家总体安全体系，写入国家安全法，发布并实施核安全中长期发展规划，成立并高效运转国家核安全工作协调机制，统筹国家核安全工作。二是完善核安全法规标准。颁布实施核安全法，推动原子能法提请审议，根据国际最新标准修订核安全部门规章，总结和完善中国核与辐射安全管理体系。三是加强核安全能力建设。重点针对核设施、核材料、放射源安全及核材料出口管制、打击非法贩运等领域，加强基础设施和硬件设备建设，提高监督检查执法人员水平，建成国家核安全监管技术研发基地，强化审评监督、辐射监测和事故应急能力建设，提升核安全监管技术能力。四是培育核安全文化。发布《核安全文化政策声明》，积极开展核安全文化专项宣贯活动，建立长效评估机制，面向全行业、全社会倡导加强核安全文化建设，提升核安全文化素养。

（二）实施科学有效安全监管

中国把保障核安全作为重要的国家责任，成立专门机构实施统一监管，建立独立、公开、法治、理性、有效的监管体系，加强技术保障和人才队伍建设，不断推进核安全监管体系和监管能力现代化，保障了核安全监管的独立性、权威性和有效性。

一是建立健全"三位一体"监管机构。实行核安全、辐射安全和辐射环境管理的统一独立监管，建立了总部机关、地区监督站、技术支持单位"三位一体"的核安全监管组织体系。二是全链条实施审评许可。通过全链条安全许可和严格的技术审评，强化对核设施、核材料、核活动和放射性物质的安全管控。三是全过程开展监督执法。坚持依法严格对核设施和从事核活动的单位进行监督检查，确保符合核安全法规标准和许可要求。四是全天候监测辐射环境。建立国家、省和市三级辐射环境监测体系，建成全国辐射环境质量监测、重点核设施周围辐射环境监督性监测和核与辐射应急监测"三张网"，实现辐射环境全覆盖全天候监控。

五是提升核与辐射事故应急能力。成立国家核事故应急协调委员会，建立国家、省和核设施营运单位三级核应急组织管理体系，建立健全辐射事故应急管理体系和事故响应与处置机制。六是不断推进队伍建设，包括核与辐射安全监管队伍、核安全领军人才队伍、核安全专业资质人才队伍、核安全从业人才教育培训机制建设等。七是大力开展核安全技术研发。将核安全科研列入国家计划，鼓励行业开发和推广应用先进、可靠的核安全技术，持续推动核电装备国产化。八是全面实施核安全改进行动。政府要制定并实施核设施短期、中期、长期安全改进计划，增强核设施抵御外部事件、预防和缓解严重事故的能力。

（三）保持高水平安全

中国长期保持良好的核安全记录，核电安全运营指标居世界前列，核技术利用安全水平不断提升，核材料管控有力，公众健康和环境安全得到充分保障。

一是核电发展安全高效。中国坚持采用最先进的技术、最严格的标准发展核电，按照多重屏障、纵深防御的理念，严格管理核设施选址、设计、建造、运行、退役等全生命周期活动，确保稳妥可靠、万无一失。二是重要核设施安全运行。坚持立足自身，积极借鉴国际先进经验，研发设计高温气冷堆、快中子增殖堆、小型核动力堆、熔盐堆、嬗变装置等研究性反应堆，民用研究堆和临界装置保持安全稳定运行。三是放射性废物分类安全处置。推行放射性废物分类处置，低中水平放射性废物在符合核安全要求的场所实行近地表或中等深度处置，高水平放射性废物实行集中深地质处置。四是核技术利用安全水平大幅提升。对放射源实行从"摇篮"到"坟墓"的全过程动态管理，将所有涉源单位纳入政府监管范围，建立国家核技术利用管理数据库，实施放射源安全提升行动，实现高风险移动源在线实时监控，提高核技术利用安全水平。五是核安保水平持续提升。把核安保作为保障核安全的重要屏障，按照最严格标准对核材料实施管制。六是辐射环境质量保持良好。中国辐射环境监测数据显示，全国范围内辐射环境质量良好，处于天然环境辐射水平范围内，人工放射性核素活度浓度未见异常。

（四）营造共建共享的核安全氛围

中国坚持不懈加强核安全文化建设，建立中央督导、地方主导、企业作为、公众参与的核安全公众沟通机制，规范和引导从业人员的思想行为，发动社会公众广泛参与，营造人人有责、人人参与，全行业全社会共同维护核安全的良好氛围。

一是政府引领推动。积极培育和发展核安全文化，发布《核安全文化政策声明》，依法加强政务公开。二是行业积极作为。积极探索创新核安全文化建设的方式方法，积极回应公众对核能、核安全的关切。三是社会广泛参与。组织开展"全民国家安全教育日""公众开放日（周）""核安全文化进校园、进社区""科普中国、绿色核能"等各类核科普活动，通过研讨交流、实地体验、媒体宣传等形式，增进全社会对核安全的了解和认识。坚持平等、广泛、便利原则，建立公众广泛参与机制，通过问卷调查、听证会、论证会、座谈会等形式，就事关公众利益的重大核安全事项充分征求意见。在全社会广泛开展核安全宣传教育，搭建科普网络及新媒体平台，建设国家级核科普教育基地，积极开发公众宣传设施和工业旅游项目，纳入领导干部培训和青少年教育体系，引导公众了解核安全、参与核安全、维护核安全。

（五）打造核安全命运共同体

和平开发利用核能是世界各国的共同愿望，确保核安全是世界各国的共同责任。中国倡导构建公平、合作、共赢的国际核安全体系，坚持公平原则，本着务实精神推动国际社会携手共进、精诚合作，共同推进全球核安全治理，打造核安全命运共同体，推动构建人类命运共同体。

一是积极加入并履行核安全国际法律文书。中国批准了核安全领域所有国际法律文书，严格执行联合国安理会决议，继续支持联合国大会通过核安全相关决议。积极加入与核安全有关的国际公约，认真开展履约活动。二是积极支持国际原子能机构的工作。中国支持国际原子能机构在核安全国际合作中发挥核心作用，从政治、技术、资金等方面，为机构提供全方位支持。中国持续向机构核安全基金捐款，用于支持亚洲地区国家核安全能力建设。三是积极参与多边、双边国际交流与合作。中国重视国家间的核安全政策交流与务实合作，与法国、美国、英国、俄罗斯、日本、韩国等国家及"一带一路"核电新兴国家密切沟通，签订50余份核安全合作协议，加强高层互访、专家交流、审评咨询、联合研究等全方位合作；参与核电厂多国设计评价机制，推动建立"华龙一号"专项工作组；依托国家核与辐射安全监管技术研发中心和核安保示范中心，持续帮助发展中国家开展核安全人员培训、技术演练等活动，支持其提高监管能力、安保战力，分享中国核安全经验，提高全球核安全水平。

相关链接：
中国在核安全领域的进展报告

第十二节　维护海外利益安全

海外利益是新时期我国发展和安全利益的重要组成部分。在我国加快建立开放型经济新体制的背景下，我国的海外利益涵盖经济、资源、文化等多个领域，并由纯粹的地理空间拓展到国际制度层面，已经成为密切我国与外部世界关系的重要因素、关系国计民生的重大议题。

一、海外利益安全的基本内涵

海外利益是一个复杂的概念，可以分为狭义和广义两个层面。狭义的海外利益主要是指中国机构和公民在海外的生命、财产和活动的安全，其中财产是指他们在海内外所持有的外币和以外币计价的资产；广义的海外利益还包括在境外所有与中国政府、法人和公民发生利益关系的有效协议与合约，境外所有中国官方和民间所应公平获得的尊严、名誉和形象。

在总体国家安全观下，海外利益安全主要包括海外能源资源安全、海上战略通道以及海外公民、法人的安全，其维护方式多种多样，如开展海上护航撤离海外公民、应急救援。随着新一轮对外开放的全面推进，特别是"一带一路"建设加快实施，海外利益安全日益关乎我国整体发展利益和国家安全，维护海外利益安全成为一项重要任务。当前，我国已经成为世界最大的货物贸易大国和主要对外投资大国，并且随着"一带一路"倡议的深入拓展和沿线国家的积极响应，我国在外企业与人员的数量迅速增长。海外利益安全关乎国家发展和安全大局，成为我国国家安全的重要组成部分。海外利益已经突破地理局限，我国海外利益安全涵盖的内容不断延伸和扩展。

海外利益安全

二、海外利益安全的重要意义

海外利益是新时期我国发展和安全利益的重要组成部分。在我国加快建立开放型经济新体制的背景下，海外利益能否得到有效维护事关国家发展和安全大局，必须从战略高度和全局视野认识这项工作的重要意义。

（一）海外利益安全是捍卫海外政治利益的安全

海外政治安全包含两个层面的内容：一是维护国家主权和领土完整，这是中国与世界各国友好合作的前提和基础。一些外部势力总是针对中国的海域和岛屿挑起争端，试图妄动或强加干预，中国政府和人民将坚决维护国家主权和领土完整。二是捍卫国家发展权独立。中国已经成为世界第二大经济体，一些国家企图通过肆意运用国际组织的公约和规则或是干预中国的各种政策，达到抑制中国经济的发展的目的。中国发展权保持独立不受制约还有很长的路要走，需从海外利益安全全局出发，制定相应的应对之策。

（二）海外利益安全是维护海外经济利益的安全

海外经济利益安全是海外利益中最活跃的因素。海外经济利益包含两个层面的内容：从宏观层面来看，中国在全球化进程中要树立大国地位与威望，积极推进全球经济治理变革，深度融入国际金融组织合作，全面参与国际组织和机构的规则制定与修改、增加话语权，竭力推动"一带一路"倡议，促进世界开放型经济体制形成，引领世界各国共同对抗全球经济挑战。从微观层面来看，我国对外投资和对外贸易的利益维护是两个突出的方面。近年来，我国海外经济活动规模持续上升。此外，海外资源利益与政治利益、经济利益等存在一定程度的交叉，但是随着我国海外资源需求量的日益增加，它已经成为制约中国高质量发展的一个重要因素。

（三）海外利益安全是拓展海外文化利益的安全

文化是无形的，它不能客观地改变世界，但却是改变世界的强大思想武器。中国是有着五千多年传统文化的文明古国，有着丰富多彩、博大精深的文化传承，但是由于受到各种外界文化的侵袭，很多国人淡忘了中华文化，甚至盲目吹捧外来文化。因此，维护海外文化安全刻不容缓。

（四）海外利益安全是维护海外公民利益的安全

随着"走出去"战略的深入推进，中国企业和公民大力响应，积极去海外投资经商、旅游和留学等。具体表现为：公民出入境更加频繁。但是，各种人身和财产安全也频繁受到侵害和威胁，维护我国海外人员利益安全也是海外利益安全的重要方面。

延伸阅读

海外同胞安全回家，"一个都不能少"

2015年3月26日，沙特等国对也门胡塞武装组织突然发起"决战风暴"军事行动，600余名在也门中国公民面临严峻安全威胁。在党中央、国务院的统一领导部署下，我国动用海军护航编队5艘次舰艇，首次直接靠泊交战区域港口，分批成功撤出620多名中国公民，并协助其他15个国家270多名外国公民安全撤离。此次撤侨行动是我国首次以军舰为主要运输工具、以军事力量为重要依托的维护国家海外利益的成功尝试。

（资料来源：共产党员网，https://www.12371.cn/2019/07/16/ARTI156326575253 9425.shtml?from=groupmessage，有改动）

三、海外利益安全面临的威胁与挑战

我国领土辽阔、人口众多，海外利益涉及面积广，影响范围大，不确定性因素多，难以准确预测。我国海外利益的各个方面都将遭受严重的威胁与挑战。

（一）海外政治利益安全面临的威胁与挑战

1. 领土与主权的威胁与挑战

近年来，关于我国海洋领土的争端不断，严重威胁到我国海外政治利益。其中最受瞩目的当属中日钓鱼岛争端。自古以来，钓鱼岛及其附属岛屿就是中国的固有领土，拥有充分的历史和法律依据。但是日方无视历史事实，强行侵犯我国领土，制造各种舆论争端。类似的案例还有南海争端、东海防空识别区的争端等。这些争端在不同程度上威胁到了中国的海域周边安全。

2. 中国驻外使领馆屡受攻击

近年来，中国驻外使领馆受到的袭击不断。例如2013年9月，中国驻叙利亚大使馆被叙利亚反对派袭击；2016年8月，中国驻吉尔吉斯斯坦使馆遭到汽车炸弹袭击；2018年11月，中国驻卡拉奇领事馆附近发生武装袭击事件，造成多人伤亡。

（二）海外经济利益面临的威胁与挑战

1. 贸易保护主义

我国已经成为全球第二大经济体，拥有世界最高的出口量，常年保持对外贸易的顺差，在多边贸易体系中的影响力日益增加，引起了国际社会的担忧和恐慌。一些国家开始采取贸易保护主义行为，如设置关税壁垒等，抵制中国商品的大量出口。在"美国优先"思想的引导下，美国的贸易保护愈演愈烈，强烈打击了中国企业的出口增势。最终，中美双边贸易的多次磋商以失败告终，"贸易战"打响。这将导致我国未来的海外经济利益面临多重威胁与挑战。

2. 海外投资风险

中国企业不断"走出去"，进行大规模的海外投资并获得了显著的收益。虽然国际大环境整体发展态势良好，但是部分国家和地区政治动荡不稳、法律制度不完善、币值不稳定、国情民风差异巨大等，对我国企业海外投资产生了威胁与挑战。例如部分国家内部政局动荡，我国在利比亚承包的大量项目被搁置或遗弃。一些国家对某些领域外国投资比进行了严格限定。部分国家金融制度不完善，信用交易存在极大风险，经常出现融资困难、拖欠货款等问题。还有一些国家通货膨胀严重，导致海外投资的收益迅速贬值，亏损严重。

（三）海外安全利益面临的威胁与挑战

1. 国际环境风险

目前，世界政治权利格局正发生复杂激烈的变化，新兴大国与传统大国之间也展开了激烈的博弈，各种风险都逐渐增多并不断暴露。在传统安全问题尚未得到很好解决的同时，非传统安全威胁也层出不穷，不确定因素显著增加。世界范围内仍有部分国家频繁发生种族冲突、非法移民、恐怖袭击和跨国犯罪等现象，且所在国的安全治理水平也往往较低，导致我国"走出去"的海外公民和企业的人身和财产安全无法得到可靠的保障。此外，部分地区出现海盗与恐怖分子合流的现象，进一步加深了国家治理和全球反恐的难度。

2. 法律制度薄弱

我国关于海外利益保护的相关立法亟待加强。只有少数法规涉及维护我国海外安全利益，如2015年出台的《中华人民共和国国家安全法》明确规定，国家依法采取必要措施，保护中国公民组织和机构的安全和正当利益，保护国家的海外利益不受威胁和侵害。此外部分公民的维权意识比较淡薄，对法律的学习和了解也不够深入，面对突发意外时没有想到或者不会用法律的武器进行维权。

（四）海外文化利益面临的威胁与挑战

1. 文化传播受阻

由于意识形态存在差异，有些国家存在一些盲目反华、排华的现象。部分国家和地区在没有充分了解中华文化的基础上就高举反华旗帜，对我国传统文化进行全盘否定，对我国海外的文化传播造成了多重困境。此外，一些国家的媒体肆意鼓吹"中国威胁论"，通过舆论煽动群众抵制中华文化的传入。

2. 文化入侵泛滥

全球化潮流下，部分别有用心的国家对我国进行意识形态和错误的价值观输出，我国海外文化利益面临重重考验。我们既要避免沉浸在"唯我独尊"的中华文化自大情绪中，又要避免全盘吸收外来文化，鼓吹民族虚无主义。

（五）海外资源利益面临的威胁与挑战

1. 海上通道威胁

海上通道所处国家或地区安全形势和政治局势直接影响海上通道安全，有的大国持续对海上通道地区或国家施加政治、经济和军事干涉，存在域外大国运用战略影响力或军事手段控制海上通道进而实现排他性运用的风险。海上通道作为交通枢纽，难以避免出现各种交通运输事故等突发事件。此外，当前国际恐怖主义、宗教极端主义、民族分离主义仍然未能得到有效根治，海盗问题、恐怖袭击造成一些战略通道所经过区域风险居高不下。

延伸阅读

海上通道的重要性

随着海上贸易量的不断增长，国际海上通道的作用越来越大，成为经济外向型国家的生命线。中国是个贸易大国，也是能源进口大国，又是一个正在崛起的大国，海上通道是中国对外贸易和进口能源的主要途径，中国的发展越来越受制于海上通道的畅通无阻，保障海上航行自由安全至关重要。例如，我军首个海外基地驻吉布提保障基地，位于有"海上咽喉"之称的曼德海峡，有助于保障我国海上通道的安全。自2017年8月开营以来，该基地积极提供国际公共安全产品，通过多种方式造福当地人民。

（资料来源：《国家安全知识百问》，人民出版社2020年版，有改动）

---

2. 资源安全问题

随着我国对煤、石油和天然气的需求逐渐增加，海外资源不仅关系到我国的资源供需及对外依存度，并涉及了更多的政治和军事问题。由于资源的地缘特殊性，往往被少数国家垄断，常由此引发全球资源争夺战，海外资源安全存在着各种潜在的风险。

四、维护海外利益安全的途径与方法

我国海外利益安全面临多重复杂的威胁与挑战，经历着百年未有的大变局，但同时我国也迎来了前所未有的良好机遇。以习近平同志为核心的党中央高度重视我国海外利益的维护，顶层设计日趋完善，明确要构建海外利益保护体系。习近平总书记在中央政法工作会议上强调,要加快构建海外安全保护体系,保障我国在海外的机构、人员的合法权益。

(一)公共外交

公共外交,即利用各种力量资源、通过改变对方的价值判断和目标选择,来实现政治意图的外交方式。目前,世界各国的海外利益的保护均呈现更加依赖公共外交的特点。

首先,通过公共外交与当地社会群体和组织互通有无,可以获得有价值的信息情报,进而对一些潜在的威胁和风险进行预判,最大限度地规避一些损失。其次,通过公共外交与当地社会力量进行友好合作,形成对我国有利的局部安全环境,在突发意外的情况下,可以因地制宜地进行最有效和快速的保护。最后,通过公共外交,一定程度上可以有效化解海外利益的争端和摩擦,以最小的代价获取最大的利益。在全球化进程中,各国之间的经济和贸易往来更加密切,但是并不是所有国家都获得了同等的收益。面对利益不均,国家之间可能产生利益摩擦或者采取贸易保护等手段进行维护,这些问题都可以通过公共外交进行和平地化解。

(二)政治互信

海外利益安全与其他国家安全相比具有一个鲜明的特点,其发展与维护不仅取决于利益所属国,还赖于利益所属国与利益所在国的政治关系。我国需要加强国际互动,逐渐消除部分国家的疑虑并增强我国的话语权。一方面,持续推进"一带一路"倡议,在全球范围内发展战略伙伴关系。"一带一路"倡议已经提出数年,取得了一系列阶段性成果。未来要继续加大开放力度增强与世界各国的互联互通,促进高质量"一带一路"建设,打造世界开放型经济和非歧视性全球市场。另一方面,鼓励民间组织发挥辅助作用,积极地"走出去",形成"以民促官、官民结合"的外交新合力。公民个体、企业组织、社会团体等民间组织往往具有更加微妙的作用,可以潜移默化地促进国家间的文化交流、互通互鉴,从而消除隔阂和误解。

(三)贸易战略

首先,我国需要大力运用各种双边和多边框架体系及世贸规则维护自身利益,持续推进"一带一路"倡议,与沿线国家形成全面的战略合作伙伴关系,加紧与世界各国的互联互通形成新时代人类命运共同体。其次,我国应重视科技人才培养,加大创新力度,提高产品附加值,实现从"中国制造"向"中国智造"的蜕变。最后,我国经济结构层面应继续深化改革。

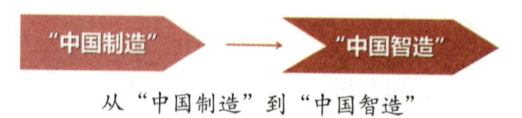

"中国制造" → "中国智造"

从"中国制造"到"中国智造"

（四）海权转型

随着我国海外利益不断延伸与拓展，我国经济发展也逐渐转型为依赖海洋通道的外向型的经济状态。这要求必须从传统的陆权型国家向以对外贸易为主体的海权型国家积极转型，才能切实维护好我国海外利益安全。首先，要从观念上进行转变，在海外风险点日益增多的情况下，我国应该从被动的海防战略积极转型到主动的海权战略。其次，要从体制上进行变革，加强海域管理。最后，要加强我国军事力量建设，构建强大的海军。我国拥有强大的海军队伍，标志着中国维护海外利益安全的决心与信念。

（五）文化交流

促进文化交流、达成相应共识，将有助于我国海外利益的拓展和维护。一方面，我国应继续拓宽文化传播路径，将中华传统文化发扬光大。孔子学院是我国文化传播的主要载体。孔子学院2004年起开始创办，截至2021年5月，已在138个国家建立了500多所孔子学院和1000多个中小学孔子课堂，累计注册学员535万人。在孔子学院带动影响下，67个国家和地区将汉语教学纳入国民教育体系，170多个国家开设汉语课或汉语专业，全球汉语学习者达到1亿人。同时，孔子学院还努力促进中外文化交流，累计举办各类活动10万多场，受众6000万人。未来应着力打造除孔子学院之外的其他文化传播路径，尤其是基于互联网和数字经济载体，打造新型文化传播方式，让我国优秀文化远播海外。另一方面，应该理智地借鉴和学习其他国家的文化，在交流互鉴中共同进步，更好地达成海外利益维护的共识。

海外孔子学院

第十三节　维护太空安全

太空领域及其相关太空技术已经成为权力政治追逐的对象，各国竞相争夺，导致太空安全问题日趋严重；卫星频轨资源短缺，尤其是地球静止轨道越来越稀缺；太空碎片越来越多，影响航天器进出太空，以及在轨运行；太空军事化、武器化越来越明显，不仅严重影响卫星在轨运行，而且严重影响国际战略的稳定与平衡。

一、太空安全的基本内涵

太空安全是指太空系统、太空权益、太空轨道环境等方面不受威胁、侵害的客观状态。对于国家而言，维护太空安全表现为确保国家安全范畴内的太空资产、太空权益和轨道环境免遭自然环境与人类活动所形成的威胁或侵害。

当前，随着太空的社会、经济、科技等效益的日益凸显，太空竞争越发激烈、太空威胁不断涌现，太空安全已成为影响国家安全与发展的重大问题。在陆、海、空、天、电、网多个作战维度中，谁控制了太空，谁就能占据多维作战空间制高点，就可牢牢把握感知、认知、决策优势。美国等发达国家竭力为本国争夺太空创造条件。载人航天、卫星发射、反导、登月及火星探索等太空活动层出不穷。研发太空"利器"、锻造太空"精兵"，构建军事航天力量体系。太空领域成为各国争夺全球优势的战略高点。

> **延伸阅读**
>
> ### 太空安全的主要特点
>
> 当前主要的太空威胁来自敌方对卫星的干扰、对卫星测控通信网的攻击和破坏，地基（海基）和空中发射的反卫星武器（包括动能武器和激光武器）对卫星的攻击，太空核爆炸和来自敌方小卫星的攻击。天基反卫星武器还在研究之中，其应用前景还有一定的不确定性。另外，日益增多的太空碎片对太空系统也有较大的威胁。太空安全的主要特点是：
>
> 第一，战略性。当前太空安全的主要威胁来自太空武器。它的出现将打破现在的全球战略稳定。1967年联合国通过的《外层太空条约》，禁止在轨道上放置核武器和其他大规模毁灭性武器。1972年美国和苏联在第一次限制战略武器会谈时签订的《反弹道导弹条约》和《临时约定》，禁止研制、试验和部署任何太空的反弹道导弹系统。2002年美国退出了《反弹道导弹条约》。由于美国对太空系统的严重依赖和国际上将会有更多的国家掌握航天技术，美国日益想突破这些条约，打破太空系统局限于军事支持和作为一个战场之间的界限。
>
> 第二，全球性。由于太空没有领天的限制和许多太空系统具有全球覆盖的特性，从而使得太空安全必然带有全球性。
>
> 第三，易损性。由于任何太空系统都必须沿轨道运行，改变轨道需要很大的能量，因此一般军用太空系统的机动能力都十分有限。卫星固然易受对方攻击，反卫星武器也同样易受对方攻击。
>
> 第四，高消耗性。由于进入太空和在轨道上机动都需要很大的能量，所以，无论是太空战，还是由太空军备竞赛而引发的太空武器的研制，耗资都十分巨大。目前，将1公斤有效载荷送入太空，高达5000～10000美元。由于技术复杂，研制太空武器的费用也十分昂贵。
>
> 第五，高技术性。太空系统涉及许多高科技领域，技术密集，系统复杂。
>
> （资料来源：中国知网，https://www.cnki.com.cn/Article/CJFDTotal-GJJA200501004.htm）

二、太空安全面临的威胁与挑战

自人类开展太空活动以来，航天技术发展始终与国家安全息息相关，太空安全问题也因而由来已久。冷战期间，太空安全以核威慑背景下的国家政治与军事安全为中心，并由美、苏两个超级大国就此展开了激烈的"太空竞赛"。进入新世纪，国际太空领域呈现"拥挤、竞争、对抗"新的战略格局，安全问题增多、风险加大，太空安全出现了一些新情况、新动向。一方面，太空在世界政治、经济、科技、军事等领域的地位作用更加突出，已融入全球经济、社会与安全整体架构，使得太空安全与其他领域安全密不可分，对国家安全和全球战略稳定的影响越来越大；另一方面，国际上太空活动参与者数量与类型迅速扩充，太空轨道频谱资源紧缺加剧，带来的复杂与混乱引发更多的安全问题；与此同时，太空碎片数量呈指数级增长，目前直径大于10厘米的太空碎片达22000多个，而直径更小的太空碎片则不计其数，发生太空碰撞的风险显著上升，人类太空活动与相关系统面临共同威胁；此外，西方军事强国加快发展太空对抗技术与手段，太空军事化已成事实，太空武器化难以逆转，全球太空安全治理面临新的严峻挑战。以上因素的共同作用，使得太空安全上升为对国家安全与发展具有全局性、长期性影响的重要安全领域，与核安全、海洋安全、网络安全并称当今时代日益凸显的四大新安全领域。

在当前及未来相当长一段时间，我国太空安全面临严峻复杂的内外形势。从外部来说，世界主要国家纷纷将战略目光转向太空，太空领域大国竞争与对抗日益加剧。美国大力争夺太空军事霸权，全力打造其主导的"国际太空联盟"，对其他国家太空力量发展进行严密封锁和限制，严重威胁他国国家安全和太空权益。我国太空力量建设虽然取得了举世瞩目的成就，但与航天强国相比，在航天工业基础、自主创新能力、太空军事力量体系建设等方面还存在差距，在国际太空规则制定中还缺乏应有的话语权。

三、维护太空安全的途径与方法

直面新形势、新挑战，我们必须以总体国家安全观为指导，着眼国家安全全局与长远发展，从战略高度对国家太空安全进行科学筹划与顶层设计，重点从以下几方面加快推进国家太空安全体系建设。

（一）全面实施"太空优先"国家战略

太空安全体系建设影响广、投入大、风险高，必须倾举国之力才能取得突破、赢得优势。为此，必须确立"太空优先"的国家战略意志，并从政策法规、制度创新、资源配置等方面全面贯彻落实。国家要尽快制定颁布"太空基本法"，通过立法确立太空优先发展的战略定位，将发展太空事业、维护太空安全纳入法制化轨道。要进一步加强太空领域集中统一管理，健全国家太空领导管理体制，为国家太空安全体系建设提供坚强有力的制度保障。要进一步加大太空领域投入，建立先进、自主、健全的太空科技创新与工业体系，夯实维护国家太空安全最重要的基础支撑，将太空强国发展命运牢牢把握在自己手中。要全面推进太空领域军民融合战略，大力扶持民用和商业航天发展，按照使市场在资源配置中起决定性作用的改革思路，改变现有封闭垄断的太空产业格局，探索建立促进太空产业发展的创新机制，营造有利于太空产业发展的商业生态环境。

（二）加快太空支援力量体系建设

维护国家太空安全，根本要求就是捍卫国家太空权益，保护国家太空资产，抵御来自太空的威胁与挑战，而这一切都有赖建立强大的太空支援力量。美国和俄罗斯之所以被称为太空强国，很大程度上是他们都拥有实力强大、体系健全的太空支援力量，并在其各自国军事体系中扮演重要角色。我们应着眼太空技术与支援长远发展，全面加强太空支援力量体系建设，加快发展面向未来的先进太空支援技术与装备，大力推动太空支援理论创新、指挥信息系统研发，全方位提升我国太空力量，为维护国家太空安全锻造可靠管用的战略利剑与盾牌。

（三）全方位培养造就太空安全人才

太空领域高新科技密集，人才层次高，属于与国家安全紧密相关的尖端行业，人才队伍的高度与厚度决定了国家太空安全的根本竞争力。维护国家太空安全，归根到底是要培养造就一大批立足世界太空科技发展前沿、创新意识与能力突出的太空专业人才，以及精通太空战场特点规律、能够驾驭先进太空技术与装备的太空军事指挥人才。要以国家重大航天工程和型号任务为牵引，着力培养以航天型号总指挥、总设计师为代表的高层次战略科学家队伍，造就引领国家太空安全长期可持续发展的帅才将才。要以新型作战力量建设为牵引，以军队院校教育，部队训练实践和军事职业教育"三位一体"为基本路径，加快培养具有太空技术背景、熟知太空军事行动、指技融合的新一代太空军事指挥人才。要以太空领域军民融合发展为契机，充分整合军地教育资源，大力培养太空安全领域技术创新、应用推广、装备保障等方面的大批专才，夯实国家太空安全体系建设的人才基础。

（四）高度重视太空安全软实力建设

包括太空知识普及、太空文化传播、太空国际合作和太空国际规则制定在内的软实力建设，也是国家太空安全体系建设的重要组成部分。在全社会普及太空知识、传播太空文化是增强全民太空安全意识的有效途径。比如，美国星球大战系列科幻电影让神奇的太空场景与星球大战的场面在全球广泛传播，不仅吸引众多优秀人才投身太空行业，也引领带动了太空技术的颠覆性创新，展现了太空安全软实力建设的强大作用与影响。要通过各种媒体渠道和资源传播太空安全知识、宣传太空安全意识，使维护国家太空安全成为全民自觉。太空技术与应用带动性强、国际影响力大，尤其对广大发展中国家富有吸引力，使得太空国际合作成为国家软实力建设的重要载体。要以卫星导航产业化、载人航天和深空探测国际化为主线，以"一带一路"地区为重点方向，大力推动太空领域国际合作，服务国家"走出去"战略，提升我国在国际政治与外交领域的影响力。

太空作为全球公域，包括规范、准则和法律在内的国际规则是引领和规范太空活动的重要依据，也是维护国家太空安全权益的有效手段。要以提升在太空国际规则制定中的话语权为目标，围绕太空武器、太空碎片等热点问题，组织专门力量开展太空国际法研究，积极参与全球太空安全治理的各种机制与平台，主动发出维护全球太空安全的中国声音。

第十四节　维护深海安全

建设海洋强国是中国特色社会主义事业的重要组成部分，要做好应对各种复杂局面的准备，提高海洋维权能力，坚决维护我国海洋权益。近年来，我国蓝色国土建设和海洋事业发展迅速，从"蛟龙"号下潜创世界新纪录，到首艘航母"辽宁"舰出海；从海警局正式挂牌，到全海域定期维权巡航；从亚丁湾护航，到海外撤侨；从开发深海钻井平台，到共同建设"21世纪海上丝绸之路"，体现了中国海洋事业发展的卓越成就。尤其是三沙市的建立，更是开辟了以行政治理宣示国家主权的新路径。我们已经在迈向海洋强国的大道上不断前行。

一、深海安全的基本内涵

深海安全是指和平探索和利用国际海底区域，增强安全进出、科学考察、开发利用的能力，加强国际合作，维护我国在外层空间、国际海底区域和极地的活动、资产和其他利益的安全。

众所周知，海洋是世界战略资源的重要基地。深海油气资源、可燃冰、砂矿等，储量之大远超当今人类需求。从而引发各国不断上演"蓝色圈地"运动，岛屿归属、专属

深海安全

经济区与大陆架划定、海底资源的争夺，特别是对深海资源的竞争成为新焦点。一是适时调整并完善海洋战略与政策；二是研发深海设备与创建深海部队；三是不断研发创新深海技术；四是强化信息融合能力提高海上作战能力。

二、深海安全面临的威胁与挑战

在国际海底管理局的促进下，国际深海安全治理取得了一定成效。但是，国际深海安全治理还存在着一系列的困境与问题，这不利于深海安全治理的全面开展，对全人类的安全都构成了潜在的威胁。

（一）深海安全治理主体层次不够多元

《联合国海洋法公约》赋予国际海底管理局作为国际深海安全治理主体性机构的地位，在推动国际深海安全治理方面发挥了重要的作用。但是，深海安全问题涉及领域众多，单纯依靠国际海底管理局难以充分治理深海安全问题，从而出现治理机制缺失的问题。在深海安全挑战日益显现的今天，相关国家和国际组织已经意识到深海安全治理层次单一所带来的问题，着力推动多元化深海安全治理机制的构建。首先，国际海底管理

《联合国海洋法公约》

局大力促进与相关国际组织的合作，进一步增强国际深海安全治理的多元化发展。在联合国层面的"国家管辖海域外生物多样性"保护与可持续利用政府间会议等议程的推进中，国际海底管理局起着主导作用。同时，国际海底管理局也注重通过与涉海国际组织开展业务交流、合作研讨等方式来共同开展深海区域的安全治理，增强深海区域的整体治理水平。 其次，国际海底管理局通过与相关国家之间的战略合作，不断助推相关国家在深海安全治理方面发挥更大的作用。总体而言，国际深海安全治理的层次依然较为单一，这也是国际海底管理局未来工作的重点，其在《2019—2023年期间战略计划》中强调，要进一步"与有关次区域、区域和全球组织建立和加强战略联盟和伙伴关系"，"加强与其他有关国际组织和利益攸关方的合作与协调"。

（二）美国"特殊"地位给国际深海安全治理带来极大挑战

国际海底管理局是《联合国海洋法公约》确立的三大执行机构之一，而美国作为世界上重要的海洋国家，由于担心加入公约可能侵蚀其国家主权或限制其在全球的行动"自由"，因此至今仍未认同《联合国海洋法公约》，自然不能成为国际海底管理局大会的成员。美国在国际海底管理局的缺席，使得国际深海安全治理的相关规定对美国缺乏约束力，这深刻体现在国际海底矿产资源勘探问题上。国际海底管理局建立一系列国际海底矿产勘探准则，批准相关主体勘探合同，为各国政府和私营部门有序地参与国际深海矿产勘探提供了良好的契机。同时，国际海底管理局也通过相应的机制，对相关申请主体的资质与能力进行评估，以保证深海勘探的安全进行。但是长期以来，美国援引本国国内法，自行对国际海底矿产资源的勘探进行授权。美国的行为极大地冲击了国际深海矿产资源勘探的总体格局，不利于其他国家资源与经济安全的合理实现。同时，美国对相关主体的授权，也存在着一系列的开发性生态安全隐患。虽然美国不是国际海底管理局大会的成员，但是美国政府依然是海底管理局的观察员。美国凭借自身在海底管理局中的观察员身份，深度介入国际海底管理局的相关决策之中，成为一个超脱于监管之外的"局内人"。在海底管理局观察员的非政府组织类别中，来自美国的皮尤慈善信托基金等组织与机构发挥着重要作用，共同形成了美国在国际海底管理局中的特殊地位。美国的这一特殊地位对国际海底管理局自身职能和地位形成挑战，在一定程度上侵害了大量发展中国家的合法利益。

（三）国际深海安全治理对军事等传统安全领域的治理乏力

国际深海安全问题涉及领域较多，其中既有生态安全、经济安全等非传统安全问题，更有军事安全等传统安全问题。在国际海底管理局的助推下，现有国际深海安全治理主要集中于非传统安全领域，对深海生态安全、资源安全等非传统安全问题的治理已经取得了极大成效，增强了国际深海的安全水平。但是，相较于非传统安全领域，深海区域的军事安全等传统安全领域的问题也十分突出，成为影响深海安全治理成效的重要因素。冷战期间，美国中情局秘密打捞沉没的苏联潜艇的"亚速尔岛人计划"，严重侵犯了苏联的战略利益，险些引起一场深海军事角力。后冷战时代，虽然美苏两极争霸的阴云已经消散，但是深海区域的军事化进程却依然令人担忧，特别是伴随着各种颠覆性深海武器研发技术的不断进步，深海的智能战争已经越来越对全人类的共同发展构成严重威胁。美国国防部高级研究计划局在2019年启动了新的"琵琶鱼"项目，开展深海自主机器人研发。由于国际海底管理局的安全治理职能尚局限于生态安全和资源安全等非传统安全领域，而联合国、国际海事组织等其他国际组织对深海军事安全问题的治理也缺乏国际法依据，因而造成了深海区域传统安全领域治理出现真空状态。

三、维护深海安全的途径与方法

21世纪是海洋的世纪，海洋在人类发展进程中的作用将进一步增强。在国家安全领域，海洋的意义也会更加凸显。习近平总书记指出，"海洋在维护国家主权、安全、发展利益中的地位更加突出"。深海作为蓝色海洋的重要组成部分，也是中国维护国家安全的重点领域。党的十八大以来，党中央高度重视深海安全问题，将其纳入总体国家安全观的体系之中，并写入《国家安全法》。新的时代背景下，进一步优化中国在国际深海安全治理中的策略选择，对维护中国国家安全和全人类在国际深海的共同福祉具有重要的意义。

（一）加强对深海安全问题的动态感知，完善国家层面的战略规划

党的十八大以来，我国对国际深海安全问题的认识随着对于深海探索的不断深入而同步增强。在全国人大对国家安全法草案进行审议的过程中，一些相关部门和代表提出，我国在深海等"战略新疆域"有着现实和潜在的重大国家利益，也面临着安全威胁和挑战，应当将维护这些领域的安全任务纳入国家安全法。

1. 进一步增强对深海安全问题的动态感知

随着深海在国家战略地位的提升，我国对于深海安全问题的认知与理解不断增强。相关部门和机构通过建立系统的深海安全情报监控体系，实时掌握深海安全领域的动态信息，为国家的战略决策提供有效的情报信息。在《国家情报法》框架下，通过各相关机构的有效配合，深入分析深海安全走势，并定期向国家安全委员会等决策部门报送深海安全报告。进入21世纪，世界主要大国都从国际战略和国家安全的高度认识深海利益，加强在深海区域的介入力度。因此，我国也要对世界主要大国的深海战略进行动态监控，准确把握深海安全局势的发展走向。

2. 加强国家层面的战略规划，有效应对深海安全出现的新态势

深海经略攸关海洋强国的成败。随着深海安全问题的日益突出，我国必须在国家战略层面加强对深海安全问题的全局性规划。其一，进一步明确我国在深海的安全战略目标设定，加强对多层次深海安全问题的总体统筹，形成对深海安全治理战略目标的统一认识。其二，要对可能出现的深海安全问题作好充分的战略准备和手段选择，全面提升

深海安全问题的治理水平。其三，加强深海安全领域的智库建设，通过智库学者的长期跟踪与研究，为国家深海安全的战略研判提供智力支持。其四，可以制定我国的国际深海政策白皮书，向国内外阐释我国在深海安全治理中的政策取向与战略规划。

（二）加强自身体制机制构建，提升深海资源利用与科技研发水平

在深海安全治理重要性日益凸显的时代背景下，我国为了更好地参与国际深海安全治理，必须全方位提升自身在深海领域的能力建设，夯实实力基础。

1. 不断完善在深海领域的体制机制构建

近年来，我国在深海领域的体制机制构建不断完善。2016年，全国人大通过的《中华人民共和国深海海底区域资源勘探开发法》中明确指出："国务院海洋主管部门负责对深海海底区域资源勘探、开发和资源调查活动的监督管理，国务院其他有关部门按照国务院规定的职责负责相关管理工作。"2017年，国家机构改革后，由自然资源部主要负责管理中国在国际深海区域的相关事务。其主要职责在于组织制定涉及国际深海的战略并监督实施、负责国际海底相关事务等方面工作。同时，外交部、科技部等相关部门也在所分管领域共同推动中国不断加强在国际深海区域的作用。在中国已经将深海安全纳入总体国家安全观并写入《国家安全法》的背景下，需要进一步完善深海安全的体制机制构建。应该根据《国家安全法》第44～50条的相关要求，进一步发挥中央国家安全委员会"统分结合、协调高效"的作用。与此同时，也有必要在中央国家安全委员会之下设立跨部门的深海安全事务统筹协调机构，专门负责联系相关部委和科研院校，共同研判与实施中国的深海安全战略。

全国人大颁布《深海海底区域资源勘探开发法》

2. 加强在深海领域的资源利用水平

中国深海资源勘探、开发起步虽迟于发达国家，但近年来取得了长足进步，已经步入世界先进行列。中国大洋矿产资源研究开发协会、中国五矿集团公司以及北京先锋高科技发展公司三家主体企业已经在国际海底管理局获批了五份国际深海海底区域的勘探合同。这一数字在各国中居于前列，体现了中国深海资源勘探与利用水平的不断提升。中国需要在深海资源勘探技术上不断创新，在有效维护深海生态安全的基础上，除了政府机构外，鼓励国内相关企业和社会组织提升深海资源勘探与利用的能力，形成多层次的参与主体结构。

3. 需要不断加强深海领域的科技研发

习近平总书记曾强调指出推进深海领域科技研发的重要意义。近年来，中国高度重视深海科技研发。2015年，中国的国家深海基地正式启用，这是继俄罗斯、美国、法国和日本之后的世界上第五个深海技术支撑基地。科技部也大力推动深海科技的研发，组织"深海关键技术与装备"重点专项等科技支撑项目。在各部门的努力下，中国的

深海科技水平不断提升。2020年11月，中国载人深潜器"奋斗者"号在马里亚纳海沟成功坐底，标志着中国在大深度载人深潜领域达到世界领先水平。中国在继续大力开展深海科技研发的同时，也需要统筹推进民用和军用深海装备的协同发展，加强深海科技的军民融合水平，实现整体效能的最大化，不断增强中国深海科技的整体水平。

（三）积极参与多边与双边合作，努力打造深海安全治理的人类命运共同体

当今时代，合作是治理全球安全问题的关键所在。习近平总书记指出，要"以合作谋和平、以合作促安全"。这充分体现了应对安全挑战时加强国际合作的重要性。深海安全问题的成因错综复杂，治理难度也超出了任何单一国家的能力范围。在此背景下，中国必须通过合作的方式推动国际社会共同治理深海安全问题。

1. 进一步助推国际组织在深海安全治理中发挥更大的作用

《联合国海洋法公约》及其附属条约，为深海区域国际治理提供了重要的国际法依据。根据相关条约，国际海底管理局等国际组织是国际深海治理的关键行为主体。在《联合国海洋法公约》的谈判过程中，我国积极推动立法工作取得实质性进展。1996年，全国人大正式批准《联合国海洋法公约》，开启了我国参与全球深海治理的新局面。我国积极支持国际海底管理局等相关国际组织在《联合国海洋法公约》所确立的原则与制度之下发挥更大的作用，并且从1983年起连续参加联合国海底筹备委员会，为国际海底管理局的成立作出了重要的贡献。

近年来，我国进一步推动国际社会共同应对深海生态、资源等领域的安全问题。2020年11月，中国—国际海底管理局联合培训和研究中心正式启动，对国际深海治理的进一步发展产生积极影响。此外，我国也积极参与联合国层面的"国家管辖海域外生物多样性"政府间会议等机制，推动国际深海安全治理。但是，面临日益突出的国际深海问题，我国既要进一步推进生态安全、资源安全等层面的合作，也要就深海区域的军事安全、核安全等议题开展相关研讨与框架设计，构建多元化的国际深海安全治理机制。

相关链接：
《联合国海洋法公约》正式生效

2. 加强国家间合作，促进国际深海安全治理的深入发展

我国也需要加强国家间的合作，推动国际深海安全治理的不断发展。我国与美国、俄罗斯等世界主要国家之间对深海安全问题进行深入的探讨与交流，共同维护深海区域的安全稳定。中、美、俄三国是世界上仅有的具有探索万米以下深海能力的国家，同时三国在深海地区的军事力量，特别是核力量也远超其他国家。中、美、俄三国在国际深海区域的合作关系，直接影响着国际深海安全形势的整体走向。美国仍未批准《联合国海洋法公约》，也不是国际海底管理局大会成员国，竟然直接以国内法为依据审批国际深海矿区，这对于包括中国在内的其他国家在深海区域利益的实现构成了威胁。中美两国可以在双边关系框架下，推动在深海区域的互利合作，找到以合作推动国际深海安

全治理不断发展的契机。中俄两国在深海区域有着共同的利益诉求，双方可以进一步加强在深海安全领域的合作，夯实国际深海安全的基础。从《联合国海洋法公约》的谈判阶段开始，我国与广大发展中国家就成为推动国际海洋治理不断发展的重要力量。近年来，国际海底管理局也将增强发展中国家在深海区域的作用与能力作为重要的工作规划内容。在此背景下，我国进一步加强与广大发展中国家的紧密联系，通过国际发展合作等方式，提升其在深海区域的作用与能力，在国际上发出中国和广大发展中国家的共同声音。

3. 加强理念引领，推动构建国际深海安全治理的人类命运共同体

作为成长中的海洋大国，我国只有在深海国际政治中掌握足够的话语权，才能更好地实现本国在深海的利益，更好地构建国际海洋秩序，并在全球海洋治理中发挥更大的作用。在深海安全领域，自身话语权的提升也有利于我国更好地参与国际合作，助推国际深海安全治理不断深化。《联合国海洋法公约》早已明确了国际深海海底区域及其资源是人类共同继承财产这一基本原则。党的十八大以来，我国提出构建人类命运共同体的理念，形成了国际治理的"中国方案"，这是我国提升自身话语权的重要方向。如今，人类命运共同体理念已经得到越来越多国家的肯定，并被写入人权、外空军控等领域的联合国文件之中，充分凝聚起全球治理的思想共识。现阶段，深海治理领域存在错综复杂的安全问题，也成为威胁全人类安全的共同问题。但囿于国际深海治理自身存在的不足，许多安全问题长期得不到解决。因此，国际深海安全治理中也有必要贯彻"共商、共建、共享"的治理观，打造国际深海安全治理的人类命运共同体。这将会有效提升我国在深海安全领域的话语权，解决深海安全治理方面存在的问题与不足，实现全人类在深海的共同利益。

第十五节　维护极地安全

随着全球变暖、冰区技术的进步和交通工具的改善，极地与包括我国在内的外部世界的经济、政治、文化和安全联系变得日益广泛，直接关乎各国的利益和人类的未来。

一、极地安全的基本内涵

极地安全

极地安全是指维护国家和平探索和利用极地，增强安全进出、科学考察、开发利用的能力，加强国际合作，维护我国在外层空间、国际海底区域和极地的活动、资产和其他利益的安全。

极地作为赢得未来战争优势的战略极点，成为多国争相占据的新疆域。据美国地质调查局统计，北极圈内已探明并可用现有技术进行开发的石油储量约为900亿桶，占世界未探明石油储量的13%；天然气储量约为1669万亿立方米，占世界未探明储量的30%。北极还有大量的铜、镍以及金、铀等。北极有鳕鱼、南极有磷虾，作为食物而言不论是量还是营养都极为丰富。从军事上来说，北极位于亚、欧、北美三大洲的顶点，有联系三大洲的最短航线，从华盛顿到莫斯科仅6750公里，比欧洲航线近1000公里，地理位置极为重要。

地处亚、欧、北美三大洲弧顶位置的北极地区，是一个瞰制北半球的战略制高点和实施威慑的支撑点。冷战时期，美苏两国就在北极地区部署了战略轰炸机和战略核潜艇。为赢得极地竞争优势，掌握极地主动权，不仅美国、俄罗斯、加拿大等极地国家纷纷制定极地战略，而且一些非极地国家也积极参与极地事务，围绕极地的国际斗争日趋复杂激烈：一是制定极地地区战略与规划；二是极地军事力量部署越演越烈；三是普遍加大研发投入；四是建立极地新型力量并进行对抗性演练。因此，应该增强极地安全进出、科学考察、开发利用的能力，加强国际合作，以保护我国极地的活动、资产和其他利益的安全。

> **延伸阅读**
>
> **极地开发前景广阔**
>
> 极地自然资源丰富，开发利用前景广阔。资源禀赋的多寡，日益成为一个地区是否具有潜在价值的重要筹码。极地是冰雪覆盖的高纬度地区，蕴藏着足以影响未来世界能源格局乃至经济力量对比的自然资源。据美国地质调查局统计，北极圈内已探明并可用现有技术进行开发的石油储量约为900亿桶，占世界未探明石油储量的13%；天然气储量约为1669万亿立方米，占世界未探明储量的30%；液化天然气约为441亿桶，占世界未探明储量的20%。南极地区以雪和冰的形式存储着全球70%的淡水，还有储藏量巨大的磷虾等众多生物资源，对全球生态安全和人类永续发展意义重大。
>
> （资料来源：光明网，https://m.gmw.cn/baijia/2021-04-25/34790839.html）

二、极地安全面临的威胁与挑战

1968年，英国经济学家加勒特·哈丁在《科学》杂志上发表的《公地的悲剧》一文中，首次提出了"公域"这一概念。"所谓悲剧就在这里，每个人都被锁定在有限的空间内无节制地放牧，牧场的毁坏将是所有人的结局。公地的自由使用，为所有人带来了毁灭性的灾难"。后来，哈丁的"公地理论"被应用到主权国家管辖之外的人类共有资源、区域与领域问题的研究分析中。随着经济全球化的发展和科学技术的不断进步，极地公域海洋地理的连通性、战略威慑的有效性、大国博弈的集聚性、卫星通道的枢纽性以及气候变化的全球性等特点日益突出，使得极地公域面临诸多错综复杂的安全威胁。

（一）极地公域的私域化形势严峻

北极存在约 280 万平方公里的公海海域，但北冰洋沿岸国已提出和未来可能提出的大陆架延伸主张就达 250 万平方公里。北极航道沿岸国还对北极航道提出了不同程度的主权主张，并对船只过境航行实行强制性的申请和报告制度。俄罗斯 2013 年通过的《北方海航道航行规则》规定，外国船只通过北方海航道时，必须事先经过俄罗斯允许，并且强制性使用俄罗斯提供的破冰和领航服务，还收取高额费用。2019 年又对此做了修改，规定对未经俄罗斯允许擅自通行的外国军舰，俄方可以采取扣押或摧毁等强制措施，这已严重影响到他国船只的通行权利。南极虽然"主权冻结"具有公域性质，被称为无领土主权归属、无土著居民、无高等植物的"三无大陆"，但澳大利亚、新西兰等 7 个南极主权声索国和美俄 2 个声索保留国仍然要求在《联合国海洋法公约》框架下划定各自在南极的"势力范围"，并以环境保护为由，通过建立南极陆地和海洋特别保护区，来实现对南极的"软控制"。可见，极地的公域属性正在为私域化所吞噬，对中国等发展中国家参与极地事务、实现在极地的国家利益构成潜在威胁。

（二）极地公域的军事化倾向加剧

无论在冷战期间还是当前，美俄（苏联）都将北极视为战略安全前沿，并频频进行军事行动。2014 年，俄罗斯专门组建北极战略司令部和北极作战旅，2018 年又成立负责北极考察的集团军，2019 年 9 月，将驻防在北极新地岛的防空导弹团换装 S-400 新式防空系统，大幅提高其对北极的空中管制能力。截至目前，俄罗斯已在北极建设了 400 多座军事基础设施，以确保其在北极地区的绝对军事优势。美国自冷战起建立的从阿拉斯加经格陵兰至冰岛的导弹防御系统，以及与加拿大联合建立的早期预警网络运作至今，并多次制定修改北极战略。美国海军于 2016 年 1 月开始组建使用"绿色燃料"的"大绿舰队"，专门用于部署在北极地区。2020 年 6 月 9 日，美国又签署发布了一份备忘录，明确提出为保护美国在极地的国家利益，在 2029 财年前通过测试并完成部署一支极地核动力破冰船舰队。同时，美国空军还计划于 2022 年之前在阿拉斯加进驻 100 多架包括 F-22A 和 F-35A 在内的第四代战机，从海上、空中多个领域加强对北极地区的控制。《南极条约》虽然明确规定"南极应只用于和平目的"，但也未禁止出于科学研究或任何其他和平目的而使用军事人员或设备。

事实上，美国、日本等不少国家都是以后勤保障的名义开展南极军事活动，为其蓄谋在南极争夺资源和划分领土暗度陈仓。"9·11"事件后，美军太平洋司令部随即将南极列入其战区序列，并组建了第 13 特别任务大队，使用空军的 C-17、C-130、DC-10 等军事运输机、空中加油机运送南极物资和人员，执行南极后勤保障任务，巩固其在南极的全域到达和介入能力。可以说，美俄等国在极地的军事博弈，对极地非军事化原则构成直接挑战，危及包括我国在内的各国领土防御和对极地的和平利用。

（三）极地公域的非传统安全严峻

由于人类征服极地步伐的不断加快，极地自然环境正经历着前所未有的快速恶化趋势。素有"全球变化指示器"之称的北极，在过去的30年里，变暖速度是全球变暖速度的两倍，温度持续上升使北极夏季海冰持续减少。2020年6月20日，俄罗斯西伯利亚小镇上扬斯克更是开创了北极圈内有记录以来的最高气温38℃。南极上空臭氧层空洞的面积近年来也创下了2745万平方公里的历史纪录，比北美洲的面积还大，由此造成地球温室效应不断加剧。据《国家地理》报道，从1992年到2017年，南极半岛的冰雪融化量几乎翻了5倍，南极冰盖在部分地区正逐渐消失。若南极冰盖全部消融，全球海平面将上升57米，加上北极格陵兰冰盖的消融，一共会上升63米。这样，我国东部的海岸线将后撤400公里。随着极地升温、冰川消融和海平面上升，全球极端天气激增、生物多样性受损、环境污染加剧等非传统安全问题将会持续蔓延，将对包括中国在内的极地域内外国家的沿海基础设施、气候系统和全球生态环境造成系统性破坏。面对此情，任何一个国家都无法置身事外、独善其身。

南极半岛的冰雪融化

三、维护极地安全的途径与方法

当前，世界百年未有之大变局加速演进，新冠肺炎疫情对国际格局产生深刻影响，极地的科研、安全、国际治理、生态保护等问题也日益涌现。中国作为联合国安理会常任理事国，是北极理事会正式观察员，也是《南极条约》协商国及其体系的维护者，在完善极地治理规则、促进极地和平与安全等方面应当也可以大有作为。

（一）倡导极地"人类命运共同体"理念

"人类命运共同体"理念，是我们为应对当今世界面临的全球性挑战、解决人类面临的共性问题而贡献的中国智慧、中国方案。这一主张从2017年2月开始已被多次写入联合国文件，得到国际社会的广泛欢迎和认可。习近平总书记明确指出："要秉持和平、主权、普惠、共治原则，把深海、极地、外空、互联网等领域打造成各方合作的新疆域，而不是相互博弈的竞技场。"此后，我们在相继发布的《中国的南极事业》和《中国的北极政策》白皮书中都阐明了中国愿与国际社会一道，携手共进，打造南极"人类命运共同体"，共同认识北极、保护北极、利用北极和参与治理北极的鲜明立场。可以说，倡导并推行极地"人类命运共同体"理念，符合包括中国在内的世界各国的根本利益，有利于维护和平、安全、稳定的极地秩序。

（二）坚定奉行多边主义极地治理观

坚持大家的事商量着办，提出以公平为导向、以共赢为目标、各方切实遵守共同制定的治理方案和行为规则，是防范极地公域"私域化"的重要举措。在涉极地安全不同议题上，我国坚定不移支持和践行多边主义，努力在极地规则的制定、解释、适用和发展中发挥建设性作用。作为北极事务的重要利益攸关方和地缘上的"近北极国家",我国坚持参与北极治理"不越位、不缺位"的基本立场,依据国际法来参与北极事务,并指导中国的实体和个人依据国际法和北极国家的国内法开展北极活动和北极的相关合作。同时,发起共建"一带一路"重要合作倡议,与各方共建"冰上丝绸之路",为促进北极地区互联互通和经济社会可持续发展带来合作机遇。此外,在南极特别保护区、南极特别管理区、南大洋海洋保护区等涉及实质性存在的议题上,利用作为《南极条约》协商国等国际组织成员的特殊身份,坚决维护南极条约体系稳定,继续推动国际南极治理体系朝着更加公正、公平和合理的方向发展。

(三)共同应对极地安全挑战

2021年1月25日,习近平总书记在世界经济论坛"达沃斯议程"对话会上的特别致辞中指出:"人类面临的所有全球性问题,任何一国想单打独斗都无法解决,必须开展全球行动、全球应对、全球合作。"作为负责任的大国,中国愿本着"尊重、合作、共赢、可持续"的基本原则,稳步推进极地国际合作。一是不断加强环保合作。大力推进节能减排和绿色低碳发展,积极推动全球应对气候变化进程与合作。二是积极参与区域合作。常态化委派专家参与北极理事会和南极研究科学委员会、国家南极局局长理事会等重要国际组织日常工作,推动极地的和平利用与环境保护。三是拓展多边和双边合作。在坚守极地非军事化、科研自由以及保护生态环境原则基础上,主动与有关各方开展极地事务双边磋商,加强在极地科学考察、海空搜救、海上预警、应急反应、情报交流等方面的国际合作与沟通,共同维护极地的长期稳定与和平利用。

第十六节　维护生物安全

习近平总书记在中央全面深化改革委员会第十二次会议发表重要讲话指出,要从保护人民健康、保障国家安全、维护国家长治久安的高度,把生物安全纳入国家安全体系,系统规划国家生物安全风险防控和治理体系建设,全面提高国家生物安全治理能力。这是生物安全概念在国家安全领域的首次提出。党中央对生物安全的重视和相关措施的相继实施,将进一步推动我国国家安全体系的发展和完善,确保我国能够及时有效地防范和抵御来自生物安全领域的威胁。

生物安全

一、生物安全的基本内涵

生物安全一般指国家有效应对生物因子及相关风险因素影响、威胁和危害,维护和保障国家社会、经济、公共健康与生态环境等安全与利益的状态和能力。生物安全关乎人民生命健康、经济社会发展、社会大局稳定和国家安全,其重要性日益凸显,须高度重视。

3 维护重点领域国家安全

2020年10月17日，第十三届全国人民代表大会常务委员会第二十二次会议通过《中华人民共和国生物安全法》(以下简称《生物安全法》)，自2021年4月15日起施行。《生物安全法》第二条规定，生物安全是指国家有效防范和应对危险生物因子及相关因素威胁，生物技术能够稳定健康发展，人民生命健康和生态系统相对处于没有危险和不受威胁的状态，生物领域具备维护国家安全和持续发展的能力。

> **延伸阅读**
>
> **生物安全事件**
>
> 生物安全事件是指细菌、病毒等微生物危险病原物质，以及现代生物技术所带来的生物危害或污染后果的事件。生物安全类事件中，实验室生物安全、生物入侵、再发传染病、生物武器等类型事件，属于传统领域的安全事件；新发传染病、生物新技术误用滥用谬用、生物资源和遗传资源流失、细菌耐药性（超级菌）、生物恐怖主义等类型事件，属于非传统领域安全事件。
>
> （资料来源：中共中央党校网，https://www.ccps.gov.cn/bkjd/xzglgg/xgglgg2020_4/202004/t20200421_139690.shtml）

二、生物安全面临的威胁与挑战

生物安全是国家安全体系的重要组成部分。随着全球新冠肺炎疫情传播，也使得生物安全由陌生术语转而成为每个人真切的感受。当前，国际生物安全威胁形势复杂多样，传统生物安全与非传统生物安全威胁、外来生物威胁与内部监管风险、自然生物安全与人为生物安全威胁、现实生物安全与潜在生物安全威胁相互交织，给国家、民族、个人都带来了巨大的生物安全挑战。

隐蔽性强：通常无形无声无征兆，难以及时发现；具有一定潜伏期

针对性强：能够针对某些生物特征进行攻击；攻击目标非常精确

危害性大：能够在短时间内造成生态环境破坏，人员感染和死亡等

威胁范围广：从动物、植物到人，从生理到心理，从个体到社会，从社会到自然

生物安全威胁的基本特征

123

（一）生物安全威胁特征多样

生物安全威胁主要是指由动物、植物、微生物等生物体，给人类健康和赖以生存的自然环境可能造成的危害或潜在风险。生物安全就是对以上危害或潜在风险的防范。生物安全威胁与其他传统安全威胁相比，具有以下突出特征。

一是隐蔽性强。生物安全威胁通常无形无声无征兆，难以及时发现。再加上生物安全威胁通常具有一定的潜伏期，往往被发现和确认后，已经到了很严重的程度。如各种流行传染病，在暴发前很难有征兆，难以预防。对生物武器而言，使用简单多样，可以用人工、飞机、导弹或火炮等把细菌、细菌昆虫或带有致病基因的微生物，投放到对方河流、城市、农村中，由于其自然扩散、繁殖的方式与自然界天然病毒模式和规律一样，所以很难被察觉和发现。

二是针对性强。随着生物技术特别是基因技术的发展，通过对现有病原体进行基因改造或研制新的生物战剂，能够针对某个人、某个种群的某些生物特征进行攻击。选择攻击的目标非常精确，在获取人种、各种群或个人等攻击目标的基因或蛋白质结构后而设计特定的致伤因子，即可实现攻击的精确性。生物安全威胁不但能够造成人的病理反应，还能造成极大的心理负担，造成社会恐慌。

三是危害性大。生物安全威胁能够在短时间内造成生态环境的破坏、大量人员感染和死亡等，对人类生命安全和生产生活带来巨大影响。如2020年沙漠蝗虫在东非引起的蝗灾，据联合国专家警告称，预计中东与非洲将有2500万人口粮食安全受到严重威胁。一些生物武器的杀伤力是核武器的几十倍甚至几百倍，如将100公斤的炭疽芽孢通过飞机、航弹、老鼠等携带释放到某城市，就可能造成约300万人丧生。

四是威胁范围广。随着生物技术发展，生物安全威胁由源自自然向源自生物技术研发和运用转变，从动物、植物到人，从生理到心理，从个体到社会，从社会到自然，都处于生物安全威胁之中。研究和监测表明，转基因生物对人体健康、生态环境和生物多样性将产生深远的负面影响，这种负面影响需要较长时间才能显现出来，且目前难以逆转之策。

（二）生物安全威胁方式多元

著名科学家霍金认为，人类面临的最大威胁不是来自物理方面，而是来自生物方面。与其他安全威胁相比，生物安全威胁的方式主要有以下几个方面。

一是重大新发疫情的暴发和流行。随着全球生态改变、人员流动加快，新发突发传染病不断出现，严重影响人类健康和生命安全。近年来，禽流感、中东呼吸综合征、埃博拉出血热、寨卡等病毒相继出现，甚至反复暴发。根据Wordometer统计数据显示，截至2021年11月30日，全球累计确诊新冠肺炎病例2.65亿例，死亡人数超过500万例，给社会稳定、国家安全等带来巨大破坏。

二是外来物种的入侵。外来物种入侵是指在一个地区或一个生态系统中没有自然分布的物种，由于人为引入或由于风力、鸟虫等自然传带等进入该地区或生态系统中。一个外来物种引入或入侵后，有可能因不能适应新环境而被排斥在系统之外，也有可能因新的环境中没有相抗衡或制约它的生物而过度繁殖，排挤环境中的原生物种，打破生态平衡，改变或破坏当地生态环境，甚至对人类生产、生活带来危害性影响。

三是生物技术或产品的滥用。随着生物技术的发展，大量人工合成或改造的生物不断出现，其中对许多生物的运用已经突破了法律和道德的底线，对生态环境、社会稳定、人类健康等产生了现实和潜在的威胁。目前，基因编辑技术及产品的滥用体现得最为明显，如大量转基因农产品的种植、养殖，利用基因技术制造超级细菌和超级病毒，违法人为编辑人类基因等，对人体产生潜在、不可逆转的威胁。

四是生物实验室泄漏。随着对生物技术的重视，各国加快了相关技术的研发，相继建立多种生物实验室。生物安全实验室是指通过防护屏障和管理措施，达到生物安全要求的病原微生物实验室。生物安群实验室不仅是科学研究的平台，也是传染病防控、保护公共健康的重要组成部分，更是应对生物威胁、保障国家安全的需要。虽然实验室具有严格的监督管理机制，但因设备故障、人为因素、管理不严等造成的安全事故时有发生。

五是生物恐怖袭击或生物武器攻击。任何技术的研发，都不可避免地运用于军用领域，生物技术也是这样。据统计，目前全球诸多恐怖组织具备发动生物恐怖袭击的能力，由于细菌、病毒在自然界存在，且制备容易、使用方便、成本低廉且隐蔽难防，已成为恐怖活动的重要方式。而世界各主要国家正在研制和储备生物武器。尽管《禁止生物武器公约》于1975年生效，目前有180多个缔约国，但依旧无法遏止生物武器的发展势头。

延伸阅读

新冠肺炎疫情的全球大流行

新型冠状病毒肺炎，简称"新冠肺炎"，是指2019新型冠状病毒感染导致的肺炎。2020年2月11日，世界卫生组织总干事谭德塞在瑞士日内瓦宣布，将新型冠状病毒感染的肺炎命名为"COVID-19"。2月22日，国家卫生健康委发布通知，"新型冠状病毒肺炎"英文名称修订为"COVID-19"。

2020年1月30日，世界卫生组织宣布将新冠肺炎疫情列为"国际关注的突发公共卫生事件"；3月11日，世界卫生组织首次宣布新冠肺炎疫情为全球性流行病。2021年11月19日，据世界卫生组织公布的最新数据显示数据，全球新冠肺炎确诊病例超过2.5亿例，受疫情影响的国家及地区达200多个。

（资料来源：中国政府网，http://www.nhc.gov.cn/yzygj/s7653p/202002/33393aa53d984ccdb1053a52b6bef810.shtml，有改动）

相关链接：
全球战疫，命运与共

三、维护生物安全的途径与方法

习近平总书记在中央全面深化改革委员会第十二次会议重要讲话中指出："要从保护人民健康、保障国家安全、维护国家长治久安的高度，把生物安全纳入国家安全体系，系统规划国家生物安全风险防控和治理体系建设，全面提高国家生物安全治理能力。要尽快推动出台生物安全法，加快构建国家生物安全法律法规体系、制度保障体系。"生物安全是国家安全的重要组成部分，对社会经济发展、人民健康及生态环境具有不可估量的影响。我国应尽快采取有效措施，切实开展生物安全风险防控和治理体系建设。

（一）加强生物安全技术保障

生物技术具有广阔应用前景，有助于解决食品短缺、疾病传播、环境污染等问题。但是生物技术本身也是一把"双刃剑"，潜藏着巨大的安全风险，在发展和应用过程中一旦失控，就会带来难以想象的后果。生物技术滥用、病毒样本泄漏、基因武器风险等问题，对世界各国特别是发展中国家的国家安全构成了巨大威胁，需要采取措施加强技术保障。

当前，与世界先进水平相比，我国在生物技术研发上相对落后。生物安全涉及多学科、多领域，需要优化科技创新模式，通过政府引导投资、各类型企业融合，推动产学研一体化发展。加大对生物安全领域的投入，引进高新技术人才，开展战略前瞻性研究，培育壮大生物安全科技企业，提升核心竞争力。实现生物样本数字化与安全存储、信息实时更新、快速检索、在线监控和安全传输。针对传染病疫情，及时建立病毒传播模型，为精准溯源提供支撑，加强预测技术，通过症状监测系统，有针对性地提高生物安全防御。加快提高技术研发实力，鼓励生物技术原创精神，努力创新、突破国外专利封锁，促进生物技术产业规范化发展，稳步推进生物技术安全有序应用，加强生物安全基础设施建设，不断提升抵御技术风险和外部威胁的能力。

（二）完善生物技术科学伦理制度

生物技术是一项前沿科技，尚处于探索阶段，具有很多不确定性因素。各种生物技术的出现，亦引发了相关科学伦理和安全性问题，生物技术可能带来的内在安全性引发人们的忧虑。随着生物技术研发能力的提高，相关技术的扩散和制造成本降低，生物安全问题日益凸显。因此，及早应对生物技术带来的科学伦理道德问题，防范生物技术误用、滥用和非道德应用，控制生物安全风险，已成为国际科学界和世界各国的共识。目前，美国、德国等国家均建立了国家层面的生物安全科学咨询委员会，对相关科学伦理道德进行审查，以确保生物技术规范化发展。

对此，我们需从国家层面制定生物伦理审查标准，会聚生物技术、医疗卫生、法学、人类学、社会学等方面专家，组建生物安全伦理审查委员会，建立完备的生物技术科学伦理道德审查机制，对各项新生物技术、新项目进行生物伦理安全评估，未雨绸缪做好安全防范工作。

（三）构建生物安全立法保障

生物安全保障需要走依法防控、依法治理之路，需要构建完善的法律体系。国际社会对生物安全立法工作一直十分重视，美国、欧盟等均制定了一系列相关法规。生物安全是全球性问题，需要国际社会共同关注、加强合作，联合国通过了《禁止生物武器公约》《生物多样性公约》《国际植物新品种保护公约》等国际公约，我国已加入并作出承诺。显然，加快制定生物安全法，为建立完善相关法律体系奠定基础，有利于我国履行国际承诺，与世界各国一道防范生物威胁，共同维护世界和平与稳定。

多年来，我国在维护国家生物安全方面做出了巨大努力，相继出台了若干法律法规和政策条文，比如《传染病防治法》《动物防疫法》《野生动物保护法》《病原微生物实验室生物安全管理条例》《植物检疫条例》等，在各个领域起到了监管作用。但从整体而言，我国生物安全法规较为分散，内容还不够完整，导致依法管理难度大。近年来，一些生物安全事件，给我国经济造成了巨大损失，亦对国家安全构成威胁，凸显出我国构建完备生物安全法律体系的急迫性与重要性。2021年4月15日，《生物安全法》正式实施，我国生物安全法律体系要形成以《生物安全法》为中心，相关生物安全风险防控立法为重要组成部分的法律体系结构。在该体系结构下，我国生物安全风险法律规制的理念与目标进一步统一，将促进该体系内部相关法律规范的整合与衔接。同时，生物安全法律规制具有范围广泛、法律关系复杂等特征，生物安全法律体系的发展也应注重该体系在外部与其他法律规范、体系的协调配合，从而实现生物安全法律体系在解决生物安全风险问题时的整体性价值。

（四）强化生物安全治理体系保障

目前，全球性的生物恐怖活动和生物犯罪活动增多，国际生物科技研发活动的规范准则呈现碎片化、无序化趋势，潜在安全风险和利益冲突矛盾突出。我国在生物安全方面持续增加投入，已有初步成效，但仍存在不足。

我们应从构建人类命运共同体这一倡议出发，倡导世界各国合作治理生物安全，联手打击全球生物安全犯罪活动。同时积极适应未来科技发展环境，加强生物安全智库战略研究和人才培养，抢抓国际战略话语权。引导和规范生物技术的研究应用，促进生物技术产业健康发展，防范潜在的危害和损失。并加快设立国家生物安全管理机构，归口、合并各细分机构，建立行之有效的管理体制和机制，充分调动各方力量，明确各方责任，构建完整严密的国家生物安全治理体系。

相关链接：
生物安全宣传片

专题讲堂

国域安全观：国家安全新思维

国域就是国家生存发展的空间领域，既包括传统上具有完全主权的"领土"，也包括具有不同治权的非传统"国土"，如海洋毗邻区、专属经济区、大陆架和防空识别区；既包括具有地理天文空间特性的陆域、水域、底域、空域、天域，也包括不具有地理天文空间特性的电磁空间和网络空间，即磁域和网域。当前，必须在"领土""国土"概念之外，确立范围更加广泛的"国域"概念，并用"国域"概念来概括当前国家生存和发展的全部空间。

超越传统"领土"概念

早期讲国家安全时，关于国家生存发展空间安全用的概念是"领土安全"。第二次世界大战后，随着美国全球称霸和国际关系复杂化，特别是海岛和海洋争夺的白热化，在联合国协调下，各国为解决海洋争执进行了长期的艰苦谈判，终于在1982年形成了《联合国海洋法公约》。按照公约规定，一个国家的生存发展空间除具有完全主权的传统"领土"外，还可以包括领海外毗邻区、专属经济区以及一定范围内的大陆架。这样一来，国际法规定的沿海国家管辖水域及其底土，就向外扩展了许多，原来属于公海的部分海域和底土成为相关国家具有管辖权的准领海和准领土。这些海域和底土虽然不是一个国家具有完全主权的领海和领土，但由于具有管理和开发利用的权利，因而可以称之为"国海"。

此外，自1950年美国首先建立防空识别区以来，加拿大、澳大利亚、韩国、日本、德国、缅甸、土耳其、泰国等20多个国家和中国台湾地区后来也陆续建立了海上防空识别区。2013年11月23日，中华人民共和国政府根据1997年3月14日《中华人民共和国国防法》、1995年10月30日《中华人民共和国民用航空法》和2001年7月27日《中华人民共和国飞行基本规则》，首次宣布划设东海防空识别区。

虽然各国对防空识别区的认识并不完全一致，但根据国际通行规则，飞行器进入一国的防空识别区时，需要向该国报告飞行计划，该国可以对飞行器进行定位、监视和管制，甚至可以起飞战斗机对其进行监视，但在飞行器进入该国领空前，无权对其采取迫降、击落等措施。这种不属主权范围但具有某种管理权限的空域，传统的"领空"概念无法概括，因而必须确立新的概念。与"国海"概念相应，这种具有某种控制权的空域也可称之为"国空"。

在这种情况下讨论国家安全问题，必须超越传统的"领土"概念，使用概括力更强的"国土"概念，从而把具有完全主权的传统领土和具有不同治权的非传统海洋毗邻区、专属经济区以及大陆架和防空识别区概括进来，在更大的范围内认识和保障国家生存发展空间的安全。

3 维护重点领域国家安全

确立"国域安全"概念

当前国家生存发展空间的拓展，并没有局限于海洋和天空，而是早已发展到太空。时至今日，许多国家已经发射了大量的航天器，外太空争夺不可避免地成为影响国家生存和发展的空间安全问题。对于各国发射的各种航天器及其运行的太空轨道和占据的太空空间，虽然可以仿照前面"国海""国空"的说法，勉强称之为"国天"，但无疑更难概括在"国土"这个概念中，更不用说"领土"这个概念了。然而，更难概括到"领土"和"国土"概念中的国家生存发展空间，还有最近一二十年才逐渐突显出来的信息网络空间。

随着互联网的发展，网络空间和网络主权被提了出来，成为国家最新的生存发展空间。尽管目前人们对网络空间和网络主权的认识还不统一，也存在许多新问题需要探讨，但毫无疑问，"网络空间"已经成为各国关注和重视的新领域，或者说是国家生存发展和国家安全的最新非传统领域。

在网络空间问题突出摆在人们面前的同时，此前早已存在的无线电通信广播与电磁空间问题，也需要从国家生存发展和国家安全的角度给予统一考虑。因此，必须在把传统主权范围内的"领土"概念扩展到非传统"国土"概念之后，进一步把"国土"概念变为更加非传统的"国域"概念，并在国家安全学理论和国家安全实践中确立"国域安全"概念。

"七域一体"的"国域安全"

由此可以看出，国域就是集陆域、水域、底域、空域、天域、磁域、网域七域为一体的国家生存发展空间。同样，当前讲国家安全问题，必须既重视传统的领陆、领水、领空、底土等领土安全，又重视非传统的海洋毗邻区、专属经济区、大陆架、防空识别区以及外太空空间、电磁空间、网络空间的安全，因而必须在传统的"领土安全""国土安全"等概念之外，确立非传统的"国域安全"概念，并用"国域安全"来概括当前最为广泛的国家生存发展空间安全问题，其目前包括陆域安全、水域安全、底域安全、空域安全、天域安全、磁域安全、网域安全七个方面。

在将"领土安全"和"国土安全"两个概念推进到"国域安全"概念后，当前国家安全在整体上可以分为12个基本要素或一级要素，即国民安全、国域安全、资源安全、经济安全、社会安全、政治安全、军事安全、主权安全、文化安全、科技安全、生态安全、信息安全。这12个基本要素或一级要素中的任何一个，都可以再继续分为若干个次级要素或二级要素、三级要素等。如前述陆域安全、水域安全、底域安全、空域安全、天域安全、磁域安全、网域安全，就是国域安全下的7个国家安全二级构成要素。

如果继续向下划分国家安全构成要素，其中有些二级要素还可以再分为若干三级要素，例如水域安全就可以分为内水安全、邻水安全、海域安全3个国家安全的三级构成要素，而海域安全又可以分为领海安全、毗邻区安全、专属经济区安全和大陆架安全，从而形成4个国家安全的四级要素。继续深究下去，领海安全还可以分为内领海安全与外领海安全两个方面，从而形成2个国家安全的五级要素。当然，在这种划分中，有些要素会与其他划分中形成的不同等级上的要素重复。例如，作为领海安全中国家安全五级要素的"内海安全",同时可以划归到国家安全三级要素"内水安全"之中。但是,这并不说明没有必要对国家安全构成要素细分,而恰恰说明需要对国家安全要素的细分问题进行更深入的研究。

还需要注意的是,国域安全不仅是国家安全的构成要素,而且是影响国家安全的因素。例如,国域范围的大小,特别是传统领土面积的大小,对国家安全就有直接影响。由历史和逻辑出发进行分析,一般来说,国域范围大对国家安全具有积极影响,国域范围小则可能对国家安全产生消极影响。还有,他国对于本国国域的侵犯和占领——包括对传统领土的侵犯与占领,也包括对非传统网络空间的侵犯和占领,都是对本国国家安全的严重威胁和危害,因而必须强化国家安全保障体系,确立国域安全防控体系,严密防范和打击各种侵犯国域安全的行为。

（资料来源：中国社会科学网，http://news.cssn.cn/zx/bwyc/201707/t20170712_3577913.shtml，有改动）

> **阅读推荐**
>
> 《国家安全战略学》（王桂芳主编，军事科学出版社）
>
> 本书主要研究国家安全战略的研究对象、内容、影响要素，以及国家安全战略运行机理，重在探索研究其基本特征和本质规律。本书共分九章：第一章绪论主要阐述国家安全战略的概念及研究方法；第二章重点阐述中国历代国家安全战略思想的发展演变；第三章主要阐述外国国家安全战略思想的历史演变；第四章重点阐述国家安全战略的主要影响因素；第五章主要阐述国家安全战略目标和指导原则；第六章重点阐述国家安全战略决策体制、机制和程序；第七章重点阐述国家安全战略实施规划、布局和手段；第八章主要阐述国家安全战略评估内容、标准和原则；第九章重点阐述国家安全战略能力建设的基础构成和基本途径。
>
> 《国家治理·依法治国·政治安全》（郑慧主编，中国社会科学出版社）
>
> 党的十八届三中全会提出："全面深化改革的总目标是完善和发展中国特色社会主义制度，推进国家治理体系和治理能力现代化"，这是在党的文件中首次提出推进国家治理体系和治理能力现代化的论断。国家治理、依法治国、政治安全的概念一经提出，就受到学术界的高度关注和积极回应，成为近期学术界研究的热点。本书在对两次学术研讨会的论文编辑、加工的同时，从不同的视角研究解读这三个热点问题，抛砖引玉，推动政治学界对此问题进行更为深入的探讨。

思考练习：
第三章知识测试

第四章　走好中国特色国家安全道路

思维导图

- **第四章 走好中国特色国家安全道路**
  - **第一节 坚持党对国家安全工作的绝对领导**
    - 坚持党的绝对领导是国家安全工作的根本政治原则
    - 保证政权安全和制度安全是国家安全首要任务
    - 切实加强党对国家安全工作的绝对领导
  - **第二节 坚持国家利益至上**
    - 国家利益的内涵
    - 国家利益至上的本质和表现
    - 坚决捍卫国家利益是国家安全工作的根本使命
    - 捍卫国家利益是维护国家安全工作的重要途径
  - **第三节 坚持以人民安全为宗旨**
    - 保障人民安全是国家安全工作的根本目的
    - 以人民安全为宗旨是国家安全工作的出发点和落脚点
  - **第四节 坚持共同安全**
    - 共同安全理念的科学内涵
    - 坚持共同安全是维护国家安全工作的必然要求
    - 坚持共同安全需要相关各方相向而行共同合作
  - **第五节 坚持促进中华民族伟大复兴**
    - 实现中华民族伟大复兴是当代中国的伟大梦想
    - 维护国家安全工作是实现中华民族伟大复兴的重要保障

学习目标

1. 了解党的绝对领导对维护国家安全工作的重要意义。
2. 认识国家利益的内涵和特征，国家利益至上的本质和表现。
3. 了解坚持人民安全对维护国家安全工作的重要意义。
4. 认识共同安全理念的内涵，学习如何坚持共同安全。
5. 认识中华民族伟大复兴重要意义，掌握其保障途径。

学习要点

党的绝对领导；国家利益；人民安全；共同安全；中华民族伟大复兴

课堂导入

改革开放以来，我们党始终高度重视正确处理改革发展稳定关系，始终把维护国家安全和社会安定作为党和国家的一项基础性工作。"安而不忘危，存而不忘亡，治而不忘乱。"同时，必须清醒地看到，新形势下我国国家安全和社会安定面临的威胁和挑战增多，特别是各种威胁和挑战联动效应明显。我们必须保持清醒头脑、强化底线思维，有效防范、管理、处理国家安全风险，有力应对、处置、化解社会安定挑战。

党的十八届三中全会决定成立国家安全委员会，是推进国家治理体系和治理能力现代化、实现国家长治久安的迫切要求，是全面建成小康社会、实现中华民族伟大复兴中国梦的重要保障，目的就是更好适应我国国家安全面临的新形势新任务，建立集中统一、高效权威的国家安全体制，加强对国家安全工作的领导。必须坚持总体国家安全观，以人民安全为宗旨，以政治安全为根本，以经济安全为基础，以军事、文化、社会安全为保障，以促进国际安全为依托，走出一条中国特色国家安全道路。

思考讨论

1. 为什么要坚持党对国家安全工作的绝对领导？
2. 什么是国家利益？国家利益具有哪些特征？
3. 国家安全工作的根本宗旨和重要准则分别是什么？

4 走好中国特色国家安全道路

第一节　坚持党对国家安全工作的绝对领导

国家安全重于泰山、高于一切，事关国家大局和民族根本利益，只有置于党的绝对领导之下，才能始终保持正确方向，确保国家长治久安。必须毫不动摇坚持中国共产党对国家安全工作的绝对领导，坚持集中统一、高效权威的国家安全工作领导体制。国家安全是安邦定国的重要基石；坚定不移地坚持党对国家安全工作的绝对领导，则是确保基石稳固的根本保证。

一、坚持党的绝对领导是国家安全工作的根本政治原则

（一）坚持党的绝对领导关系社会主义的前途命运

中国共产党的领导是中国社会历史发展的必然要求，是中国人民的正确选择。中国共产党在中国特色社会主义事业中处在总揽全局、协调各方的领导核心地位，只有中国共产党有资格、有能力担负起中国革命和建设事业的领导责任。历史证明，坚持党的领导是国之根本，否则国家就会改旗易帜。

随着社会主义事业的不断发展，党的领导的内容和要求也会发生变化。坚持党的领导必须完善党的领导，确保党的领导的内容和要求与时代任务相一致。当前，我国社会主义事业已进入实现民族复兴目标的伟大历史阶段，机遇与挑战并存，困难与风险俱在，国家安全形势更加错综复杂，国家安全工作的地位与作用日益凸显。面对新形势新任务，必须将国家安全工作更加明确地置于党的绝对领导下，为社会主义事业发展和迈向新辉煌提供坚强可靠的安全保障。

> **延伸阅读**
>
> **党是领导一切的**
>
> 党的十九大将"党是领导一切的"写入党章，具有重要的现实意义。党领导一切的实质是什么呢？习近平总书记曾形象地指出，这就像"众星捧月"，这个"月"就是中国共产党。在国家治理体系的大棋局中，党中央是坐镇中军帐的"帅"，车马炮各展其长，一盘棋大局分明。党政军民学，东西南北中，党是领导一切的。各个领域、各个方面都必须自觉坚持党的领导。
>
> （资料来源：中国共产党新闻网，http://cpc.people.com.cn/n1/2018/0125/c123889-29787340.html，有改动）

相关链接：
坚持党对一切工作的领导

(二)坚持党的绝对领导关系一个国家的长治久安

冷战时期,一些西方国家除对我国实施军事围堵外,持续对我国实施各类渗透、颠覆和破坏活动,有时甚至直接以政治、军事介入方式公开干涉我国内政。改革开放后,一些西方国家借机对我国进行政治、思想和文化渗透,国内自由化思潮一度有所泛滥。党和国家前途命运经受住各种严峻考验,坚持党对国家安全工作的绝对领导是根本政治保证。苏联解体、东欧剧变的教训证明,执政党削弱甚至放弃对国家安全工作的领导,是其政权垮台的重要原因。

冷战结束后,有的国家并未摒弃冷战思维、"零和博弈"的旧观念,反而热衷于通过"颜色革命"颠覆他国政权,在某些国家和地区屡屡得手。在此背景下,我国更加迫切需要通过加强党对国家安全工作的绝对领导,统筹国际国内两个大局,应对各种复杂严峻挑战,确保国家长治久安。实现国家长治久安是时代赋予国家安全工作的重大使命,坚持党对国家安全工作的绝对领导,是完成这个庄严使命的根本保证。

(三)坚持党对国家安全工作的绝对领导关系"两个一百年"奋斗目标的顺利实现

中国共产党始终把实现共产主义作为最高理想和最终目标。新中国成立特别是改革开放以来,在中国共产党的领导下,我国全面快速崛起,取得令世人瞩目的伟大成就。这些伟大成就来之不易,其根本政治保证是中国共产党的领导。在中国共产党领导下,我国既有力地维护了国家安全,又实现了国家快速发展。

党中央确立了"两个一百年"奋斗目标,为全国各族人民共同创造更加幸福美好的未来指明了方向。实现这一宏伟目标,既面临前所未有的大好机遇,又面临前所未有的严峻挑战,根本依靠依然是党的坚强领导。一方面,"两个一百年"奋斗目标与党的最高理想和最终目标一脉相承,具有历史延续性。只有坚持党的领导,才能使既定的路线方针政策不动摇,才能凝心聚力,继往开来,确保中国特色社会主义事业不偏离正确方向。另一方面,我国越发展,面临的问题会越多,遇到的阻力也会越大,面临的内外安全压力也必然越来越大。面对复杂严峻形势,迫切需要通过加强党对国家安全工作的绝对领导,总揽国家发展与安全大局,为实现"两个一百年"奋斗目标提供可靠安全保障。

二、保证政权安全和制度安全是国家安全首要任务

四项基本原则是我国立国之本,决定了国家安全工作必须服从服务于这个根本。坚持党对国家安全工作的绝对领导,客观上要求国家安全工作要以保证政权安全和制度安全为首要任务,紧紧围绕如何确保政权安全和制度安全而展开。

(一)巩固人民民主专政

人民民主专政是中国特色的无产阶级专政。这是中国人民在中国共产党领导下,根据中国具体国情,对新中国国家本质及其形式的唯一正确的政治选择。旧中国是半殖民

4 走好中国特色国家安全道路

地半封建性质的国家。中国共产党在中国要取得社会主义的胜利，就要打碎旧中国的国家机器，建立一个新型的国家机器，这个新型的国家机器就是人民民主专政。中国新民主主义革命的胜利，历史地导致不仅仅只是无产阶级的专政，而是以无产阶级为领导的、以工农联盟为基础的、包括最广泛联盟的人民民主专政。人民民主专政的国家在人民内部实行民主，对人民的敌人实行专政，这两个方面是分不开的，把这两方面结合起来，就是人民民主专政。人民民主专政的领导力量是无产阶级，而无产阶级的领导又是通过党的领导地位实现的，并且这种领导工作包括党对国家安全工作的领导。人民民主专政是党领导国家安全工作的重要前提，而国家安全工作的一个重要任务就是巩固人民民主专政的地位。

（二）确保中国特色社会主义制度安全

中国特色社会主义制度，是当代中国发展进步的根本制度保障，集中体现了中国特色社会主义的特点和优势。我们推进社会主义制度自我完善和发展，在经济、政治、文化、社会等各个领域形成一整套相互衔接、相互联系的制度体系。人民代表大会制度这一根本政治制度，中国共产党领导的多党合作和政治协商制度、民族区域自治制度以及基层群众自治制度等构成的基本政治制度，中国特色社会主义法律体系，公有制为主体、多种所有制经济共同发展的基本经济制度，按劳分配为主体、多种分配方式并存的分配制度，以及建立在根本政治制度、基本政治制度、基本经济制度基础上的经济体制、政治体制、文化体制、社会体制等各项具体制度，符合我国国情，顺应时代潮流，有利于保持党和国家活力、调动广大人民群众和社会各方面的积极性、主动性、创造性，有利于解放和发展社会生产力、推动经济社会全面发展，有利于维护和促进社会公平正义，实现全体人民共同富裕，有利于集中力量办大事、有效应对前进道路上的各种风险挑战，有利于维护民族团结社会稳定、国家统一。中国特色社会主义制度本身也需要安全保障，因为国内外敌对势力一直在想尽各种方法去改变它，所以确保中国特色社会主义制度安全就成了国家安全工作的首要任务之一。

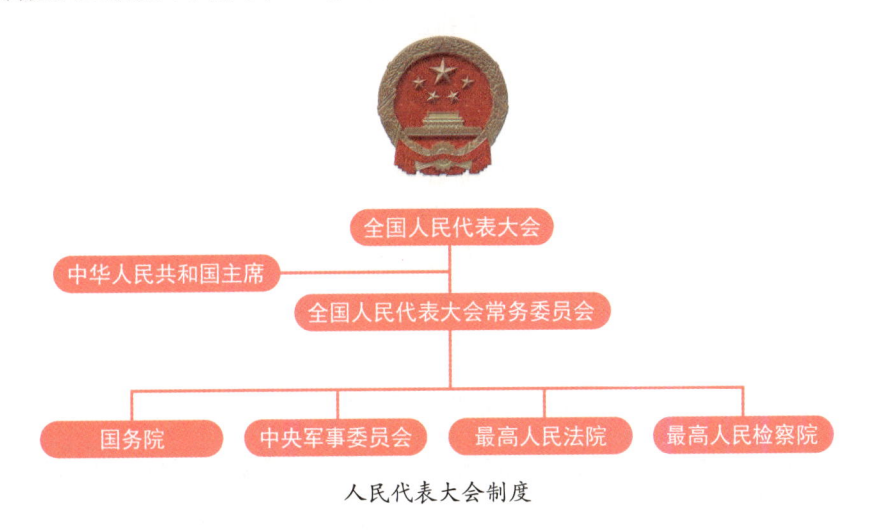

人民代表大会制度

135

（三）维护党的领导权威

中国共产党是执政党，党的领导是中国特色社会主义最本质的特征，是做好党和国家各项工作的根本保证。始终坚持党对国家安全工作的领导不动摇，是中国特色社会主义国家安全工作的本质特征，更是做好国家安全工作的根本保证。任何时候、任何情况下，国家安全人员都要保持高度的政治清醒和政治自觉，旗帜鲜明地把国家安全工作置于党的领导之下。只有这样才能不迷失方向，才能推进国家安全工作始终沿着正确的方向前进。坚持党的领导，就要坚持党中央的集中统一领导。加强党中央的集中统一领导，支持国家安全工作依法履职、大胆工作、发挥作用，这两个方面是统一的，哪一方面都不能偏废。各级国家安全机关一定要深刻认识、牢牢把握这一根本要求，从理论和实践上正确解决好党的领导与国家安全工作的关系，始终在思想上政治上行动上同以习近平同志为核心的党中央保持高度一致，坚定不移地走中国特色国家安全道路；国家安全工作在自觉坚持党的领导前提下，也要用实际行动维护党中央权威。

三、切实加强党对国家安全工作的绝对领导

国家安全形势变化已对国家安全工作提出新的更高要求，必须从提高党的执政能力建设的战略高度，切实加强党对国家安全工作的绝对领导，全面提升维护国家安全的能力和水平。

（一）充分认识到坚持党的绝对领导的重要性

坚持党对国家安全工作的绝对领导，是面对国家安全遇到的新情况新挑战，更好地解决国家安全重大问题所提出的根本政治要求，是确保国家安全工作不偏离正确方向的根本保证。为此，要着力加强国家安全工作思想政治建设，确保思想认识到位，充分认识维护国家安全的重大意义，增强忧患意识、危机意识和使命意识。坚持以总体国家安全观为指导，深刻理解坚持党对国家安全工作绝对领导的极端重要性。

（二）切实加强党对国家安全工作的统一领导

党的组织领导是政治领导、思想领导的保证。坚持党对国家安全工作的绝对领导，需要通过党的各级组织强有力的集中统一领导来实施。以习近平同志为总书记的党中央锐意改革创新，在国家安全领域已成功推出一系列重大举措，如提出总体国家安全观，强调全面维护各领域国家安全；加强对国家安全工作的集中统一领导，维护党对国家安全工作绝对领导的权威；颁布施行《国家安全法》，健全国家安全制度和国家安全保障措施，使维护国家安全更加有法可依、有章可循。这些举措都有利于切实加强党对国家安全工作的集中统一领导。

（三）不断提升党对国家安全工作的领导能力

既要坚持党的领导，又要改善党的领导，是为了不断提高党的执政本领。党对国家安全工作的绝对领导需要通过党的干部、党的各级组织和广大共产党员去实施。如果

党的领导能力不足,国家安全的各项工作就会落空。党要切实担负起领导国家安全工作的重任,必须以不断提升自身领导能力作为根本保障。制定首个《国家安全战略纲要》,为明确新形势下国家安全工作的重大问题,更好维护国家安全提供战略指导,这是党在新形势下不断提升国家安全工作领导能力的重要体现。

要清醒认识到,从总体上看,国家安全形势新变化对提升党的领导能力提出了新要求。但是,一些地方和党员干部还存在着与新变化、新要求不相适应的问题,主要表现在:国家安全意识不够强,重发展轻安全;缺乏国家安全专业知识和能力的相关培训,国家安全战略素养不高;国家安全大局意识不强。为此,更迫切需要加紧推出和落实相关举措,提升安全综合决策能力和水平,打造高素质专业化的国家安全队伍。各级党员干部要坚持以总体国家安全观为指导,增强国家安全责任感和使命感,在实践中不断提升国家安全工作的能力,切实担负起维护国家安全的重任。

延伸阅读

国家安全工作职责

2018年4月17日,十九届中央国家安全委员会第一次会议审议通过了《党委(党组)国家安全责任制规定》,明确了各级党委(党组)维护国家安全的主体责任,要求各级党委(党组)加强对履行国家安全职责的督促检查,确保党中央关于国家安全工作的决策部署落到实处。

中央国家机关各部门维护国家安全的工作职责

《国家安全法》第三十九条规定,中央国家机关各部门按照职责分工,贯彻执行国家安全方针政策和法律法规,管理指导本系统、本领域国家安全工作。

地方维护国家安全的工作职责

《国家安全法》第四十条规定,地方各级人民代表大会和县级以上地方各级人民代表大会常务委员会在本行政区域内,保证国家安全法律法规的遵守和执行。地方各级人民政府依照法律法规规定管理本行政区域内的国家安全工作。香港特别行政区、澳门特别行政区应当履行维护国家安全的责任。

(资料来源:新华网,http://www.xinhuanet.com/politics/leaders/2018-04/17/c_1122697734.htm,有改动)

第二节 坚持国家利益至上

走中国特色国家安全道路,必须坚持国家利益至上原则。当前,我国国家安全面临着复杂多变的新形势,维护国家安全面临着新任务。这要求我们必须对国家利益有新的理解。国家安全工作的根本使命就是捍卫国家利益。

一、国家利益的内涵

国家利益是国家制定和实施安全战略的出发点，也是国家判断安全状态的主要标准。只有准确把握国家利益的概念，才能理解国家为实现安全所制定和实施的战略。

能够作为利益主体的既可以是生命个体，也可以是生命群体。对于人及由人组成的社会来说，个人可以成为天然的利益主体，人群也可以成为天然的利益主体，由个人及群体组成的具有不同内部组织结构的社会共同体同样可以成为利益主体。当国家成为利益主体的时候，便形成了国家利益。虽然在国内外学界和政界对"国家利益"概念存在着各种各样的不同定义和界说，但根据前面对"利益"的界定及对利益主体的说明，可以合乎逻辑地得出这样一个结论：国家利益就是满足或能够满足国家以生存发展为基础的各方面需要，并且对国家在整体上具有好处的事物。

从客体上看，一切能够满足或能够满足国家生存发展等方面需要并且对国家具有好处的事物，都是国家利益；任何国家利益也都是满足或能够满足国家生存发展需要并且对国家有好处的事物。当然，这种事物既可以是实体性的实物存在，也可以是过程性的事件存在；既可以是物质性的存在，也可以是精神性的存在；既可以是已经或正在满足国家需要的存在，也可以是能够满足国家需要的存在；既可以是现实的存在，也可以是潜在的存在。国家利益因此可以根据利益客体的不同分为不同的类型，例如物质利益与精神利益、实物利益与过程利益、现实利益与潜在利益、当前利益与长远利益等。

从主体来看，国家利益只能是以国家为利益主体的利益。因此，国家利益虽然与帝王利益、官吏利益、朝廷利益、政府利益、统治者利益、被统治者利益、国民利益等密切相关，并且在不同时代具有不同的复杂关系，但由于国家利益是以国家为主体的，因而不同于如上的任何一种利益，甚至在外延上属于具有全异关系的不同概念。当然，对于国家利益与这些不同主体的利益之间的现实关系，还需要根据其复杂多变的各种不同表现形式，历史地、具体地、客观地进行深入研究与分析。

根据对国家利益的这种定义，特别是对国家利益主体的明确认定，在国家利益的起源上必然逻辑地得出这样一个结论：国家利益是随着国家这一特殊利益主体的形成而产生的。对于国家利益的产生，有两点必须注意：第一，国家利益不同于民族国家利益，民族国家及民族国家利益出现于近代西方这一事实并不说明国家利益是在西方近代才形成的。第二，国家利益是客观的，它的产生或形成不以人们是否形成国家利益意识或国家利益观念为转移。

二、国家利益至上的本质和表现

（一）国家利益至上的本质

从历史的角度看，国家利益是国际关系中作用最持久、影响力最大的因素。在当今世界，国家利益仍然是一个国家制定和实施对外政策的主要依据，是调整国家对外关系的基本着眼点。正如邓小平会见美国前总统尼克松时所指出的："考虑国与国之间的关系主要应该从国家自身的战略利益出发。……我们都是以自己的国家利益为最高准则来谈问题和处理问题的。"这一充满政治睿智、眼界宽广的国际战略思想，不仅对我国对

4 走好中国特色国家安全道路

外工作具有针对性的指导意义，也对我国国家安全工作有着极其重要的指导意义。新形势下做好国家安全工作，必须坚持国家利益至上的原则。

国家利益关系民族生存、国家兴亡，反映了绝大多数人民的共同需求。理解国家利益至上，有这样几个要点：第一，国家利益是一切政策的出发点，任何不符合国家利益的政策、战略都需要进行调整。第二，对国家利益的认知要有明确的分层和重要性的排序，没有对利益的主次之分，就不可能真正维护好国家利益。第三，国家利益决定国家的具体目标，没有国家利益的指导，国家目标的制定就没有方向。

国家利益至上 →
- 第一　国家利益是一切政策的出发点
- 第二　对国家利益的认知要有明确的分层和重要性的排序
- 第三　国家利益决定国家的具体目标

国家利益至上的关键要点

坚持国家利益至上，不能把国家利益的所有组成部分都放在首位，而必须对国家利益的基本内容形成明确认识。国家利益可以分为核心利益、重大利益和一般利益，也可以分为整体利益、局部利益，等等。之所以要对国家利益进行分层，是因为国家针对不同层次的利益，通常会做出不同性质的反应，并采取不同性质的行动。例如，核心利益是国家最高层次的利益，涉及这种利益的问题，国家在国际谈判中是不可以让步的。在国家间关系中，无论是一个国家界定自身利益，还是评估别国的利益，最重要的都是判定什么是生死攸关的利益。对于这样的利益，属于自己的就要坚持到底。

国家以利益为准则制定政策，在判断利益排序的基础上，还必须把利益具体化为国家的战略目标。该目标是国家维护利益所要达到的目的，既包括国家已经拥有但需加以保卫的目的，也包括国家并不拥有但需要获取的目的。从构成内容来看，国家目标与国家利益看似一样。例如，维护领土完整，属于国家利益的范畴，同时也是明确的国家目标，特别是在领土完整受到威胁时。在实践中，有必要对两者进行区分：第一，国家利益尽管可以分层，但它总是具有宏观性；而国家目标既有宏观的，也有微观的。第二，国家利益是指导原则，通常不涉及操作层面，总的来看比较笼统、概括。而国家目标则既有指导性，又有操作性；既有总体方向，又有具体的实施指标。

（二）国家利益高于地方利益

国家利益与地方利益是辩证统一关系。国家利益和地方利益在本质上是一致的，都是全体人民利益的体现。作为社会主义国家，我国的国家利益就是人民整体的根本利益，维护国家利益与维护人民根本利益具有一致性。但是，在实现形式上，国家利益和地方利益未必完全重合。因此，要站在全局高度，统筹协调国内整体利益的有序发展。

地方政府应该树立大局意识，不能将地方利益置于国家利益之上，应该牢固树立国家利益至上的观念。

（三）整体利益高于局部利益

整体利益是指国家的全局性和长远性利益，是绝大多数人民需求的体现。这种利益与反映一个国家中不同群体需求的局部利益，既是一致的，又是矛盾的。作为从总体考虑局部需求的结果，整体利益照顾到了大多数人民的长远需求，符合大多数群体的利益。这是整体利益与局部利益相一致的一面。但另一方面，这种全局性的利益考虑，相对多元化的利益群体而言，总是存在不一致的方面。由于局部利益往往是相关群体考虑眼前利益的结果，因此就有可能在某些问题上与国家的整体利益相矛盾。在这种时候，要维护大多数人民的利益需求，就需要局部利益服从整体利益。

强调整体利益的重要性，并不是对局部利益的否定。我国地域辽阔，发展很不平衡，城乡差距、区域差距、行业收入差距决定了各地区、各部门都有自己的利益。从总体上解决这些问题，就首先需要实现国家的整体利益。实际上，整体利益与局部利益是相辅相成的。在现代社会，局部与全局密不可分：离开了局部，就没有全局；离开了全局，任何局部都不可能得到充分发展。

三、坚决捍卫国家利益是国家安全工作的根本使命

（一）国家利益是人民利益的集中表现

国家利益最终是人民的利益。人民是国民中除去敌人的公民，在不同的历史时期，人民的内涵是不同的。在新的历史时期，我国国内的一切社会主义的建设者和爱国者，都是人民的组成部分。我国是工人阶级领导的、以工农联盟为基础的人民民主专政的社会主义国家。我国的国体决定了我们的国家利益必然真正体现、切实维护中国人民的利益。人民是国家的主人，人民当家作主，为了自己的利益而维护国家利益。

邓小平曾深情地说，"我是中国人民的儿子"，要把人民满意不满意、答应不答应、高兴不高兴，作为衡量一切工作得失的根本标准。邓小平还强调，要维护中国人民的利益，就必须坚定地捍卫中国的国家利益。爱国，就是要爱社会主义新中国，就是要坚持四项基本原则。人民利益只有上升、集中到国家利益中来，运用国家的工具，才能得到真正的维护。在霸权主义和强权政治还存在的国际社会中，在不合理的国际经济政治旧秩序仍然存在的现实生活中，要维护中国人民的利益和权利。所以说，国家利益是人民利益的集中表现。

（二）捍卫国家利益是国家安全工作的职责所在

国家利益的维护与国家安全工作的科学、全面部署息息相关。做好国家安全工作是维护国家利益的重要途径，坚决捍卫国家利益是国家安全工作的根本使命。有效维护国家利益，离不开国家安全工作的坚强保障。国家利益受到侵犯时，必须有效地予以回击，这是国家安全工作的神圣使命。《国家安全法》对国家安全的任务作出明确规定，

要求在所有的安全领域捍卫国家利益，为实现国家安全目标提供有力保障。

（三）捍卫国家利益是国家安全工作的最高目标

在国家安全工作中，捍卫国家利益是最大公约数。将捍卫国家利益作为国家安全工作的最高目标，有利于形成准确定位、科学规划、统筹协调、有序开展的工作局面。坚持集中统一、高效权威的国家安全领导体制，落实全面系统、科学有效的《国家安全法》，秉承以人民安全为宗旨，坚决以捍卫国家利益作为国家安全工作的最高目标，这是中国特色国家安全道路的必然选择。

四、做好国家安全工作是维护国家利益的重要途径

（一）树立维护国家利益的机遇意识

树立机遇意识的关键在于全面认清时代特色与历史使命。从自身发展的阶段性特征来看，我国前所未有地靠近世界舞台中心，前所未有地接近实现中国梦的目标，前所未有地具有实现中国梦的能力和信心。我国发展仍处于可以大有作为的重要战略机遇期，最大的机遇就是自身不断发展壮大。随着和平发展进程的不断推进，我国维护国家利益的手段和资源将会越来越丰富，维护国家利益的工作也会越来越主动。维护国家安全最重要的任务，就是要维护好我国和平发展之"大势"，一切国家安全工作都要有利于这个"大势"。做好新形势下的国家安全工作，必须牢牢抓住并用好维护国家利益的各种机遇，增强维护国家利益的责任感、使命感。

（二）强化维护国家利益的底线思维

所谓底线思维就是从忧患意识出发分析社会存在的问题，从最坏处着眼谋划工作，把风险、困难估计得更多点，做到有备无患、遇事不慌。凡事预则立，不预则废。改革开放是伟大的事业，也是充满风险的事业，中央对防患于未然是一贯的。邓小平指出，我们要把工作的基点放在出现较大的风险上，准备好对策。这样，即使出现了大的风险，天也不会塌下来。江泽民多次指出，有备才能无患。要充分估计各种可能遇到的困难和风险，对各种可能性都应该预做考虑、预为准备。胡锦涛同样指出，在国际竞争日趋激烈、国内改革发展稳定任务艰巨繁重的情况下，我们必须增强忧患意识，做到居安思危，既要认清机遇、抓住机遇、用好机遇，又要正视挑战、迎接挑战、战胜挑战。

习近平总书记强调，要坚持底线思维，保持如临深渊、如履薄冰的态度，尽可能把各种可能的情况想全想透，把各项措施制定得周详完善，确保安全、顺畅、可靠、稳固。习近平总书记的忧患意识与这些是一脉相承的，而且明确提出底线思维是这些认识的进一步深化。强化国家利益的底线思维，关键是维护好国家核心利益。习近平总书记在不同场合反复阐明我国维护国家安全的决心和意志：要坚定不移地维护国家主权和领土完整，不惹事，但也不怕事，坚决捍卫正当合法权益；走和平发展道路，但决不放弃正当权益，决不牺牲国家核心利益；不回避矛盾和问题，国家主权和领土完整问题不容妥协，必须针锋相对，寸土必争。这些重要论述向世界清晰表达了涉及我国核心利益的

红线，亮明了我国维护核心利益的底线。

（三）创新维护国家利益的方式方法

形势决定任务，国家利益的发展变化对创新国家安全工作提出了新要求。除了坚持原有的维护国家利益方式方法，还需不断创新方式方法。着眼国家间共同安全利益，从低敏感领域入手，积极培育合作安全意识，不断扩大合作领域、创新合作方式。倡导人类命运共同体意识，在追求本国利益时兼顾他国合理关切，努力扩大各方共同利益的汇合点。合作共赢的理念不仅适用于经济领域，也适用于政治、安全、文化等领域。要切实落实好正确义利观，有原则、讲情谊、讲道义，真正做到弘义融利。

第三节　坚持以人民安全为宗旨

人民安全是国家安全最核心的部分，其他安全都应统一于人民安全。人民安全高于一切，是总体国家安全观的精髓所在。总体国家安全观坚持以人民安全为宗旨，继承发扬了中国共产党全心全意为人民服务的立党宗旨和优良传统，彰显了深厚的人民情怀，既符合历史规律，也体现了时代与发展的新要求、新方向，对走出一条中国特色国家安全道路具有重要的现实指导意义。

一、保障人民安全是国家安全工作的根本目的

总体国家安全观涉及国家安全的方方面面，其中"以人民安全为宗旨"是总体国家安全观的第一要义，只有人民安全才是中国特色国家安全道路的核心价值，只有保障人民利益才是我国国家安全工作的根本目的。2018年4月17日，习近平总书记在十九届中央国家安全委员会第一次会议上发表重要讲话，强调"坚持人民安全、政治安全、国家利益至上的有机统一，人民安全是国家安全的宗旨，政治安全是国家安全的根本，国家利益至上是国家安全的准则，实现人民安居乐业、党的长期执政、国家长治久安"。这是运用马克思主义理论与方法，从中国特色社会主义现代化建设全局的战略高度，深刻阐述了人民安全与国家安全的辩证关系，清晰阐明了一个道理：国家安全是人民幸福安康的基本要求，人民安全是国家安全的宗旨。习近平总书记强调，"一个政党，一个政权，其前途和命运最终取决于人心向背。如果我们脱离群众、失去人民拥护和支持，最终也会走向失败""国家安全工作归根结底是保障人民利益，要坚持国家安全一切为了人民、一切依靠人民，为群众安居乐业提供坚强保障"。总体国家安全观提出以来，无论是国家安全战略布局、国家安全立法，还是国家安全宣传教育、国家安全实际工作，都在努力贯彻落实"以人民安全为宗旨"的价值要求。《国家安全战略纲要》强调，"在新形势下维护国家安全，必须坚持以总体国家安全观为指导，坚决维护国家核心和重大利益，以人民安全为宗旨，在发展和改革开放中促安全，走中国特色国家安全道路。"《国家安全法》第三条明确规定："国家安全工作应当坚持总体国家安全观，以人民安全为宗旨，以政治安全为根本，以经济安全为基础，以军事、文化、社会安全为保障，以促进国际安全为依托，维护各领域国家安

4 走好中国特色国家安全道路

全，构建国家安全体系，走中国特色国家安全道路。"同时，"以人民安全为宗旨"的价值理念，也越来越落实到了实际国家安全工作中。无论是对内的防恐反恐，还是对外的维护国家领土主权完整；无论是在传统安全领域，还是在非传统安全领域，我国国家安全工作都越来越体现出"以人民安全为宗旨"的重要特征。可见，保障人民利益，维护人民安全，不断提升人民群众的获得感、幸福感和安全感，是以人民安全为宗旨在总体国家安全观的具体集中体现。

> **延伸阅读**
>
> **以人民安全为宗旨**
>
> 　　国家安全工作归根结底是保障人民利益，要坚持国家安全一切为了人民、一切依靠人民，为群众安居乐业提供坚强保障。如《国家安全法》第一条在立法宗旨中明确"保护人民的根本利益"；第十六条规定"国家维护和发展最广大人民的根本利益，保卫人民安全，创造良好生存发展条件和安定工作生活环境，保障公民的生命财产安全和其他合法权益"等。
>
> 　　（资料来源：央广网，https://baijiahao.baidu.com/s?id=1630933140694980677&wfr=spider&for=pc，有改动）

相关链接：
人民安全大如天——总书记指挥这场人民战争

二、以人民安全为宗旨是国家安全工作的出发点和落脚点

　　以人民安全为宗旨是将人民安全放在首位，是中国共产党"全心全意为人民服务"宗旨的重要体现，是国家安全工作的出发点和落脚点。人民安全是国家安全的基石。人民群众是实践的主体，是历史的创造者，是实现社会变革的决定力量。维护国家安全与每个人的切身利益密切相关，人民是维护国家安全的力量支撑。国家安全的根基在人民、力量在人民、血脉在人民，维护国家安全必须紧紧依靠人民。历史明鉴，人民安全和国家安全是有机统一的：人民越有安全感，国家安全就越有依靠；国家越平安，人民就越有安全感。维护国家安全不仅需要强大武装力量的支撑，更要依靠广大人民群众的坚强支持。中国共产党在成立之初就把"人民"二字镌刻在党旗上，始终保持与人民群众的血肉联系，得到了人民的拥护和支持，国家安全深深扎根于人民之中。特别是党的十八大以来，以习近平同志为核心的党中央坚持以人民为中心，高度重视民生改善，全力维护人民安全，团结带领全党全国人民奋力开启中国特色社会主义新时代。坚持以人民安全为宗旨，既要把人民安全作为维护国家安全的根本目的，也要把人民群众作为维护国家安全的主体力量，充分发挥人民群众维护国家安全的主体作用。

三、在维护国家安全工作中始终坚持走群众路线

在维护国家安全工作中始终坚持走群众路线。群众路线是中国共产党带领人民群众克敌制胜的法宝。实践证明，一切为了群众，一切依靠群众，维护国家安全才有足够的动力和充分的保障。这就要求相关职能机关在国家安全工作中首先要把维护人民安全、谋求人民福祉作为国家安全工作的出发点和最终目标，始终把人民放在心中最高位置，始终与人民一块过、一块干。同时，在领导实施国家安全工作时，更要相信群众、发动群众、凝聚群众、依靠群众，团结带领人民群众领会、贯彻实施国家安全法，切实维护总体国家安全。

人民群众是历史的创造者，是维护国家安全的力量源泉。做好国家安全工作，必须紧紧依靠人民、广泛发动人民，充分发挥人民群众在维护国家安全中的主体作用。健全完善人民群众参与维护国家安全的制度机制，坚持专门工作与群众路线相结合，最大限度调动人民群众积极性主动性创造性，筑牢维护国家安全的人民防线。着力在立根固本上下功夫，把加强国家安全宣传教育作为坚持总体国家安全观的基础性、战略性工程，纳入国民教育体系和干部教育培训体系，覆盖社会生活各领域，融入社会主义核心价值观建设全过程，促进国家安全宣传教育常态化制度化；用好"全民国家安全教育日"等有效载体，深入开展国家安全形势政策、法律法规、典型案例等宣传教育，推动总体国家安全观走深走实、入脑入心。突出强化全民安全责任，按照《国家安全法》有关规定，推动公民、机关和企事业组织及其他社会组织自觉遵守国家安全法律和法规，自觉履行国家安全义务和责任，自觉维护国家安全和利益，切实提升反奸防谍、维护国家安全的意识和能力，形成人人共建共护、共有共享国家安全的良好氛围。

延伸阅读

利比亚撤侨

2011年2月22日的利比亚撤侨，是1949年以来规模最大的撤离海外中国公民行动，也是一场集中了海陆空力量的大营救，更是一次影响巨大的海外中国公民救援行动。12天，35860人，中国效率和中国信誉再次让世界瞩目。中国政府共动用91架次中国民航包机，35架次外航包机，12架次军机，租用外国轮船11艘，中远、中海货轮5艘，军舰1艘，历时12天，成功撤离中国驻利比亚人员35860人。

一位从利比亚撤离归来的中国人回忆说，最让我感动的是，中国人民在遇到事情时团结互助，是任何民族没法比的。回想那天在大沙漠里，别的国家的人民都各自取暖，而中国人的物资虽然都被反对派哄抢了，但是中国人互相偎依互相鼓励的场面，是最感人的时刻。特别是有两个施工队长，平时因为各自的工程进度、排榜名次争得面红耳赤，而在那天夜里两人却背靠背，互相鼓励着对方的队友，一直到天亮。最让人掉泪的一幕，不知是谁送了半瓶水，其中的一个队长拿起来只喝一口润润喉咙，马上递给另一个队长，而他也只喝了一口，就递给对方的队友中一个年

纪较大的人。在整个利比亚大撤离中，中国人没有一个掉队的。

类似的撤侨行动，中国政府已经组织了多次。2006年4月18日，中国政府从所罗门群岛撤侨，4月底，中国政府从东帝汶撤侨，7月12日，中国政府从黎巴嫩撤侨，11月16日，中国政府从汤加撤侨。2008年1月，中国政府从乍得撤侨，11月，中国政府从泰国撤侨。2010年1月12日，中国政府从海地撤侨，6月19日，中国政府从吉尔吉斯斯坦撤侨。2011年1月25日，中国政府从埃及撤侨。这充分体现了中国政府把人民的安全放在首位，也体现了总体国家安全观的宗旨。正如习近平总书记所说："既重视国土安全，又重视国民安全，坚持以民为本、以人为本，坚持国家安全一切为了人民、一切依靠人民，真正夯实国家安全的群众基础。"

（资料来源：中国新闻网，https://www.chinanews.com.cn/gn/2011/03-10/2896410.shtml，有改动）

第四节　坚持共同安全

2014年4月15日，习近平总书记主持召开国家安全委员会第一次会议时指出，既重视自身安全，又重视共同安全，打造命运共同体，推动各方朝着互利互惠、共同安全的目标相向而行。当今世界，各国人民命运与共、唇齿相依。任何国家都不能脱离世界而实现自身安全，也不可能将自身安全建立在其他国家不安全的基础上。以习近平同志为总书记的党中央提出"共同安全"的理念，是顺应国际安全形势发展潮流的必然选择，是维护自身安全与国际安全的重要举措。

一、共同安全理念的科学内涵

共同，就是要尊重和保障每一个国家安全。世界各国多样性特点突出，各国大小、贫富、强弱很不相同，历史文化传统和社会制度千差万别，安全利益和诉求也多种多样。大家共同生活在地球这个大家园里，利益交融、安危与共，日益成为一荣俱荣、一损俱损的命运共同体。

（一）安全应该是普遍的

共同安全所倡导的安全框架理应包含所有国家。这种安全不是以对抗为特点，不同于历史上一个国家联盟抗衡另一个国家联盟的安全模式，而是谋求推动所有国家共同合作，建立能够确保所有国家安全的国际安全体制。事实上，只有在具有普遍性的安全体制中，才具备让所有国家实现共同安全的条件。

当今时代，世界各国面对越来越多具有普遍性的安全问题。气候变暖、金融危机、恐怖主义、核扩散、难民潮、传染病、网络攻击等问题，都不是某一个国家单独面临的问题，也不是一个国家能独自解决的问题，需要世界各国普遍参与。世界各国只有共同合作，才能实现普遍安全。

实现普遍安全，就要确保世界各国人民都能免于战争、贫困和流离失所的状况，使所有得到国际社会认可的国家都享有独立自主的安全地位。同时，也要消除把自身安全建立在别国不安全之上的安全模式。实现这样的安全目标，固然需要国际社会改变观念，但更重要的是建立具有普遍性的国际安全机制。只有这样，世界各国和各国人民才能普遍享有安全的权利，并通过履行相应的责任实现共同安全。

气候变暖

（二）安全应该是平等的

安全的平等性，其含义是各国作为独立平等的主权行为体，都享有平等地获得安全保障的权利。平等意味着在安全问题上所有国家都应依据权利而不是权力行事。国家谋求安全没有大小和强弱的等级之分，所有国家都享有平等的权利并负有相应的义务。每个国家都有参与地区、全球安全事务的权利，也负有维护地区和全球安全的义务与责任。在现实主义的政治观念中，小国安全利益往往成为大国交易的对象，或被少数大国以维护自身安全为借口任意牺牲。坚决反对大国垄断的霸权主义，抵制借助实力主导安全决议的强权政治，更不容许对小国、弱国安全利益的漠视与排除。简言之，应赋予每个国家平等的安全地位。

（三）安全应该是包容的

文明的多样性和各国的差异性应该转化为促进安全合作的活力和动力。每个国家有独特的历史文化传统，政治制度各不相同，意识形态互有差异，这是国际社会的一种客观现实。包容的安全理念体现了承认现实的精神，是尊重并照顾各方合理安全关切的务实观念。

实现共同安全的理念，要求国家之间的差异都应该受到尊重。尊重各国选择的与其国情相符的发展道路。处理国际事务不应该戴着有色眼镜，不应干涉别国内政，不应强求价值观念和意识形态的一致性和同质化。歧视性待遇和区别处理会伤害有关国家和人民的感情，形成国家间交往和沟通的障碍，不利于互信机制的建立，并且可能造成相互疏离甚至对抗。共同安全所体现的包容性，提倡尊重多样性，提倡各方相互理解，提倡妥善处理和照顾不同的利益关切和诉求，力求实现"各美其美，美人之美，美美与共，天下大同"。

二、坚持共同安全是维护国家安全工作的必然要求

"明者因时而变，知者随事而制。"提出共同安全理念，不仅是顺应当今世界发展基本趋势的必然选择，也反映了党中央在新形势下对国家安全工作的新目标和新任务的精准把握。

4 走好中国特色国家安全道路

（一）坚持共同安全符合时代发展潮流

当今世界，大多数国家都将经济发展和国内建设置于首要位置。在这种背景下，实现持久和平和共同繁荣已成为人类社会的共同利益。任何国家的发展都需要依赖世界各地生产要素的整合，在国际危机面前都难以独善其身。地区性和全球性的安全问题已日益成为对人类社会共同价值和利益的威胁。一个国家的和平发展，离不开其他国家的稳定。由于所有国家的安全利益都相互关联，所以国家安全已不再局限于狭义的自身安全。

践行共同安全理念，首先要立足于推进区域一体化。通过推动这一进程，区域成员之间就会逐渐产生共同利益和共同体的观念，维护地区安全与和平就会成为全体成员的共同追求。在区域一体化实践中，安全制度化水平和安全互信级别是衡量一体化程度的标志。

习近平总书记指出："今天的亚洲，区域经济合作方兴未艾，安全合作正在迎难而上，各种合作机制更加活跃，地区安全合作进程正处在承前启后的关键阶段。"随着越来越多的国家接受共同安全理念，在区域一体化进程中维护共同安全的动力会愈发强劲。例如，亚洲相互协作与信任措施会议已经成为亚洲覆盖范围最大、成员数量最多、代表性最广的地区安全论坛。

（二）坚持共同安全符合中国根本利益

坚持共同安全是维护我国和平发展的需要。改革开放40多年来，我国成为经济全球化和一体化的受益者，也是重要推动者。我国需要安全环境来保护发展成果，也需要其他国家和地区保持稳定。随着自身实力获得巨大增长，我国具备了更强的参与国际安全事务的能力，能够在共同安全的机制中起到稳定和促进作用。

从地缘角度来讲，我国所处的东亚地区既是全球经济增长最活跃的地区，也是历史遗留问题较多，领土争端、政治和经济矛盾突出的地区。维护地区的稳定需要明智的安全理念，化解安全困境需要新思维。倡导共同安全，已成为我国推进地区安全合作的现实选择。

坚持共同安全，有利于树立良好的国家形象。作为一个大国，我国的崛起引起了国际社会的普遍关注。一些国家担心中国会利用取得的实力挑战现有国际秩序，威胁地区稳定与安全。在这样的舆论环境下，倡导共同安全展示了我国积极融入国际社会的负责任态度，妥善应对了国际上对我国发展的种种议论和猜测，有利于增强各方对我国的信任和理解。

三、坚持共同安全需要相关各方相向而行共同合作

维护共同安全是一项复杂的系统工程，单靠一方的努力是不行的。只有各方形成合力，才有可能形成新的国际安全模式。这个过程将是长期的，也是曲折的。

（一）推动和平解决国际争端

联合国宪章规定的主权平等、用和平方法解决国际争端、不得侵害别国领土完整或

政治独立、不得干涉别国内政等基本原则，对维护世界和平与安全发挥着举足轻重的作用。和平解决国际争端，要遵循公认的国际关系准则。

1. 睦邻友好的外交政策

我国一直奉行睦邻友好的外交政策，睦邻、安邻、富邻的外交政策和宗旨一直是指导我国外交与周边国家处理关系的首要原则。中国对周边国家历来本着亲望亲好、邻望邻好的朴素思想，处理与周边国家关系上首先与东南亚国家提出和平共处五项原则并切实遵守，不断弘扬，使和平共处五项原则成为国际关系的基本准则，得到大多数国家的承认和遵守。求同存异、互利共赢的思想也不断弘扬。之后明确提出"以邻为善、以邻为伴"的周边外交方针。

"亲、诚、惠、容"外交理念是我国周边外交的基本方针，就是坚持与邻为善、以邻为伴，坚持睦邻、安邻、富邻。"亲、诚、惠、容"这"四字箴言"，是新形势下中国坚持和平发展道路的一份生动宣言，是对多年来中国周边外交实践的一个精辟概括，也反映了我国新一届中央领导集体外交理念的创新发展。"亲"是指巩固地缘相近、人缘相亲的友好情谊，坚持睦邻友好，讲平等、重感情，多做得人心之事，使周边国家对我们更友善、更亲近、更认同、更支持，增强亲和力、感召力、影响力；"诚"是指用以诚待人之道对待周边国家，争取更多

我国周边外交的基本方针

朋友和伙伴；"惠"是指本着互惠互利的原则同周边国家开展合作，编织更加紧密的共同利益网络，让周边国家得益于我国的发展，使我国也从周边国家共同发展中获得裨益和助力；"容"是指开放包容、求同存异的大国胸怀，以此促进地区发展。

2. 倡导和平共处五项原则

我国倡导并遵循的和平共处五项原则就是我国奉行睦邻友好的外交政策的最好诠释和真实写照。20世纪50年代，我国与缅甸、印度在处理国家间相互关系中首先倡导创立的和平共处五项原则，在1955年的亚非会议上得到大多数国家的拥护和赞成，现在已经成为国际关系的基本准则，得到大多数国家的拥护和遵守。

中国是和平共处五项原则的积极倡导者和坚定实践者。和平共处五项原则载入中国宪法，是中国外交政策的基石。习近平主席在和平共处五项原则发表60周年纪念大会上发表了《弘扬和平共处五项原则，建设合作共赢美好世界》的讲话，指出"和平共处五项原则生动反映了联合国宪章宗旨和原则，并赋予这些宗旨和原则以可见、可行、可依循的内涵。和平共处五项原则中包含4个'互'字、1个'共'字，既代表了亚洲国家对国际关系的新期待，也体现了各国权利、义务、责任相统一的国际法治精神"。"60年来，历经国际风云变幻的考验，和平共处五项原则作为一个开放包容的国际原则，集中体现了主权、正义、民主、法治的价值观。"

4 走好中国特色国家安全道路

> **延伸阅读**
>
> 和平共处五项原则
>
> 1953年12月31日周恩来总理在接见印度政府代表团时，首次完整地提出了和平共处五项原则：互相尊重领土主权（在亚非会议上改为互相尊重主权和领土完整）、互不侵犯、互不干涉内政、平等互惠（在中印、中缅联合声明中改为平等互利）和和平共处，得到了印方的赞同，并写入了1954年4月29日签订的《关于中国西藏地方和印度之间的通商和交通协定》。该协定在序言中把和平共处五项原则定为指导两国关系的原则。和平共处五项原则作为一个整体首次在国际条约上成为国际关系的指导原则。
>
> （资料来源：光明网，https://www.gmw.cn/03zhuanti/2_zhuanti/jinian/50zn/50yj/yj-01.htm，有改动）

相关链接：
和平共处五项原则

（二）推进国际安全领域合作

推进国际安全合作势在必行。历史教训表明，以军事联盟为基础、以加强军备为手段的旧安全观，无助于保障国际安全，更不能营造世界的持久和平。恐怖袭击事件的频繁发生、传染性疾病的肆意横行、自然灾害的巨大破坏等提醒世界各国，人类社会已经进入了一个安全相互依存的时代，任何国家的能力都是有限的。为此，必须彻底摒弃冷战思维，努力把国际社会的安全建立在各国相互信任与合作的基础之上。只有各国携起手来，共同应对全球安全威胁，才能有效地实现国家安全目标。

推进国际安全合作，关键在于处理好大国关系。大国对共同安全的建设负有特殊责任。大国具有更大的实力和影响力。大国对国际规范的认同，可以起到导向和示范作用，并且可以对各国的遵约起到推动作用。大国和谐，共同安全就有保障；大国纷争，则共同安全就无从谈起。只要各大国能把握机遇，增进互信，务实合作，就能为推进共同安全奠定坚实基础。

推进国际安全合作，要践行正确的义利观，处理好同外部世界的关系。从世界和平与发展的大义出发，中国以更加积极的姿态参与国际事务，坚持做和平发展的实践者、共同发展的推动者、多边贸易体制的维护者、全球经济治理的参与者。践行正确的义利观，要处理好道义和利益的关系。在一些重大国际问题上，我国要有大国的原则和担当，坚持义利并举，既维护正义，又不损害国家利益。

（三）推进地区安全领域合作

促进地区安全，就要开展坦诚对话，增进战略互信，减少相互猜疑，求同化异，和睦相处。着眼各国共同安全利益，从低敏感领域入手，积极培育合作应对安全挑战的意识，不断扩大合作领域、创新合作方式，以合作谋和平、以合作促安全。作为亚洲地区的主要国家，我国应该通盘考虑亚洲安全问题的历史经纬和现实状况，多管齐下，综合施策，协调推进地区安全治理。

随着自身快速发展，未来一个时期是我国和世界之间关系深度磨合、调整适应的敏感期。要倡导全面安全、共同安全、合作安全理念，推进与区域内国家在军事、防务、执法、情报等领域的合作。通过防务安全对话、联演联训、军援军贸等手段增加区域内国家与我国的战略互信。

开展地区安全领域的合作，要倡导建立地区安全合作组织和沟通机制。引导地区安全议题设置，既搭台唱戏，也借台唱戏，探索建立和主办地区安全论坛，努力提高我国对地区安全事务的影响力和塑造力。主动提供更多公共安全产品，塑造对我国有利的地区安全合作框架。

第五节　坚持促进中华民族伟大复兴

鸦片战争以来，中华儿女为了"赶上时代"、实现民族复兴中国梦而奋斗求索。在中国共产党的领导下，站起来的中国人民终于筑起坚强安全基石，走上实现民族复兴的康庄大道。在我们前所未有地接近实现民族复兴伟大目标，同时也前所未有地面临发展阻力和安全风险的新形势下，习近平总书记提出并深刻论述了总体国家安全观，为更好地护航中国梦指明了前进方向。在总体国家安全观引领下，"中华号"巨轮定能驶达伟大复兴的彼岸。

一、实现中华民族伟大复兴是当代中国的伟大梦想

实现中华民族伟大复兴的中国梦，就是要实现国家富强、民族振兴、人民幸福。中国梦承接实现中华民族伟大复兴的主要内容，同时又赋予其新的内涵。当代中国所处的发展阶段，决定了全面建成小康社会是中国梦的根本要求，中国梦也随之呈现出这个阶段的诸多时代特征。

（一）中华民族近代以来最伟大的梦想

只有创造过辉煌的民族，才懂得复兴的意义；只有经历过苦难的民族，才对复兴有如此深切的渴望。

中华民族创造了灿烂的中华文明，为人类作出了卓越贡献，成为世界上伟大的民族。鸦片战争后，由于西方列强的入侵和封建统治的腐败，中国逐渐陷入半殖民地半封建社会的黑暗深渊，中国人民经历了战乱频仍、山河破碎、民不聊生的深重苦难。自强不息的中华民族从未放弃对美好梦想的向往和追求。

4 走好中国特色国家安全道路

习近平总书记指出："实现中华民族伟大复兴，就是中华民族近代以来最伟大的梦想。"为了实现这个伟大梦想，中国人民和无数仁人志士进行了千辛万苦的探索和不屈不挠的斗争。可是，从太平天国运动、戊戌变法到义和团运动，一次次奋起抗争都失败了。孙中山先生领导的辛亥革命，虽然结束了统治中国几千年的君主专制制度，对推动中国社会进步具有重大意义，但也未能改变旧中国半殖民地半封建的社会性质和中国人民的悲惨命运。近代中国历史表明，旧式农民战争和软弱的资产阶级革命都不可能完成中华民族救亡图存和反帝反封建的历史任务，更不可能承担起实现民族复兴的历史使命。

中华民族追求梦想的道路艰难曲折。为了实现民族复兴，亿万人魂牵梦萦，几代人上下求索，奋勇不屈的中国人民在黑暗中艰难前行。直到以马克思主义为指导、勇担民族复兴大任的无产阶级政党——中国共产党登上历史舞台，中华民族才终于迎来凤凰涅槃、浴火重生的曙光。

（二）中国梦的本质是国家富强、民族振兴、人民幸福

实现中华民族伟大复兴的中国梦，就是要实现国家富强、民族振兴、人民幸福。这既深深体现了今天中国人的理想，也深深反映了中国人自古以来不懈追求进步的光荣传统。

中国梦视野宽广、内涵丰富、意蕴深远。国家富强，就是要全面建成小康社会，并在此基础上建设富强民主文明和谐美丽的社会主义现代化强国；民族振兴，就是要使中华民族更加坚强有力地自立于世界民族之林，为人类作出新的更大的贡献；人民幸福，就是要坚持以人民为中心，增进人民福祉，促进人的全面发展，朝着共同富裕方向稳步前进。中国梦把国家的追求、民族的向往、人民的期盼融为一体，体现了中华民族和中国人民的整体利益，表达了每一个中华儿女的共同愿景，已成为激荡在近十四亿人心中的高昂旋律，成为中华民族团结奋斗的最大公约数和最大同心圆。

中国梦归根到底是人民的梦，必须紧紧依靠人民来实现，必须不断为人民造福。人民是中国梦的主体，是中国梦的创造者和享有者。习近平总书记强调："中国梦不是镜中花、水中月，不是空洞的口号，其最深沉的根基在中国人民心中。"

中国人民是伟大的人民，素来有着深沉厚重的精神追求，具有伟大的梦想精神，即使近代以来饱尝屈辱和磨难，也绝不自甘沉沦，而是始终怀揣民族复兴的梦想，追求光明美好的未来。中国梦的深厚源泉在于人民，根本归宿也在于人民，只有同人民对美好生活的向往结合起来才能取得成功。

中国梦是国家的梦、民族的梦，也是每一个中华儿女的梦。"得其大者可以兼其小。"国家好、民族好，大家才会好。中国梦就是要让每个人获得发展自我和奉献社会的机会，共同享有人生出彩的机会，共同享有梦想成真的机会，共同享有同祖国和时代一起成长与进步的机会。只要每个人都把人生理想融入国家和民族的伟大梦想之中，把小我融入大我，敢于有梦、勇于追梦、勤于圆梦，就会汇聚起实现中国梦的强大力量。实现中华民族伟大复兴是海内外中华儿女的共同梦想，要团结一切可以团结的力量，共担民族复兴的责任，共享民族复兴的荣耀。

中国梦是中国人民追求幸福的梦，也同世界人民的梦想息息相通。"穷则独善其身，达则兼善天下。"这是中华民族始终崇尚的品德和胸怀。中国一心一意办好自己的事情，实现国家发展和稳定，既是对自己负责，也是为世界作贡献。中国人民深知，中国发展得益于国际社会，愿意同各国人民在实现各自梦想的过程中相互支持、相互帮助。中国将同国际社会一道，推动实现持久和平、共同繁荣的世界梦，为人类和平与发展的崇高事业作出新的更大的贡献！

相关链接：
实现中华民族伟大复兴的中国梦

二、维护国家安全工作是实现中华民族伟大复兴的重要保障

面对新形势新任务，要从战略高度将国家安全工作贯穿于中华民族伟大复兴全过程，不断提高战略谋划能力、开拓创新能力，牢牢掌握做好国家安全工作的主动权。

对内求发展、求变革、求稳定　　　对外求和平、求合作、求共赢

（一）对内求发展、求变革、求稳定

中国梦是发展的梦。要统筹好发展与安全的关系，实现持久安全。发展是安全的基础，安全是发展的条件。对亚洲大多数国家来说，发展就是最大安全，也是解决地区安全问题的"总钥匙"。只有聚焦发展主题，推动中国经济发展质量和效益稳步提升，才能夯实安全根基。

当前，我国经济正步入发展新常态。经济增长进入可控并相对平衡的运行区间，但也面临不少困难和挑战，包括下行压力依然较大，内生动力仍然偏弱，一些行业产能严重过剩，地方政府性债务风险上升等。就世界经济而言，虽然可能会延续缓慢复苏态势，但不确定性依然很大。化解各种矛盾和风险、跨越"中等收入陷阱"要靠发展，而发展必须要有合理的增长速度。切实抓好发展这个执政兴国的第一要务，必须坚持不懈地进行改革，加快转变经济发展方式，实现有质量有效益可持续的发展。

全面深化改革，落脚点在保民生、促和谐。保障和改善民生，要有更多财政投入，也要靠制度有力保障，长久之策是要建立一整套社会保障制度和基本公共服务体系。除了把就业工作摆在突出位置，还要探索适合国情、符合发展阶段性特征的住房模式，加大廉租住房、公共租赁住房等保障性住房建设和供给，做好棚户区改造；要深化医药卫

生、养老保险、教育等社会领域改革，为人民群众更好地编织保基本、兜底线、促公平、可持续的"安全网"。

以稳中求进作为实现中国梦的总基调。当前和今后一个时期，推动经济社会发展，全面深化改革，始终要稳扎稳打、稳中求进。稳定是改革发展的前提。只有社会稳定，改革发展才能不断推进；只有改革发展不断推进，社会稳定才能具有坚实基础。要把改革力度、发展速度和社会可承受程度统一起来，把改善人民生活作为正确处理改革发展稳定关系的结合点。为此，要保持宏观经济政策的连续性和稳定性，继续实施积极的财政政策和稳健的货币政策。掌控好拉动经济增长的"三驾马车"，实现经济平稳较快发展、物价总水平基本稳定和社会大局稳定，在转变经济发展方式上取得新进展。

（二）对外求和平、求合作、求共赢

中国梦的实现是与世界和平发展紧密联系在一起的。随着与外部世界相互依存度的不断提升，我国安全和发展已日益国际化，越来越离不开国际大环境。以促进国际安全为依托，就要始终不渝走和平发展道路，在注重维护本国安全利益的同时，注重对外求和平、求合作、求共赢，推动建设持久和平、共同繁荣的和谐世界。

中国梦是追求和平的梦。作为曾屡受战祸之苦的中国，不会以牺牲别国利益的方式来实现自己的发展。和平发展道路开创了通过维护和利用国际和平环境来实现自身发展，又通过自身发展来促进世界和平和各国共同繁荣的新局面。这条发展道路打破了"国强必霸"的大国崛起模式。

中国梦也是追求合作的梦。随着世界各国相互联系、相互依存程度空前加深，合作共赢越来越成为共识。习近平总书记指出："只有合作共赢才能办大事、办好事、办长久之事。要摒弃零和游戏、你输我赢的旧思维，树立双赢、共赢的新理念，在追求自身利益时兼顾他方利益，在寻求自身发展时促进共同发展。合作共赢的理念不仅适用于经济领域，也适用于政治、安全、文化等广泛领域；不仅适用于地区国家之间，也适用于同域外国家开展合作。"这段论述有力地表明了我国致力于追求与其他国家务实合作的真诚意愿。

"穷则独善其身，达则兼善天下。"这是中华民族始终崇尚的品德和胸怀。一心一意办好自己的事情，既是对自己负责，也是为世界作贡献。中国梦与世界其他国家的梦并不冲突，而且是一种相互补充的关系。随着自身不断发展，我国正在为世界和平与发展作出更大贡献。

习近平总书记指出，中国"要同国际社会一道，推动实现持久和平、共同繁荣的世界梦，为人类和平与发展的崇高事业作出新的更大的贡献"。事实表明，我国的发展给中国人民带来的是富裕和安宁，给世界和各国人民带来的是和平与进步。一句话，"中国梦"不仅属于中国，也属于世界！

实现中华民族伟大复兴，保证国家安全是头等大事。在这一历史进程中，要始终高度警惕国家被侵略、被颠覆、被分裂的危险，始终高度警惕改革发展稳定大局被破坏的危险，始终高度警惕中国特色社会主义进程被打断的危险，始终不渝地坚持走中国特色国家安全道路。"长风破浪会有时，直挂云帆济沧海。"在实现中国梦的新征途中，中华

民族将会紧紧地抓住历史发展的机遇，强化维护国家安全的坚强决心和执行能力，向着更高、更远、更宏伟的目标，扬帆破浪，高歌猛进。

专题讲堂

坚持合作创新法治共赢，携手开展全球安全治理

当今世界，各国相互联系、相互依存，全球命运与共、休戚相关，和平、发展、合作、共赢从来没有像今天这样成为不可阻挡的历史潮流。同时，当今世界并不太平，恐怖主义、网络犯罪、跨国有组织犯罪、新型犯罪等全球性安全问题愈加突出，安全领域威胁层出不穷，人类面临着许多共同挑战。

安全问题的联动性更加突出

安全问题同政治、经济、文化、民族、宗教等问题紧密相关，非传统安全威胁和传统安全威胁相互交织。一个看似单纯的安全问题，往往并不能简单对待，否则就可能陷入头痛医头、脚痛医脚的困境。恐怖主义就是典型的例子，其滋生蔓延受经济发展、地缘政治、宗教文化等多种复杂因素影响，单纯靠一种手段无法从根本上解决问题。

安全问题的跨国性更加突出

安全问题早已超越国界，任何一个国家的安全短板都会导致外部风险大量涌入，形成安全风险洼地；任何一个国家的安全问题积累到一定程度又会外溢成为区域性甚至全球性安全问题。各国可谓安危与共、唇齿相依，没有哪个国家能够置身事外而独善其身，也没有哪个国家可以包打天下来实现所谓的绝对安全。

安全问题的多样性更加突出

全球安全问题的内涵和外延正在不断拓展，传统犯罪在互联网和新媒体的作用下翻陈出新，电信诈骗、金融诈骗等新型犯罪大量滋生，跨国有组织犯罪日趋升级，难民危机愈演愈烈，网络攻击、网络窃密已经成为危害各国安全的突出问题。各种安全问题相互交织、相互作用，解决起来难度更大。

当今世界既充满希望又充满不确定性，人们对未来既充满期待又感到困惑。安全问题解决不好，人类和平与发展的崇高事业就难以顺利推进。安全问题确实是事关人类前途命运的重大问题，必须引起各国和国际社会高度重视。

坚持合作共建，实现持久安全

"单者易折，众则难摧。"要有效应对人类面临的困难和挑战，合作是我们唯一的选择。世界命运应该由各国共同掌握，全球事务应该由各国共同商量。当今世界，没有绝对安全的世外桃源。安全问题是双向的、联动的，只顾一个国家安全而罔顾其他国家安全，牺牲别国安全谋求自身的所谓绝对安全，不仅是不可取的，而且最终会贻害自己。

4 走好中国特色国家安全道路

覆巢之下焉有完卵。各国都有平等参与国际和地区安全事务的权利，也都有维护国际和地区安全的责任。大国具备更多资源和手段，应该发挥好自己的作用，同时要支持和鼓励其他国家特别是广大发展中国家广泛平等参与全球安全治理，大家共同发挥作用。各国应该树立共同、综合、合作、可持续的全球安全观，树立合作应对安全挑战的意识，以合作谋安全、谋稳定，以安全促和平、促发展，努力为各国人民创造持久的安全稳定环境。

坚持改革创新，实现共同治理

当今世界，安全形势十分复杂，安全挑战层出不穷，出现了许多新情况新问题。面对这些新情况新问题，现行全球安全治理体系有很多不适应的地方，应该加以改革完善，推动全球安全治理体系朝着更加公平、更加合理、更加有效的方向发展。完善全球安全治理体系，需要各国政府和国际组织及专门力量发挥积极作用，也需要社会各方面共同参与，不断提高全球安全治理的整体性和协同性。各国政府和政府间组织要承担安全治理的主体责任，同时要鼓励非政府组织、跨国公司、民间社会积极参与，形成安全治理合力。要改革完善全球治理体系，运用先进的理念、科学的态度、专业的方法、精细的标准提升安全治理效能，着力推进社会治理系统化、科学化、智能化、法治化，提高预测预警预防各类安全风险能力，增加安全治理的预见性、精准性、高效性。

坚持法治精神，实现公平正义

2000多年前，中国古代思想家管仲就说："法者，所以兴功惧暴也；律者，所以定分止争也；令者，所以令人知事也。"法治是人类政治文明的重要成果，是现代社会治理的基本手段。国与国之间开展执法安全合作，既要遵守两国各自的法律规定，又要确保国际法平等统一适用，不能搞双重标准，更不能合则用、不合则弃。对同一性质的安全问题，特别是反恐、难民、疫情等问题，不能根据本国眼前利益对别国采取截然相反的态度。要坚持和维护联合国宪章以及国际刑警组织章程，认真履行打击跨国犯罪公约和反腐败公约，不断完善相关国际规则，确保国际秩序公正合理、人类社会公平正义。

坚持互利共赢，实现平衡普惠

全球有190多个国家和地区、70多亿人口，已经成为休戚与共、命运相连的地球村。安全利益你中有我、我中有你，必须摒弃唯我独尊、损人利己、以邻为壑等狭隘思维。各方应该坚定奉行双赢、多赢、共赢理念，在谋求自身安全时兼顾他国安全，努力走出一条互利共赢的安全之路。我们认为，只有义利兼顾才能义利兼得，只有义利平衡才能义利共赢。要树立正确义利观，大国要在安全和发展上给予不发达国家和地区更大支持。只有这样，人类文明发展成果才能更好实现平衡共享，国际执法合作才能更多惠及每个国家，普遍安全的梦想才能早日成为现实。

实现本国发展是对世界的贡献，实现本国安全稳定也是对世界的贡献。让民众享有一个安全稳定的生存生活环境，是中国治国理政的重要目标。近年来，在不断推进经济建设、提高人民生活水平的进程中,我们不断推进平安中国、法治中国建设,紧紧围绕影响人民群众安全感的突出治安问题,严厉打击、严密防范各类违法犯罪活动,全面加强社会治安防控体系建设,推进社会治理体系和治理能力现代化。当前,中国社会安定有序,人民安居乐业,越来越多的人认为中国是世界上最安全的国家之一。这是中国为世界安全稳定作出的贡献。

人类的前途是光明的,但光明的前途不会自动到来,需要人类齐心协力去开创。和平与发展的道路不会一帆风顺,构建人类命运共同体的目标需要各国为之不懈奋斗。中国愿同广大成员国、国际组织和机构密切配合、通力合作,积极参与全球安全治理,为促进人类和平与发展的崇高事业作出新的更大的贡献!

(资料来源:人民网,http://politics.people.com.cn/GB/n1/2017/0927/c1001-29561019.html?ivk_sa=1024320u,有改动)

阅读推荐

《国家安全蓝皮书:中国国家安全研究报告》(刘慧主编,社会科学文献出版社)

本书从国际国内诸多方面分析了中国国家安全面临的新环境和新情况,反映中国国家安全领域的最新研究成果,并从国际国内诸多方面分析了中国国家安全面临的新环境和新情况,提出中国政府必须制定科学完善的国家安全战略,以化解挑战,维护国家安全,并就不同方面提出了相关意见和建议。

《国际安全蓝皮书:中国国际安全研究报告》(达巍主编,社会科学文献出版社)

未来一个时期,中国面临的安全挑战依然复杂严峻,安全风险主要来自伴随着权力转移而引发的大国之间的结构性矛盾与战略博弈,以及中国周边现实及潜在的诸多热点。基于此,本书在习总书记提出的国家安全"以促进国际安全为依托"的基础上,将研究视角由中国的"国家安全"放大到中国的"国际安全",从中国安全战略与环境、国际安全形势与传统安全、全球问题与非传统安全、国际安全治理等维度,开展研究并提出建议。

思考练习:
第四章知识测试

第五章　加强国家安全法治建设

思维导图

- 第五章 加强国家安全法治建设
  - 第一节　全面推进依法治国
    - 依法治国基本方略的确立
    - 开创全面依法治国新局面
  - 第二节　依法维护国家安全
    - 我国国家安全法制建设基本情况
    - 我国国家安全法制体系构建
  - 第三节　解读《国家安全法》
    - 《国家安全法》的制定
    - 《国家安全法》的亮点
    - 《国家安全法》的重要意义

学习目标

1. 学习依法治国基本方略的内容。
2. 学习理解习近平法治思想的内涵。
3. 了解我国国家安全法制建设情况。
4. 认识《国家安全法》的制定的必要性。
5. 掌握《国家安全法》的亮点和重要意义。

学习要点

依法治国基本方略；习近平法治思想；国家安全法制体系；《国家安全法》

课堂导入

法安天下，德润人心。进入新发展阶段、贯彻新发展理念、构建新发展格局，迫切需要更好地发挥法治固根本、稳预期、利长远的保障作用。在全面建设社会主义现代化国家新征程上，形势越是复杂，任务越是艰巨，越是需要重视法治、厉行法治。只有全面推进依法治国，才能依法应对风险和挑战、战胜困难和阻力，开启更高水平法治中国建设新篇章。

党的十八大以来，习近平总书记从全局和战略高度定位法治、布局法治、厉行法治，创造性提出全面依法治国新理念新思想新战略，科学阐述了新时代法治中国建设一系列根本性方向性战略性问题，推动全面依法治国取得历史性成就。在这一伟大进程中，形成了习近平法治思想，实现了中国特色社会主义法治理论的重大突破、重大创新、重大发展。习近平法治思想是马克思主义法治理论中国化最新成果，是习近平新时代中国特色社会主义思想的重要组成部分，是全面依法治国的根本遵循和行动指南。

思考讨论

1. 依法治国基本方略是什么？
2. 习近平法治思想是什么？
3. 如何依法维护国家安全？

第一节　全面推进依法治国

依法治国，是社会主义法治的核心内容，是我们党领导人民治理国家的基本方略。党的十八届四中全会提出"建设法治中国"的战略目标，充分体现了我们党对形势变化的准确判断、对执政规律的深刻把握、对历史使命的勇于担当，必将为开启建设社会主义法治国家新的伟大航程提供重要指引。

一、依法治国基本方略

（一）依法治国基本方略的确立

党的十一届三中全会提出发展社会主义民主和健全社会主义法制的任务。十一届三中全会前夕，邓小平在中共中央工作会议闭幕会上指出，"必须使民主制度化、法律化，使这种制度和法律不因领导人的改变而改变，不因领导人的看法和注意力的改变而改变"，并提出"有法可依，有法必依，执法必严，违法必究"的社会主义法制建设方针。1982年12月，第五届全国人大第五次会议通过修改的《中华人民共和国宪法》，将"发展社会主义民主，健全社会主义法制"、"国家维护社会主义法制的统一和尊严"、"任何组织或者个人都不得有超越宪法和法律的特权"等内容写入宪法。

党的十五大提出依法治国，建设社会主义法治国家。"依法治国，是党领导人民治理国家的基本方略，是发展社会主义市场经济的客观需要，是社会文明进步的重要标志，是国家长治久安的重要保障。"党的十五大还提出到2010年形成中国特色社会主义法律体系的目标任务。1999年3月，"依法治国，建设社会主义法治国家"写入宪法修正案。

党的十八届四中全会提出，完善以宪法为核心的中国特色社会主义法律体系，加强宪法实施。强调坚持依法治国首先要坚持依宪治国，坚持依法执政首先要坚持依宪执政。要求健全宪法实施和监督制度，完善全国人大及其常委会宪法监督制度，健全宪法解释程序机制。

（二）全面推进依法治国的总目标、任务和要求

全面推进依法治国，总目标是建设中国特色社会主义法治体系，建设社会主义法治国家。就是在中国共产党领导下，坚持中国特色社会主义制度，贯彻中国特色社会主义法治理论，形成完备的法律规范体系、高效的法治实施体系、严密的法治监督体系、有力的法治保障体系，形成完善的党内法规体系，坚持依法治国、依法执政、依法行政共同推进，坚持法治国家、法治政府、法治社会一体建设，实现科学立法、严格执法、公正司法、全民守法，促进国家治理体系和治理能力现代化。

全面推进依法治国的重大任务，是完善以宪法为核心的中国特色社会主义法律体系，加强宪法实施；深入推进依法行政，加快建设法治政府；保证公正司法，提高司法公信力；增强全民法治观念，推进法治社会建设；加强法治工作队伍建设；加强和改进党对全面推进依法治国的领导。

全面推进依法治国，是巩固党的执政地位、实现国家长治久安的重要条件。从根本上说，执政党的任务就是治国理政，通过总结实践经验、集中人民智慧，提出党的主张，解决国家工作中全局性、长远性、根本性的问题。而法律是实践证明的正确的、成熟的方针政策的制度化、定型化，正是解决现实生活中全局性、长远性、根本性问题的。因此，我们党的执政地位决定，党必须领导人民制定宪法和法律，并领导人民遵守、执行宪法和法律，党自己也必须在宪法和法律的范围内活动。全国上下一体遵循宪法和法律有利于保证党执政兴国，保证国家统一、民族团结、经济发展、社会进步和长治久安；有利于持续推进各方面的改革，促进经济、政治、文化、社会和生态文明各领域的建设与发展。

习近平总书记强调，全面建成小康社会是我们的战略目标，全面深化改革、全面依法治国、全面从严治党是三大战略举措。从这个战略布局看，做好全面依法治国各项工作意义十分重大。没有全面依法治国，就治不好国、理不好政，战略布局就会落空。他特别强调，要把全面依法治国放在"四个全面"的战略布局中来把握，深刻认识全面依法治国同其他三个"全面"的关系，努力做到"四个全面"相辅相成、相互促进、相得益彰。

相关链接：
全面推进依法治国

二、开创全面依法治国新局面

全面依法治国，是坚持和发展中国特色社会主义的战略举措，是实现国家治理体系和治理能力现代化的必然要求。以习近平同志为核心的党中央从坚持和发展中国特色社会主义的全局和战略高度定位法治、布局法治、厉行法治，坚持党的领导、人民当家作主、依法治国有机统一，开创了全面依法治国新局面。2020年11月16日至17日召开的中央全面依法治国工作会议，明确了习近平法治思想在全面依法治国中的指导地位，这是我国社会主义法治建设进程中具有重大现实意义和深远历史意义的大事。深入学习贯彻习近平法治思想，在新时代不断把法治中国建设推向前进，是当前和今后一个时期深入推进全面依法治国的重大政治任务。

（一）全面准确学习领会习近平法治思想的核心要义

习近平法治思想内涵丰富、论述深刻、逻辑严密、系统完备，从历史和现实相贯通、国际和国内相关联、理论和实际相结合上，深刻回答了新时代为什么全面依法治国、怎样全面依法治国等一系列重大问题，其核心要义集中体现为"十一个坚持"。

坚持党对全面依法治国的领导。党的领导是推进全面依法治国的根本保证，是中国特色社会主义法治之魂。党的领导和依法治国高度统一，必须坚持党的领导、人民当家作主、依法治国有机统一。全面依法治国绝不是要削弱党的领导，而是要加强和改善党的领导，不断提高党领导全面依法治国的能力和水平，巩固党的执政地位。要坚持党

5 加强国家安全法治建设

领导立法、保证执法、支持司法、带头守法，健全党领导全面依法治国的制度和工作机制，推进党的领导制度化、法治化，通过法治保障党的路线方针政策有效实施。坚持依法治国和依规治党有机统一，确保党既依据宪法法律治国理政，又依据党内法规管党治党、从严治党。

坚持以人民为中心。推进全面依法治国，根本目的是依法保障人民权益，必须坚持法治为了人民、依靠人民。牢牢把握社会公平正义这一法治价值追求，健全社会公平正义法治保障制度，努力让人民群众在每一项法律制度、每一个执法决定、每一宗司法案件中都感受到公平正义。把体现人民利益、反映人民愿望、维护人民权益、增进人民福祉落实到全面依法治国全过程和各方面，保证人民在党的领导下通过各种途径和形式管理国家事务、管理经济文化事业、管理社会事务，保证人民依法享有广泛的权利和自由、承担应尽的义务。

坚持中国特色社会主义法治道路。全面依法治国必须走对路。中国特色社会主义法治道路，本质上是中国特色社会主义道路在法治领域的具体体现，是建设社会主义法治国家的唯一正确道路，必须始终坚持党的领导，坚持中国特色社会主义制度，贯彻中国特色社会主义法治理论。法治当中有政治，没有脱离政治的法治。我们要传承中华优秀传统法律文化，从我国革命、建设、改革的实践中探索适合自己的法治道路，同时借鉴国外法治有益成果，但决不照抄照搬别国模式和做法，决不走西方所谓"宪政""三权鼎立""司法独立"的路子。坚持依法治国和以德治国相结合，实现法治和德治相辅相成、相得益彰。

坚持依宪治国、依宪执政。坚持依法治国首先要坚持依宪治国，坚持依法执政首先要坚持依宪执政。党领导人民制定宪法法律，领导人民实施宪法法律，党自身要在宪法法律范围内活动。加强宪法实施和监督，更好发挥宪法作为国家根本大法的作用。全国各族人民、一切国家机关和武装力量、各政党和各社会团体、各企业事业组织，都必须以宪法为根本的活动准则，都负有维护宪法尊严、保证宪法实施的职责。任何组织和个人都不得有超越宪法法律的特权，一切违反宪法法律的行为都必须予以追究。坚持依宪治国、依宪执政，就包括坚持宪法确定的中国共产党领导地位不动摇，坚持宪法确定的人民民主专政的国体和人民代表大会制度的政体不动摇。

坚持在法治轨道上推进国家治理体系和治理能力现代化。法治是国家治理体系和治理能力的重要依托，法治体系是国家治理体系的骨干工程。只有全面依法治国才能有效保障国家治理体系的系统性、规范性、协调性，才能最大限度凝聚社会共识。在统筹推进伟大斗争、伟大工程、伟大事业、伟大梦想的实践中，在全面建设社会主义现代化国家新征程上，要更加重视法治、厉行法治，更好发挥法治固根本、稳预期、利长远的重要作用。坚持改革与法治相伴而生、同步推进，在法治下推进改革、在改革中完善法治。坚持依法治军从严治军，使全军官兵信仰法治、坚守法治。坚持依法保障"一国两制"实践和推进祖国统一。

坚持建设中国特色社会主义法治体系。中国特色社会主义法治体系，本质上是中国特色社会主义制度的法律表现形式。全面依法治国涉及很多方面，在实际工作中必须有一个总揽全局、牵引各方的总抓手，这个总抓手就是建设中国特色社会主义法治体系。

依法治国各项工作都要围绕这个总抓手来谋划、来推进。要加快形成完备的法律规范体系、高效的法治实施体系、严密的法治监督体系、有力的法治保障体系，形成完善的党内法规体系。

坚持依法治国、依法执政、依法行政共同推进，法治国家、法治政府、法治社会一体建设。全面依法治国是一个系统工程，必须统筹兼顾、把握重点、整体谋划，更加注重系统性、整体性、协同性。依法治国、依法执政、依法行政是一个有机整体，关键在于党要坚持依法执政、各级政府要坚持依法行政。法治国家、法治政府、法治社会相辅相成，法治国家是法治建设的目标，法治政府是建设法治国家的重点，法治社会是构筑法治国家的基础。推进全面依法治国，法治政府建设是重点任务和主体工程，对法治国家、法治社会建设具有示范带动作用，要率先突破。

坚持全面推进科学立法、严格执法、公正司法、全民守法。紧紧抓住全面依法治国的关键环节，加强重点领域、新兴领域、涉外领域立法，提高科学立法、民主立法、依法立法水平，进一步完善以宪法为核心的中国特色社会主义法律体系。推进严格规范公正文明执法，理顺行政执法体制，完善行政执法程序，全面落实行政执法责任。公平正义是司法的灵魂和生命，支持司法机关依法独立公正行使职权，加强司法制约监督，提高司法办案质量和效率。加大全民普法力度，培育树牢人民群众规则意识，使法治成为社会共识和基本准则。坚持法治是最好的营商环境，依法平等保护各类市场主体产权和合法权益。坚定不移推进法治领域改革，解决好立法、执法、司法、守法等领域的突出矛盾和问题。

坚持统筹推进国内法治和涉外法治。法治是国家核心竞争力的重要内容。加快涉外法治工作战略布局，协调推进国内治理和国际治理，更好维护国家主权、安全、发展利益。强化法治思维，运用法治方式，有效应对挑战、防范风险，综合利用立法、执法、司法等手段开展斗争，坚决维护国家主权、尊严和核心利益。加快形成系统完备的涉外法律法规体系，提升涉外执法司法效能。用规则说话，靠规则行事，依法维护我国企业和公民海外合法权益。积极推动形成公正合理透明的国际规则体系，做全球治理变革进程的参与者、推动者、引领者，推动构建人类命运共同体。

坚持建设德才兼备的高素质法治工作队伍。全面依法治国，必须着力建设一支忠于党、忠于国家、忠于人民、忠于法律的社会主义法治工作队伍。加强理想信念教育，深入开展社会主义核心价值观和社会主义法治理念教育，推进法治专门队伍革命化、正规化、专业化、职业化。法律服务队伍是全面依法治国的重要力量，要把拥护中国共产党领导、拥护我国社会主义法治作为法律服务人员从业的基本要求，坚持正确政治方向，依法依规诚信执业，认真履行社会责任。坚持立德树人，德法兼修，创新法治人才培养机制，提高人才培养质量，努力培养造就一大批高素质法治人才及后备力量。

坚持抓住领导干部这个"关键少数"。领导干部具体行使党的执政权和国家立法权、行政权、监察权、司法权，是全面依法治国的关键。各级领导干部要坚决贯彻落实党中央关于全面依法治国的重大决策部署，带头尊崇法治、敬畏法律，了解法律、掌握法律，不断提高运用法治思维和法治方式深化改革、推动发展、化解矛盾、维护稳定、应对风险的能力，做尊法学法守法用法的模范。把法治素养和依法履职情况纳入考核评价干部的重要内容，让尊法学法守法用法成为领导干部的自觉行为和必备素质。

这"十一个坚持"，深刻阐明了全面依法治国的政治方向，明确了全面依法治国必须遵循的政治准绳；深刻阐明了全面依法治国的重要地位，明确了新时代全面依法治国的职责使命；深刻阐明了全面依法治国的工作布局，明确了法治中国建设的前进方向；深刻阐明了全面依法治国的重点任务，明确了新时代全面依法治国的重点领域和关键环节；深刻阐明了全面依法治国的重大关系，明确了必须正确把握的重大理论问题和科学方法论；深刻阐明了全面依法治国的重要保障，明确了领导干部和人才队伍在推动全面依法治国中的重要性。

（二）坚持以习近平法治思想为指导深入推进全面依法治国

当前，我国正处在开启全面建设社会主义现代化国家新征程、向第二个百年奋斗目标进军的新起点，我们要增强"四个意识"、坚定"四个自信"、做到"两个维护"，坚持以习近平法治思想为指导，深入推进全面依法治国，加快建设法治中国，为实现中华民族伟大复兴的中国梦提供有力法治保障。

深入开展习近平法治思想学习宣传教育。深入学习宣传贯彻习近平法治思想，是推进全面依法治国的头等大事。要认真抓好学习教育培训，推动各级党校（行政学院）、干部学院将习近平法治思想作为重点课程，各级法治工作部门开展全战线、全覆盖的系统培训轮训，不断深化思想认识、筑牢理论根基。大力开展宣传解读，新闻媒体积极宣传，推动习近平法治思想深入人心，让人民群众听得懂、传得开、用得上。紧密结合实践，坚决把习近平法治思想和习近平总书记关于全面依法治国工作的部署要求落细落实，做到学思用贯通、知信行统一，切实把学习成效转化为深入推进全面依法治国的生动实践。

加强党对全面依法治国的集中统一领导。坚持党的领导，是社会主义法治的根本要求，必须把坚持党的领导贯穿法治中国建设全过程各方面。要坚持党领导立法、保证执法、支持司法、带头守法，健全党领导全面依法治国的制度和工作机制，加强党对全面依法治国的统一领导、统一部署，做好顶层设计、总体布局、统筹协调、整体推进、督促落实。健全考核评价制度，推动地方各级党政主要负责人切实履行推进法治建设第一责任人职责，真正把加强全面依法治省（市、县）工作与深化改革、推动发展、化解矛盾、维护稳定、应对风险有机结合起来。加强各地党委法治建设议事协调机构建设，重点推动县级党委全面依法治县（市、区）委员会办公室机构、人员到位，下大气力督促各地把机构建好建强、人员配齐配强，更好发挥统筹协调、督促落实法治建设的职能作用。

更好服务保障党和国家事业发展全局。法治是治国理政的基本方式。新时代深入推进全面依法治国，必须立足党和国家事业发展全局，以良法善治保障经济持续健康发展、社会大局长期稳定。要紧扣国家"十四五"规划，围绕准确把握新发展阶段、深入贯彻新发展理念、加快构建新发展格局，积极推进国家安全、科技创新、公共卫生、生物安全、防范风险、涉外法治等重要领域立法，加强对数字经济、互联网金融、人工智能、大数据、云计算等立法问题研究，抓紧补齐短板。抓住关系人民群众切身利益的法治建设难点重点，聚焦人民群众意见集中的法治改革痛点堵点，以更大决心、更大力度解决问题，做到对群众深恶痛绝的事零容忍、对群众急需急盼的事零懈怠。加强涉外法治工作战略布局，加快形成系统完备的涉外法律法规体系，提升涉外执法司法效能，增强涉外法律服务能力，积极参与全球治理和国际规则制定。

统筹推进法治国家、法治政府、法治社会一体建设。近期，党中央印发实施《法治中国建设规划（2020—2025年）》《法治社会建设实施纲要（2020—2025年）》，新的法治政府建设实施纲要也正在抓紧制定。法治建设规划纲要共同构建起新时代中国特色社会主义法治建设的顶层设计，确立了全面依法治国的总蓝图、路线图、施工图。要以法治建设规划纲要贯彻落实为契机，统筹兼顾、把握重点、整体谋划，把坚持依法治国、依法执政、依法行政共同推进，法治国家、法治政府、法治社会一体建设提高到一个新水平。充分发挥法治建设规划纲要的指引作用，加强法治建设各领域专项规划、年度计划与规划纲要的衔接协调，强化政策协同。严格按照法治建设规划纲要的刚性要求，切实将规划纲要的各项目标任务落到实处。

不断深化立法、执法、司法、守法各方面改革创新。当前，全面依法治国仍然面临一些薄弱环节和问题短板，立法、执法、司法、守法等各方面都需要进一步加大深化改革力度。要完善立法工作格局，健全立法工作机制，推动立法与改革相衔接相促进，研究丰富立法形式，可以搞一些"大块头"，也要搞一些"小快灵"，增强立法的针对性、适用性、可操作性。坚持用法治给行政权力定规矩、划界限，规范行政决策程序，推进严格规范公正文明执法，加快打造市场化、法治化、国际化营商环境，加强省市县乡四级全覆盖的行政执法协调监督工作体系建设。深化司法责任制综合配套改革，提高司法质量效率和公信力，加快构建规范高效的执法司法制约监督体系，继续依法严厉打击破坏社会秩序的违法犯罪行为，推动扫黑除恶常态化。落实"谁执法谁普法"普法责任制，加强青少年法治教育，强化依法治理，完善社会矛盾纠纷多元预防调处化解综合机制，努力使法治成为社会共识和基本准则。

相关链接：
习近平法治思想的首次提出

第二节 依法维护国家安全

依法维护国家安全，是新时期实现党和国家长治久安的重要保障。面对新形势新任务，要善于运用法治思维和法治方式开展国家安全工作，全力推进中国特色国家安全法律制度体系建设，全面提升国家安全工作的法治化水平。

一、我国国家安全法制建设基本情况

新中国成立初期，在对内维护政权稳定和社会安定，打击反动残余势力，对外抵御政治遏制和军事威胁的复杂形势下，我国法制建设依然取得很大进展。1954年《宪法》

规定，保卫人民民主制度，镇压一切叛国的和反革命的活动，惩办一切卖国贼和反革命分子。同时，还通过制定和出台一系列法制建设举措，有力地保卫和巩固了新生的人民政权，保卫了人民革命和国家建设的成果。

改革开放以来，随着国家安全观念的发展，我国国家安全的视野也在逐步扩大，从主要是反间谍工作，发展到政治安全、军事安全、经济安全、文化安全、社会安全等领域。在中国特色社会主义法律体系形成过程中，不同领域涉及国家安全的事项逐步得到法律规范。

国家的安全法制建设以宪法为根本大法。宪法规定，禁止任何组织或者个人破坏社会主义制度；国家维护社会秩序，镇压叛国和其他危害国家安全的犯罪活动，制裁危害社会治安、破坏社会主义经济和其他犯罪的活动，惩办和改造犯罪分子；公民有维护祖国的安全、荣誉和利益的义务，不得有危害祖国的安全、荣誉和利益的行为；保卫祖国、抵抗侵略是中华人民共和国每一个公民的神圣职责；等等。

《宪法》

我国有关国家安全的立法数量较多，基本已成体系。据统计，目前我国涉及国家安全的法律法规已达200余部，国家安全领域的专门立法多达数十部。《反间谍法》，主要规定国家安全机关反间谍侦查工作。《反恐怖主义法》总结了近年来我国防范和打击恐怖主义活动的经验，是一部规范政府和社会开展反恐怖主义工作的专门法律。《保守国家秘密法》及其实施条例，规范保密工作。维护国家统一和领土完整的立法，有《反分裂国家法》《领海及毗连区法》《专属经济区和大陆架法》等。维护国家政治秩序和社会秩序的立法，有《集会游行示威法》及其实施条例和《戒严法》。维护国防和军事安全的立法，有《国防法》《人民防空法》《国防动员法》《军事设施保护法》等。为有效应对非传统安全威胁，国家还制定了《突发事件应对法》，并颁布了有关维护互联网安全和加强网络信息保护的决定，以及关于取缔邪教组织、防范和惩治邪教活动的决定等。

除了专门的安全立法，一些法律部分条款也涉及维护国家安全，如《对外贸易法》《反垄断法》《邮政法》《农业法》《食品安全法》等。行政法规和部委规章、地方性法规和地方政府规章，也有涉及维护国家安全的规定。在防止核扩散，打击分裂主义、极端主义、恐怖主义，应对气候变化等方面，我国还缔结和加入了一些国际条约、公约，承担了维护国际安全的责任和义务。

从总体上讲，我国的安全立法能够满足维护国家安全的需要，但还存在不适应的地方。在一些重要领域，如生物、电磁、太空、极地、深海、海外军事行动以及维护我国海外利益安全等方面，亟待推进法制建设。一些安全领域的立法位阶偏低，法律约束力不够。在有些安全领域，还主要是靠政策、文件来管理应对。有的立法操作性不强，有些立法已不适应现实需要。从法律法规实施的整体情况看，国家安全法治化水平有待进一步提高。

二、我国国家安全法制体系构建

我国历来高度重视国家安全法治建设。中华人民共和国成立初期，为应对国家安全面临的严峻复杂形势，我国制定了《宪法》等法律法规，初步奠定了国家安全立法的基础。改革开放后，我国加强社会主义法制建设，国家安全立法取得了长足进展。1979年7月1日，五届全国人大二次会议通过了《刑法》《刑事诉讼法》，为维护国家安全提供了部分法律依据。1983年7月1日，国家安全部成立，国家安全法起草工作同时启动。1993年2月22日，七届全国人大常委会三十次会议通过了《国家安全法》，主要规范反间谍工作。此后，我国制定了一系列相关法律法规，有力维护了我国国家主权、安全和发展利益。

中华人民共和国成立后的很长一段时期，影响我国国家安全的主要问题是政治、军事等传统安全问题。冷战结束后，特别是进入21世纪以来，我国经济、生态、能源、海洋等问题日益凸显，在人类活动的一些新空间，如网络、深海、极地、外层空间等领域也出现一些安全问题，这些非传统安全问题对国家生存和发展的影响越来越大。党的十八届三中全会提出设立国家安全委员会，完善国家安全体制和国家安全战略，确保国家安全。2014年1月24日，中央国家安全委员会成立，主要职责之一就是推动国家安全法治建设。党的十八届四中全会首次提出，贯彻落实总体国家安全观，构建国家安全法律制度体系。此后，国家安全立法提速。

2014年11月1日，第十二届全国人大常委会第十一次会议通过了《中华人民共和国反间谍法》，同时废止了1993年制定的《中华人民共和国国家安全法》。2015年7月1日，第十二届全国人大常委会第十五次会议审议通过了新制定的《中华人民共和国国家安全法》。这是党的十八大以来，为适应国家安全面临的新形势新任务，我国以法律形式确立总体国家安全观的重要举措。该法对政治安全、国土安全、军事安全、文化安全、科技安全等十一个领域的国家安全任务进行了明确规定，共7章84条，自2015年7月1日起施行。社会普遍认为这是一部综合性、全局性、基础性的国家安全法。这部法规将进一步维护国家经济安全，确保文化安全，维护国家网络空间主权，为太空、深海和极地等新型领域国家安全提供法律支撑。

2015年8月29日，第十二届全国人大常委会第十六次会议通过了《中华人民共和国刑法修正案（九）》，将五种恐怖相关活动列入刑事追责范围。2015年12月27日，第十二届全国人大常委会第十八次会议通过了《中华人民共和国反恐怖主义法》，规范了反恐怖主义工作。2016年2月26日，第十二届全国人大常委会第十九次会议通过了《中华人民共和国深海海底区域资源勘探开发法》，该法的制定实施是为了规范深海海底区域资源勘探、开发活动，推进深海科学技术研究、资源调查，保护海洋环境，促进深海海底区域资源可持续利用，维护人类共同利益。

2016年4月28日，第十二届全国人大常委会第二十次会议通过了《中华人民共和国境外非政府组织境内活动管理法》，该法的制定实施是为了规范、引导境外非政府组织在中国境内的活动，保障其合法权益，促进交流与合作。2016年9月3日第十二届全国人民代表大会常务委员会第二十二次会议通过了《中华人民共和国国防交通法》。2016年11月7日，第十二届全国人民代表大会常务委员会第二十四次会议通过了《中华人民共和国网络安全法》。2017年6月27日第十二届全国人民代表大会常务委员会第二十八次会议通过了《中华人民共和国国家情报法》。2017年9月1日，第十二届全国人民代表大会常务委员会第二十九次会议通过了《中华人民共和国核安全法》。

此外，最近几年全国人大对许多涉及十一类国家安全的法规进行了修改完善，例如《中华人民共和国野生动物保护法》《中华人民共和国中外合资经营企业法》《中华人民共和国中外合作经营企业法》《中华人民共和国外资企业法》《中华人民共和国台湾同胞投资保护法》《中华人民共和国水污染防治法》《中华人民共和国中小企业促进法》《中华人民共和国反不正当竞争法》《中华人民共和国海关法》《中华人民共和国职业病防治法》《中华人民共和国节约能源法》《中华人民共和国文物保护法》《中华人民共和国海洋环境保护法》《中华人民共和国对外贸易法》《中华人民共和国会计法》等。

《中华人民共和国生物安全法》由第十三届全国人民代表大会常务委员会第二十二次会议于2020年10月17日通过，自2021年4月15日起施行。该法共分10章88条，其中第二条明确规定，生物安全是指国家有效防范和应对危险生物因子及相关因素威胁，生物技术能够稳定健康发展，人民生命健康和生态系统相对处于没有危险和不受威胁的状态，生物领域具备维护国家安全和持续发展的能力。

据统计，我国有近两百部法律法规涉及国家安全问题，其中数十部主要规范国家安全问题，内容涵盖国家安全各领域，已初步搭建起我国国家安全法律制度体系框架。这里不仅仅有顶层设计的《国家安全法》，也包括了国土安全领域、社会安全领域、信息安全领域、核安全领域等领域的支架性法律，为维护国家安全提供基本法律依据。

延伸阅读

把生物安全纳入国家安全体系

2020年伊始，一场新冠肺炎疫情突然袭来。针对此次疫情影响，2020年的全民国家安全教育日特别强调依法防控新冠肺炎疫情，广泛宣传传染病防治法规，突出非传统安全内容。

2020年2月14日中央全面深化改革委员会第十二次会议召开，习近平总书记在讲话中指出，要从保护人民健康、保障国家安全、维护国家长治久安的高度，把生物安全纳入国家安全体系，系统规划国家生物安全风险防控和治理体系建设，全面提高国家生物安全治理能力；要尽快推动出台生物安全法；加快构建国家生物安全法律法规体系、制度保障体系。

（资料来源：人民网，https://baijiahao.baidu.com/s?id=1663938728550580567&wfr=spider&for=pc，有改动）

相关链接：
《中华人民共和国生物安全法》宣传片

第三节　解读《国家安全法》

国家安全是国家生存和发展的最基本最重要的前提。维护国家安全是国家的头等大事，国家安全立法是国家安全的基本法律保障。通过制定法律来维护国家安全是各国通行的做法。当前，我国国家安全形势日益严峻，面临内外双重压力，各种风险因素明显增多，非传统领域安全日益凸显。制定一部应对国家安全各种威胁和风险，统领国家安全各领域工作的法律，是维护国家安全紧迫的现实需要。

一、《国家安全法》的制定

制定《国家安全法》是建立和完善国家安全法治体系的核心工作。制定《国家安全法》不仅着眼于我国经济社会发展和保障国家安全的现实需要，也着眼于大力提升国家安全工作法治化水平的发展目标。

（一）制定《国家安全法》的必要性

1. 贯彻落实总体国家安全观的重要立法举措

现行国家安全法是2015年7月1日，第十二届全国人大会常委会十五次会议通过，中华人民共和国主席令第29号公布并自公布之日起施行的，其前身是1993年国家安全法。但1993年国家安全法并没有涉及维护国家安全的所有领域，只是规定国家安全机关履行国家安全职责的一部具有部门特色的法律。随着改革开放和社会主义现代化建设的不断深入，中国所面临的国家安全形势也发生了根本变化，只注重反间谍等工作的传统国家安全理念已不能完全适应维护国家主权、安全和发展利益的需要。2014年，习近平总书记提出总体国家安全观，强调统筹内部安全与外部安全、国土安全与国民安全、传统安全与非传统安全、自身安全与共同安全。这些都对国家安全立法提出了新要求。正是在这一背景下，2015年国家安全法应运而生。这部法律不仅将总体国家安全观作为国家安全工作的指导思想，而且还将总体国家安全观对国家安全工作的各项要求规范化、制度化和法律化，使得国家安全法成为规范国家安全工作和活动的基础性法律。事实证明，2015年国家安全法颁布施行五周年来，全党全社会、各级各部门以总体国家安全观为指导，以国家安全法所规定的国家安全法律制度为基础，有效开展维护国家安全工作的各项工作，在维护国家主权、安全和发展利益方面取得一系列重要成果。国家安全领域的立法工作稳步推进，初步形成了以国家安全法为基础的国家安全法律制度体系。

2. 构建了国家安全法律制度体系的基本法律框架

国家安全法共七章84条，提纲挈领地规定了国家安全的内涵、工作原则、指导思想、体制机制和总体要求，全面系统地规定了维护国家安全的任务、职责、制度、保障，以及公民、组织的义务和权利等，构建了我国国家安全法律制度体系的基本法律框架，为维护国家安全工作和活动提供了有力的法治保障。

国家安全法在规定维护国家安全工作和活动方面，具有以下特点：一是充分地体现了总体国家安全观的要求，明确了各个领域维护国家安全工作任务；二是确立坚持中国共产党对国家安全工作的领导，建立集中统一、高效权威的国家安全领导体制；三是明确了国家安全机关等法定专门机关的职责；四是确定了维护国家安全工作和活动的方针，要求坚持预防为主、标本兼治，专门工作与群众路线相结合；五是确立国家安全、人人有责的维护国家安全责任机制；六是强调了要统筹各项国家安全工作，充分发挥各种维护国家安全力量的整体优势和合力。总之，2015年国家安全法确立的是以总体国家安全观为指导的全新国家安全理念，一切国家机关、社会组织和公民个人都不能置身于维护国家安全的工作和活动之外，没有全民的参与，国家安全就无法得到有效的保障。为此，2015年国家安全法还明确规定每年4月15日为"全民国家安全教育日"，目的就是为了鼓励、动员公民和组织自觉履行维护国家安全的责任与义务。

3. 为全方位维护国家安全提供了法律保障

2014年11月1日，十二届全国人大常委会第十一次会议通过了反间谍法，废止了以反间谍工作为主要内容的1993年国家安全法，为制定新的国家安全法创造了条件。2015年国家安全法是一部立足全局、统领国家安全各领域的基础性、全局性、综合性法律，是国家安全领域相关立法的"法律指南"。为了充分发挥国家安全法自身的基础性法律作用，该法第二章"维护国家安全的任务"中，按照总体国家安全观的基本要求，对维护国家政治安全、国民安全、领土安全、军事安全、经济安全、资源安全、文化安全、科技安全、社会安全、生态安全、信息安全、核安全、海外利益保护、深海、外太空等领域的国家安全工作和活动都提出了最基本的法律要求，为这些领域进一步立法指明了方向。

2015年国家安全法生效之后，以国家安全法所提出的维护国家安全工作和活动的法律原则为指导，全国人大及其常委会先后又制定出台了一系列有关国家安全的法律，例如，反恐怖主义法、境外非政府组织境内活动管理法、网络安全法、国家情报法、国家密码法等，上述法律的制定出台不断地填补我国国家安全立法的空白和不足，进一步夯实了维护国家安全的法律制度体系，为维护国家安全提供了较为完备的法律保障。

（二）制定《国家安全法》的指导思想、工作思路及法律定位

制定《国家安全法》，体现了总体国家安全观的基本要义，是中国社会主义民主与法制的最新成果，适应了全面维护各领域国家安全的需要。

1. 立法的指导思想

坚持以毛泽东思想、邓小平理论、"三个代表"重要思想、科学发展观为指导，深入贯彻习近平总书记系列重要讲话精神，深入贯彻总体国家安全观，以人民安全为宗旨，以政治安全为根本，以经济安全为基础，以军事、文化、社会安全为保障，以促进国际安全为依托，构建中国特色国家安全制度体系，推进国家治理体系和治理能力现代化，为实现国家长期可持续安全提供坚实的法治保障。

2. 立法的工作思路

一是全面贯彻党中央精神，把握正确政治方向。《国家安全法》的政治性、政策性很强，要按照党中央的要求，从维护国家核心利益出发，全面贯彻落实总体国家安全观和党中央关于国家安全的一系列方针政策。

二是以问题为导向，着力解决国家安全领域的突出问题。根据国家安全新形势新特点，明确维护国家安全的基本原则和任务，重点解决国家安全各领域带有普遍性的问题和亟待立法填补空白的问题，同时为今后制定相关法律法规预留空间、预留接口。

三是坚持从我国国情出发，体现中国特色。统筹国内国际两个大局，借鉴他国有益经验，同时立足基本国情，从自身安全面临的新形势新任务出发，体现自身特色，走中国特色国家安全道路。

3. 立法的法律定位

《国家安全法》是一部具有综合性、全局性、基础性的重要法律，在国家安全法律制度体系中起统领作用。

"综合性"突出体现在《国家安全法》既明确了宣示性、原则性的维护国家安全的任务和职责，也明确了操作性很强的国家安全制度和保障；既重申了宪法关于全国人大及其常委会、国家主席、国务院、中央军委以及中央国家机关各部门和地方维护国家安全的职责和公民维护国家安全的义务的规定，也规定了维护国家安全具体制度机制方面的要求、保障措施等。

"全局性"突出体现在《国家安全法》立足当下，着眼长远，以法律的形式明确了国家安全领导体制，突出党对国家安全工作的集中统一领导，对全党全国全社会共同维护国家安全明确了法律要求。同时，统筹国际国内两个大局，对当前和今后一个时期维护国家安全的主要任务和保障作出了安排。

"基础性"突出体现在《国家安全法》为构建和完善国家安全法律制度体系提供了完整的框架，预留了重要接口，将对不断完善国家安全法律制度体系提供坚实有力的法律和制度支撑。

二、《国家安全法》的亮点

（一）综合性、全局性、基础性

《国家安全法》在总则中明确了国家安全、总体国家安全观、国家安全领导体制等概念。"与传统的安全观不同，新的国家安全观还包括非传统领域的安全，目标是构建集政治安全、国土安全、军事安全、经济安全、文化安全、社会安全、科技安全、信息安全、生态安全、资源安全、核安全等于一体的国家安全体系。"

国家安全形势的发展变化需要我国制定一部综合性、全局性、基础性的法律。国家安全法涵盖了国家安全各个领域的内容，很多都是原则性规定，重点解决国家安全各领域带有普遍性的问题和亟待立法填补空白的问题，同时为今后制定相关配套法律法规预留了空间。

（二）以人民安全为宗旨

《国家安全法》第三条规定，国家安全工作以人民安全为宗旨。这表明安全和利益是国家安全的核心，是国家安全活动的根本目的，体现了以人为本、以民为本的安全观，体现了我国社会主义国家政权的民主本质。"皮之不存，毛将焉附。"人是国家存在和发展的第一要素，没有人便没有国家。人民安全是国家安全第一位的重要内容，是国家安全不可分割的最核心的组成部分。

《国家安全法》把"保护人民的根本利益"确定为立法目的（第一条），把"人民福祉"确定为国家核心利益（第二条），把"尊重和保障人权，依法保护公民的权利和自由"确定为维护国家安全的重要原则（第七条），把"保卫人民安全"确定为维护国家安全的重要任务（第十六条），为维护人民的安全和利益提供了法律保障。

（三）维护国家经济安全

《国家安全法》强调，国家维护国家基本经济制度和社会主义市场经济秩序，保障关系国民经济命脉的重要行业和关键领域、重点产业、重大基础设施和重大建设项目以及其他重大经济利益安全。该法同时明确，国家建立国家安全审查和监管的制度和机制，对影响或可能影响国家安全的外商投资、特定事项和关键技术等进行国家安全审查。

我国早已有经济安全审查监管这一制度，比如进出口贸易等都要进行国家安全审查，防止出现危害国家安全的贸易风险；比如我国制定核出口管制条例，就明确国家对核出口实行严格管制，这也是履行国际义务、维护世界和平的举措。此次通过法律重申这一安全制度，为以后修改、完善经济安全审查措施奠定了法律基础。

建立这一审查制度是必要的，以前的审查主要依靠行政措施，没有上升到法律层面。很多国家都有相应经济审查制度的法律措施，实行这一制度并非表明我们不欢迎国外投资、放慢对外开放的步伐。对外商投资企业来讲，这一制度的设立意味着规则将更加清晰明确，为我国外商投资，包括中外贸易创造了更加健康有序的环境。

（四）确保国家文化安全

《国家安全法》第三十三条明确规定，国家坚持社会主义先进文化前进方向，继承和弘扬中华民族优秀传统文化，培育和践行社会主义核心价值观，防范和抵制不良文化的影响，掌握意识形态领域主导权，增强文化整体实力和竞争力。

文化安全属于国家安全观中的非传统领域。文化安全主要包含两方面，一方面是强调培育和践行社会主义核心价值观；另一方面是指中华传统文化的安全，中华传统文化是人类共同的文化财产，不能被西方文化所取代。

现在人们反映最强烈的不良文化是指很多宣扬暴力、仇恨、色情、恐怖、国家分裂的文化传播，因为这样会导致社会极其不稳定。比如宣扬民族仇恨情绪的做法，在很多国家也是入罪的，任何国家都不会任其泛滥。我们的文化安全既不是文化锁国、限制言论自由，也不是我们不再对其他国家开展文化交流，我们要继续开展平等对话，在这个过程中丰富中华文明，为全人类作贡献。

（五）维护网络空间主权

《国家安全法》规定，国家建设网络与信息安全保障体系，并加强网络管理，防范、制止和依法惩治网络攻击、网络入侵、网络窃密、散布违法有害信息等网络违法犯罪行为，维护国家网络空间主权、安全和发展利益。"这部法第一次明确了网络空间主权这一概念，这可以理解为国家主权在网络空间的体现、延伸和反映。"这个原则既是我国维护国家安全和利益，也是参与网络国际治理合作应该坚持的原则。

随着网络技术的日新月异和应用的迅速发展，网络信息技术广泛运用于国家政治、经济、社会、军事等各方面管理中，各国都在加速构建各自的网络与信息安全保护体系。一些西方主要国家为维护网络空间主权，很早就制定了法律法规，并将维护网络安全纳入国家安全战略。

网络空间和现实空间的区别在于可能有重叠，例如网络交易，可能出现在A国交钱，在B国提货的情况。这就需要各国进行协商合作，建构大家都能接受的网络国际治理与合作的法律框架。中国境内的网络，当然属于国家主权管辖范围，我国有权对境内的互联网通过立法、司法进行管理。因此，网络空间主权应该受到尊重，我国也同样尊重其他国家在网络空间的主权。

（六）为太空、深海和极地等新型领域国家安全提供法律支撑

在全国人大常委会将国家安全法草案二次审议稿向社会公开征求意见后，不少人认为太空、深海和极地这些"战略新疆域"有着现实和潜在的重大国家利益，也面临着国家安全威胁和挑战，应当将维护这些领域的安全任务纳入国家安全法。为此，新的国安法规定，国家坚持和平探索和利用外层空间、国际海底区域和极地，增强安全进出、科学考察、开发利用的能力，加强国际合作，维护我国在外层空间、国际海底区域和极地的活动、资产和其他利益的安全。

我国在外层空间、国际海底区域、极地等领域开展科考、资源勘探和开发利用，有利于人类的发展。事实上这些领域不属于任何一国，需要全人类的共同努力。中国作为一个大国，人口约占世界六分之一，批准和加入了关于这些新型领域的一些国际公约，中国有权也有义务履行公约义务，对这些领域进行探索开发，造福全人类。在这一过程中，我们也有权依法保障自身的相关活动、资产和人员的安全。

相关链接：
《中华人民共和国国家安全法》宣传片

三、《国家安全法》的重要意义

党中央提出坚持总体国家安全观，走中国特色国家安全道路的重大战略思想和战略部署，明确了维护国家安全的新任务新要求。

（一）《国家安全法》是维护国家长治久安的迫切需要

制定和实施《国家安全法》，对保障我国保持长期稳定和可持续的经济政治、文化发展和生态建设具有重要意义。毋庸讳言，国内和国际上一些人，对我国在坚持改革开放的同时，也一直坚持"稳定压倒一切"的"两手都要抓""两手都要硬"的原则，时

常有不同看法。但如果没有国家和社会的稳定和安全，经济、社会、文化建设就难以顺利展开，这也是人类社会中众所皆知的常识。

安全不仅是个人生存和发展的必需，也是一个国家存在和发展的必需。如果说，我们在讨论人权问题时，曾经把人民的生存权和发展权作为首要人权，那么，在讨论国家问题时，则应当把安全问题作为国家存在和发展的首要问题。因为没有国家安全作为前提条件，国家就难以展开正常的建设和发展，国家安全保障人民的安全，人民的安全有赖于国家安全。"没有一个人民的国家，便没有人民的一切"。

（二）《国家安全法》是国家尊重和保障人权的要求

伴随来自非传统领域安全问题的挑战日趋尖锐和来自国际国内分裂势力与恐怖势力，还有个人极端暴力犯罪对我国广大人民群众的生命财产自由等基本人权的威胁日趋严重。恰如全国人民代表大会工作报告中所言，反恐怖斗争事关国家安全，事关人民切身利益、事关改革发展稳定全局，在当前国际国内反恐怖形严峻复杂的背景下，加强反恐怖主义工作尤为重要。

最高人民法院在工作报告中已强调，严惩危害国家安全、暴力恐怖犯罪。积极参与反恐怖反分裂反邪教斗争，加大对煽动分裂国家、组织领导参加恐怖组织、传播暴力恐怖音视频等犯罪的打击力度。最高检则强调，加大对黑恶势力犯罪的打击力度，依法严惩个人极端暴力犯罪。

反分裂，反恐怖，依法制止个人极端暴力犯罪，具有保障国家安全和人民群众基本人权的双重意义。保障国家安全和保障人民群众的基本人权具有内在的统一性。

（三）《国家安全法》是健全和完善国家法制的需要

现在，我国正在全面推进依法治国，目标就是坚持法律面前人人平等，加快建设中国特色社会主义法治体系，不断推进科学立法、严格执法、公正司法、全民守法进程。有关国家安全的法律制度，不仅是其中不可或缺的必要组成部分，而且还应当形成一个相对独立完整的部门法。仅就我国正在展开的安全法制建设而言，我国不仅已经制定了这部在构建国家安全法律制度体系中起统领作用、在国家安全领域具有综合性、全局性、基础性的法律，还在此前制定了属于传统国家安全领域的《反间谍法》，在其后制定了属于非传统安全领域的《反恐怖主义法》。

2002年6月29日第九届全国人民代表大会常务委员会第二十八次会议通过并公布，2014年8月31日第十二届全国人民代表大会常务委员会第十次会议修订并重新公布，自2014年12月1日起施行的《安全生产法》；2009年2月28日第十一届全国人民代表大会常务委员会第七次会议通过并公布，2015年4月24日第十二届全国人民代表大会常务委员会第十四次会议修订并重新公布，自2015年10月1日起施行的《食品安全法》；还有自2015年7月6日起向社会公开征求意见，并经第十二届全国人大常委会第十五次会议审议的《网络安全法》草案，可我国的国家安全法制部门法治建设正在风雨兼程、不断加速，以回应国家和社会各领域的安全法制建设急需。

而《国家安全法》的诞生，可谓正逢其时，实施动力强劲。它将为我国已经开始实施的"十四五"规划提供较为全面有效的国家安全法制保障,为我国如期建成具有中国特色的社会主义法治国家做出应有贡献。

专题讲堂

《国家安全法》传递的三个信号

《国家安全法》的颁布实施,给世界传递了多方面的信号,其中最强烈的是,今后中国的国家安全将是法治的国家安全、民主的国家安全、全面的国家安全。

法治的国家安全

《国家安全法》颁布实施给世人最强烈的信号是:推进国家安全法治建设迈出了重要一步,中国国家安全工作加快走向法治化,今后的国家安全将是法治的国家安全。

改革开放40多年来,我国社会主义法治建设取得了长足进展,但却有一个短板。1993年时,我国虽然出台过一部《国家安全法》,但这部法律在出台时就有一个致命缺陷,即名实不符——名为"国家安全法",实为"反间谍法",而且它对反间谍的规范,也有一些与现代法治精神脱节的地方,因而很难适应快速发展的国家安全形势。从2004年党的十六届四中全会开始,中央不断提出要完善国家安全战略、健全国家安全体制,但却一直没有提出国家安全法治建设问题,而且国家安全战略的完善和国家安全体制的健全也长期没有具体结果。

党的十八大之后,中央开始对国家安全进行全面顶层设计和战略布局。2013年11月,党的十八届三中全会通过的《中共中央关于全面深化改革若干重大问题的决定》首次明确作出"设立国家安全委员会"的决定。习近平总书记在对该《决定》进行说明时,进一步提出把"制定和实施国家安全战略"与"推进国家安全法治建设"作为国家安全委员会的前两项主要职责。由此,人们不仅看到了"国家安全委员会"即将亮相和《国家安全战略》即将出台的明确信号,而且决定《国家安全法》修订进入了快车道。

在"推进国家安全法治建设"提出不到两年的时间内,就先有《中华人民共和国反间谍法》于2014年1月颁布实施,后有新《中华人民共和国国家安全法》于2015年7月颁布实施,紧接着又是《中华人民共和国网络安全法(草案)》经全国人大常委会初次审议后于7月5日在中国人大网公布,向全社会公开征求意见。如此紧锣密鼓的立法进度,完全称得上"前所未有"。"科学立法、民主立法",开始在国家安全领域得到落实,法治国家安全有了一个良好的开端。

但是,要真正实现法治国家安全,还必须把包括《宪法》《刑法》《国防法》《保密法》《反间谍法》《国家安全法》等在内的各种国家安全法律规范落到实处。虽然国家安全问题更为重大,国家安全领域比较特殊,但国家安全法治必须遵循法治的普遍规律和规范,而不能出现法治之外的特殊。建设社会主义法治国家,离不开国家安全法治建设。法治国家安全是法治中国的重要组成部分。没有法治国家安全,就不可能有完整的法治中国。只有像中央要求的那样,在国家安全领域做到"严格执法,公正司法,全民

5 加强国家安全法治建设

守法",才能真正实现法治国家安全,才能全面建成社会主义法治国家。

民主的国家安全

《国家安全法》颁布实施,不仅是落实"推进国家安全法治建设"要求的一个具体步骤,彰显出我国国家安全的法治特征,而且充分吸纳了总体国家安全观的民本思想、民主思想,传递出国家安全民主化的强烈信号。

《国家安全法》把总体国家安全观的民本精神、民主精神转变为相应的法律条款,使国家安全工作的民本性、民主性有了充分的法律保障。《国家安全法》第一条,把"保护人民的根本利益"作为立法的重要目的明确提出,由此以法律的形式确立了人民的利益和安全,是整个国家安全工作中的根本目的性。《国家安全法》第二条在界定国家安全概念时,又把"人民福祉"作为国家安全的重要内容纳入其中,进一步说明人民利益和安全是国家安全不可缺少的重要内容。《国家安全法》第三条更明确规定,"国家安全工作应当坚持总体国家安全观,以人民安全为宗旨"。

如何处理好国家安全与公民权利的关系,避免国家安全工作中的权力滥用,保障公民权利和自由,一直是各国国家安全立法和司法中的重大难题,也是在国家安全领域维护民主原则的重大难题。对此,《国家安全法》根据需要,在各章不同地方作出了相应规定。例如,第一章第七条规定:"维护国家安全,应当遵守宪法和法律,坚持社会主义法治原则,尊重和保障人权,依法保护公民的权利和自由。"第六章第八十二条更是明确规定:"公民和组织对国家安全工作有向国家机关提出批评建议的权利,对国家机关及其工作人员在国家安全工作中的违法失职行为有提出申诉、控告和检举的权利。"

全面的国家安全

与总体国家安全观一样,《国家安全法》既对当代国家安全做出了民本性、民主性规范,又对当代中国国家安全做出了总体性、全面性规范。

首先,《国家安全法》在第一章"总则"中,对总体国家安全观提到的当代国家安全构成要素及其关系,进行了原则性的总体规范。新法"总则"在前两条分别提出立法原则、界定国家安全概念后,第三条提出了"维护各领域的国家安全,构建国家安全体系"的法律要求,第八条又进一步要求:"维护国家安全,应当与经济社会发展相协调。国家安全工作应当统筹内部安全和外部安全、国土安全和国民安全、传统安全和非传统安全、自身安全和共同安全。"通过把总体国家安全观的总体性和全面性法律化、法条化,使《国家安全法》初步呈现出总体性、全面性的特征。

其次,《国家安全法》的所有条款内容把当前涉及国家安全的各个方面、各个层次、各个领域、各个部门无一遗漏地全部包容在内,从而成为一部总体的国家安全法、全面的国家安全法。除了第一章"总则"对国家安全工作提出总体性、全面性要求外,从第二章"维护国家安全的任务"、第三章"维护国家安全的职责",到第四章"国家安全制度"、第五章"国家安全保障",以及第六章"公民、组织的义务和权利",整个法律从不同角度把我国国家安全工作作了总体的、全面的规范。

如果进一步深入研究和分析,还可以在"维护国家安全的职责""国家安全制

175

度""国家安全保障"及"公民、组织的义务和权利"各章的不同条款中，发现《国家安全法》更多角度、更多方面的总体性、全面性特征。这样一部全面的《国家安全法》，将使我国国家安全工作超越传统的政治军事和隐蔽战线，进入到经济、文化、生态、信息等非传统领域，也将使我国国家安全工作法治化、民主化的同时，越来越全面，越来越科学，从而开创出一种法治、民主、全面、科学地保障国家安全的全新格局。

（资料来源：刘跃进《刘跃进国家安全文集》，中国经济出版社2020年版，有改动）

> **阅读推荐**
>
> 《中华人民共和国国家安全法律法规汇编》（法律出版社法规中心编，法律出版社）
>
> 国家安全是安邦定国的重要基石，维护国家安全是全国各族人民的根本利益所在。全面实施国家安全法，深入开展国家安全教育，切实增强全党全国人民国家安全意识，推动全社会形成维护国家安全的强大合力。本书主要内容含《中华人民共和国国家安全法》《中华人民共和国香港特别行政区维护国家安全法》《中华人民共和国国家情报法》《中华人民共和国反恐怖主义法》《中华人民共和国境外非政府组织境内活动管理法》《中华人民共和国核安全法》等内容。
>
> 《中华人民共和国国家安全法解读》（全国人大常委会法制工作委员会国家法室编著，中国法制出版社）
>
> 本书根据《中华人民共和国国家安全法》编写，对《中华人民共和国国家安全法》的条文进行逐条释义，包括立法背景、法条释义、适用解读、其他关联规定等。除了法条解读外，还包括法律出台过程中各方的意见、国外立法示例等。本书立足于法律条文，对《中华人民共和国国家安全法》的理解适用，相关法的理解适用等内容进行了权威和详细的解答。

思考练习：
第五章知识测试

第六章　践行总体国家安全观

思维导图

第六章 践行总体国家安全观

- 第一节　贯彻好党中央决策部署
  - 完善国家安全制度体系
  - 落实国家安全主体责任
  - 坚决抓好国家安全工作

- 第二节　提高维护国家安全的能力
  - 落实好国家安全战略法律法规
  - 推进维护国家安全能力建设

- 第三节　更注重宣传教育工作
  - 组织"国家安全教育日"主题活动
  - 加强国家安全新闻宣传和舆论引导
  - 构建国家安全教育体系维护国家安全法治意识

- 第四节　全社会共筑安全防线
  - 维护国家安全人人有责
  - 维护国家安全人人可为

居安思危：新时代安全教育通论

学习目标

1. 了解如何贯彻好党中央决策部署。
2. 认识如何提高维护国家安全的能力水平。
3. 掌握如何加强国家安全的宣传教育工作。
4. 掌握如何发挥公民和组织维护国家安全的法律义务

学习要点

国家安全形势；国家安全制度；国家安全治理；国家安全教育。

课堂导入

安邦固本、长治久安、安身立命、安居乐业……在一个又一个凝结了中华民族传统智慧的成语里，无一不显露出"安"是中国人从古至今心心念念的头等大事。2014年4月15日，习近平总书记在中央国家安全委员会第一次会议上提出总体国家安全观，即以人民安全为宗旨，以政治安全为根本，以经济安全为基础，以军事、文化、社会安全为保障，以促进国际安全为依托，走出一条中国特色国家安全道路。

2015年7月1日，全国人大常委会审议通过了《国家安全法》。这是党的十八大以来，为适应国家安全面临的新形势新任务，我国以法律形式确立总体国家安全观的重要举措。当时，英国广播公司（BBC）评价称新版《国家安全法》"包罗万象、面面俱到"；俄罗斯《观点报》认为，这部法律旨在保护中国人民的"根本利益"。而在新法第一章第十四条规定："每年4月15日为全民国家安全教育日。"欲维新吾国，当维新吾民。要维护国家安全，切不能忘记增强全民国家安全意识。国民是组成国家的最基本个体，只有把国民意识这个关于国家安全的基础打牢夯实，才能构筑起保卫国家安全的铜墙铁壁。

思考讨论

1. 如何提高维护国家安全的能力水平？
2. 如何加强国家安全的宣传教育工作？
3. 为什么要维护国家安全？维护国家安全，我们应该怎么做？

第一节 贯彻好党中央决策部署

各级党委、政府是维护国家安全的责任主体，肩负着维护国家安全的重要职责。要把思想和行动切实统一到党中央关于维护国家安全的决策部署上来，各司其职、各负其责，密切配合、通力合作，勇于负责、敢于担当，形成维护国家安全和社会安定的强大合力。

一、完善国家安全制度体系

（一）加强党对国家安全工作的领导

各级党委要加强对国家安全工作的领导。党对国家安全工作的领导，是社会主义制度的必然政治要求，是维护国家安全和社会安定的根本政治保证。为了更好地适应国家安全面临的新形势新任务新要求，我们党第一次设立了中央国家安全委员会，建立了集中统一、高效权威的国家安全领导体制。制定并实施《国家安全法》，极大地提升了国家安全法治化水平。制定并实施国家安全战略纲要，出台《中共中央关于加强国家安全工作的意见》，明确了国家安全的总体部署。把国家安全保障能力建设纳入"十四五"发展规划纲要，更好地适应了国家安全工作需要。2017年2月，习近平总书记主持召开国家安全工作座谈会，进一步强调，各地区要建立健全党委统一领导的国家安全工作责任制，强化维护国家安全的责任。可以说，中国特色国家安全体系的"四梁八柱"初步建立起来了，对国家安全的支撑作用日益显现。

（二）持续增强国家安全委员会功能

当前中国正经历一个从"大国"走向"强国"的过程。从安全角度上看，中国还需要调整、需要加强，处于一个"由大到强""将强未强"的阶段，在很多的问题上，国内需要一个国家层级的委员会来统一协调、指挥国内相关单位的工作。国家安全委员会作为一个战略性的机构，要出计划、出战略、出指导、出协调等，更要协调好国防、外交以及外贸这三个方面问题，特别是三个方面之间的协调和综合。如果没有国家安全委员会，中国在应对安全问题时会出现决策层次多和效率低的问题。作为维护中国国家安全的一个总枢纽，中央国家安全委员会需要在以后的工作和运行中更加有效地统筹安全维稳与经济发展、中央和地方、陆地和海洋、传统安全和非传统安全事务等各方面的关系，促进国家安全战略"一盘棋"的运作，确保国家的长治久安。

（三）重视总体安全体系的顶层设计

建立国家安全委员会是构建总体安全的第一步。要完成总体安全的构建还需要做大量的工作。首先，应该有一个能够反映中国安全形势特点、任务、宗旨、目标的国家安全战略。其次，应从文化入手强化国家、社会、国民的安全意识。安全不仅关系到国家命运，也关系到每个国民的命运。国民不仅是国家安全的最终受益者，也是维护国家安全的强大动力。应当强化国民的安全意识，凡是危害国家安全国民安全的，都

国家安全委员会

要自觉进行抵制；凡是有益于国家安全国民安全的，都要自觉进行维护。不做危害国家安全和国民安全的事情，从小事做起，从自己做起，从自己从事的工作做起。再次，应健全和完善国家安全体系。要构建和完善集政治安全、国土安全、军事安全、经济安全、文化安全、社会安全、科技安全、信息安全、生态安全、资源安全、核安全等于一体的国家安全体系。

（四）把国家安全纳入国家治理体系

国安才能国治，治国必先治安。保证国家安全，是完善和发展中国特色社会主义制度，推进国家治理体系和治理能力现代化的有机组成部分。国家安全，必须在国家治理的大背景下来思考和筹划，必须以安全治理作为基本路径来维护和保障。坚持总体国家安全观，体现在治理实践上，就是推进国家安全总体治理；走出一条中国特色国家安全道路，就是安全各领域、各要素、各层面统筹治理，创建当代中国国家安全治理系统格局。国家治理，既可以从社会结构上推进，也可以从社会功能上推进。安全治理就是一种功能治理，是以安全为目的的治理活动。维护安全，是国家的主要职能。围绕着安全治理，不同的社会制度、不同的安全形势，有着不同的治理方式。我国国家安全治理，是新形势下的安全治理深化，是坚持中国特色国家安全道路的安全治理实践，是全面系统的安全治理体系。将安全治理纳入国家治理体系之中，安全治理能力依托国家治理能力；国家治理的效能依赖安全治理的效能，安全治理造就的良好环境为国家治理的顺利开展提供了条件。

二、落实国家安全主体责任

建立集中统一、高效权威的国家安全领导体制，是坚持和加强党对国家安全工作领导的重要体现。各级党委、政府必须高度重视国家安全工作，强化国家安全工作责任体系建设，加强统筹协调，把维护国家安全的各项任务落到实处。

（一）把握好思想认识

1. 树立大局意识

国家安全工作解决不好，就会对党造成致命伤害，甚至亡党亡国。这个结论是我们党从历史经验总结中得来的，体现了我们党对国家安全工作的清醒认识。"覆巢之下无完卵"，"亡党亡国"亡的是党和国家，受损失的是全体党员干部和广大人民。为此，各级党委必须牢固树立大局意识，真正从维护党的执政地位、保证国家长治久安的战略高度，切实肩负起落实国家安全工作的主体责任，落实好党对国家安全工作的领导。

2. 树立担当意识

有责任就要讲担当，讲担当就是讲政治、负责任，抓国家安全工作，是一项非常严肃的事情。它是在和敌对势力进行你死我活的斗争，稍有疏忽就可能对党和国家造成重大的损失。抓好国家安全工作，就是真正为党员干部的政治安全和家庭幸福负责，为一个地方的政治生态和长治久安负责。各级党委、政府要牢固树立"不抓国家安全工作就是严重失职"的理念和敢抓敢管的担当意识，切实落实好主体责任。

3. 树立实践意识

"知易行难"，仅有思想认识，没有具体实践，一切都是空想。现在，有的党委、政府不重视国家安全工作，流于形式。有的对制度执行不坚决，建的制度多、实际执行少，不较真碰硬；有的领导干部只说不做，不身体力行，有的甚至说一套、做一套。凡此种种，都是崇尚空谈、拒绝实干的表现，是导致党委、政府主体责任落实不力的主要原因。为此，落实党委、政府主体责任，关键在于强化责任主体的实践意识，努力做到知行合一，把思想认识变成推动落实的工作理念，把主体责任转化为推动落实的工作动力，在找准落实的抓手、研究落实的举措、增强落实的效果上做文章。

（二）落实好主体责任

1. 明确责任

明确责任是抓落实的基础，责任不明，任务不清，落实就没有方向。党委、政府要切实加强对国家安全工作的领导，注重研究部署，强化督办检查，时刻抓在手中；要坚持用正确的导向、好的作风选拔任用国家安全干部，提高选人用人透明度、公信度；要建立健全决策权、执行权、监督权既相互制约又相互协调的运行机制，从源头上抓国家安全工作；要加强对查办国家安全案件工作的领导，切实支持执法机关查处违法问题；党委主要负责同志要管好班子，带好队伍，时刻提醒党员干部绷紧国家安全工作这条弦。

2. 履行责任

地方党委、政府要加强研究部署，强化责任分解，使各项主要责任和工作任务落实到每个班子成员和下级组织，要定期听取下级党委、政府的落实情况汇报，对重大疑难问题召开党委会议专题研究解决。对各部门班子和主要负责人国家安全工作中出现的倾向性、苗头性问题，要及时开展提醒谈话和廉政教育，防止"小问题"酿成"大错误"。要紧扣决策权、人事权、执法权、司法权、审批权、监督权等权力运行，抓住关键的少数和少数的关键，构建务实管用的国家安全风险防控机制，强化监督制约，把权力关进制度的笼子，保障权力在法治的轨道上运行，防止损害国家利益的行为发生。

3. 检查责任

工作有部署、无检查或检查不深入，就会流于形式，落实体责任就会成为"空谈"。为此，必须将查责作为推动工作落实的重要手段。在查责上要做到"三为主"，即检查主体、检查班子组建、检查内容确定以党委政府为主，其他有关部门派人参与，起协助配合作用；检查形式要以深入实地现场检查为主，听汇报、查资料起辅助作用；在检查方式上，要以过程检查为主，结果检查为辅。与此同时，还要将查责情况与单位的评先表彰、主要负责同志的升迁提拔等相结合，对落实责任不力的单位和部门，强化问责追究，切实做到有权就有责、权责要对等，督促主体责任落实。

三、切实抓好国家安全工作

要增强法治观念，严格按照法律规定，扎实做好维护国家安全的各项工作，不断提升人民群众安全感，确保人民安居乐业、社会安定有序、国家长治久安。

（一）坚决维护重点领域国家安全

国家安全涉及许多重点领域，并且根据需要会不断拓展。维护国家安全的任务要求体现在经济建设、政治建设、文化建设、社会建设、生态文明建设和党的建设各方面。各级党委、政府要按照"四个全面"战略布局，着眼重点领域存在的突出问题，立足当前和今后一个时期国家安全形势，深刻把握维护国家安全工作的时代特征和发展规律，有针对性地维护好重点领域国家安全。要因地制宜、突出重点，开展各领域的安全工作，坚决落实各项部署要求，采取有力措施防范各类风险，解决影响本地区、本部门改革发展中面临的安全问题，为经济社会发展提供强有力、全方位的安全保障。

（二）建立健全国家安全工作机制

适应维护国家安全新形势新要求，遵循国家安全工作规律，健全工作长效机制，不断提升国家安全工作的有效性，力争形成各地区、各部门之间国家安全工作强大合力。建立地区之间、部门之间关于国家安全的协同联动机制，制定各地区、各部门安全重点领域风险应对预案，加强风险评估、监测预警。建立决策咨询制度，加强对各地区、各部门国家安全形势的分析研判，提高国家安全的科学决策水平。健全国家安全危机的信息报告和发布机制，完善各地区、各部门情报信息收集、研判、使用制度和情报信息工作协调机制。建立健全各地区、各部门国家安全审查和监管机制。健全国家安全舆论引导与管控机制、宣传教育和培训机制。落实各地区、各部门国家安全工作督促检查和责任追究机制。建立健全接受组织和公民举报制度。

（三）依法行使国家安全法律法规赋予职权

履行国家安全的各项法定职责。全面贯彻落实《宪法》《国家安全法》《反分裂国家法》《反间谍法》《反恐怖主义法》等法律法规，依法管理指导本地区、本部门国家安全工作。采取有效措施，积极行使和履行法律法规赋予的权力和职责，对危害国家安全的行为依法依规坚决处置。善于运用法治思维、法治方式维护国家安全，把依法行政作为国家安全工作的重要遵循，依法行使各项职权。做到有法必依，模范执行国家安全的各项法律法规。结合本地区、本部门实际，加强地方立法工作，健全国家安全各重点领域的法规、规章，根据国家安全立法进程，修订和完善相关地方性法规、规章。在国家安全工作中，需要采取限制公民权利和自由的特别措施时，严格依法进行，并以维护国家安全的实际需要为限度。加强对国家安全法律法规执行的监督，绝不允许超越职权、滥用职权，侵犯组织和个人的合法权益，每一项工作的展开、每一起案件的处理，必须坚持事实清楚、证据充分、适用法律正确，经得起法律、历史和人民的检验。

(四)充分保障人民群众的合法权益

坚持国家安全以促进社会公平正义、增进人民福祉为出发点和落脚点,尊重和保障人权,保护人民的合法权益。坚持维护国家安全与维护人民群众合法权益相统一,维护国家安全不能以牺牲人民群众合法权益为代价。强化权利救济功能,对公安机关、国家安全机关及其工作人员超越职权、滥用职权和其他违法行为,任何公民和组织都有权向上级公安机关、国家安全机关或有关部门检举和控告。对积极支持、协助国家安全工作的组织和个人给予保护,对维护国家安全有重大贡献的给予奖励。

(五)积极推进维护国家安全实践

坚持问题导向,深入开展调查研究,及时把握国际国内安全形势的新变化、新特点和新趋势。积极做好重大政治事件、暴恐事件、自然灾害、事故灾难、公共卫生事件、社会安全事件、海外撤侨等危机防范和应对。对影响或者可能影响国家安全的外商投资、特定物项和关键技术、网络信息技术产品和服务、涉及国家安全事项的建设项目以及其他重大事项和活动,进行国家安全审查,有效预防和化解国家安全风险。适应我国海外利益拓展的需要,健全海外公民、组织和机构安全保护工作机制,提高应急和救助能力。

(六)切实加强维护国家安全保障

各地区、各部门要加大国家安全各项建设的投入,保障维护国家安全工作所需的经费和装备,确保国家安全工作所需人、财、物的有效供给。承担国家安全战略物资储备任务的各级部门,应当按照国家有关规定和标准,对国家安全物资进行收储、保管和维护,定期调整更换,保证储备物资的使用效能和安全。加强安全与科技的融合发展,推动国家安全领域科技创新,发挥科技在安全工作中的作用。积极招录、培养和管理国家安全工作专门人才和特殊人才,依法保护有关机关专门从事国家安全工作人员的合法权益,加大人身保护和安置保障力度,营造全社会支持和配合维护国家安全工作的良好局面。

第二节 提高维护国家安全的能力

各级党委政府要扎实做好维护国家安全的各项工作,不断提升人民群众安全感,确保人民安居乐业、社会安定有序、国家长治久安。

一、落实好国家安全战略法律法规

(一)全面深入落实国家安全战略

2015年1月23日,中共中央政治局召开工作会议,审议通过了《国家安全战略纲要》。这是新中国成立以来我国第一部总体国家安全战略纲要,突显了中央立足时代与全局，基于对现实的高度把握与准确考量，高瞻远瞩，未雨绸缪，坚持正确的思想理论指导，积极维护我国国家利益，将国家安全工作开展的理论、方向与目标上升到国家战略的新高度。总体国家安全观的确立，明确了国家安全观的具体内容，提出了十个要重视的内容，为国家安全相关工作的进一步开展提供了清晰思路。国家安全发展战略的制定，能够有效地指导我国国家安全工作的开展。今后，在总体国家安全观的指导下，国家安全工作应当进一步明确方向、明确职责、明确目标、明确任务、明确重点，以点带面，着重解决恐怖主义涉及的国家安全、互联网涉及的信息安全以及社会犯罪所涉及的公共安全等突出问题，实现多维度共治下的本体安全。

审议通过《国家安全战略纲要》

（二）贯彻落实国家安全法律法规

维护国家安全除了战略上、战术上进行有效的应对外，还应当在法律法规层面下大力气，狠抓法治建设，构建完善的国家安全法律法规体系，为多领域安全工作的开展保驾护航。党的十八大以来，以习近平同志为核心的党中央高度重视国家安全工作，推动国家安全工作在制度、法治、方略、工作举措上取得了新的明显进展。在党的十八届三中全会上，中央决定设立国家安全委员会，这是推进国家治理体系和治理能力现代化的重大战略举措，是改革和完善国家安全机制的重大战略举措。在法治建设上，全国人大相继颁布了一系列安全领域的综合性和专门性法律，为推进我国国家安全工作法治化、制度化发挥了重要作用，为构建和发展国家安全法律体系打下了坚实基础。

2016年12月，中共中央政治局审议通过了《关于加强国家安全工作的意见》（以下简称《意见》）。其目的在于，使全党更加准确地认识我国国家安全所处的历史方位和面临的形势任务，认清加强国家安全工作的极端重要性，强化责任担当，加强国家安全能力建设，切实做好国家安全各项工作，切实维护国家主权、安全和发展利益，不断开创国家安全工作新局面。《意见》适应了国家安全形势变化出现的新特点新趋势新任务新要求，是新形势下科学贯彻落实总体国家安全观，做好国家安全各项工作的重要指导。《意见》最鲜明的特点是更加强调坚持集中统一、高效权威的国家安全领导机制体制，更加强调人民广泛参与，更加强调社会安全意识教育，更加强调依法保障国家安全。

（三）完善国家安全法律法规体系

目前，我国国家安全法律法规体系构建已初具规模，渐趋完备。但现行的法律法规并不能完全有效地应对当前国家安全面临的复杂多变、威胁挑战新形势，中国特色社会主义总体国家安全观的法律法规有待深入研究和进一步完善。因此，要充分挖掘我国社会主义总体国家安全观的丰富内涵，构建一套完善高效的国家安全法律法规体系，从立体多元的安全维度对总体国家安全观这一主题进行充实和创新，以完备的法律法规筑牢国家安全防线，以成文的法律法规文件规范维护国家社会稳定，对影响和危害国家安全的不利因素予以及时有效的消除。

二、推进维护国家安全能力建设

（一）提高国家安全顶层设计能力

在各种维护国家安全的能力中，首要的是顶层设计能力。国家需要根据国家发展战略的要求，结合国内形势和国际环境，对国家安全形势进行科学评估，然后确定国家安全战略的总目标及各子目标，以及实现目标的途径和手段。所谓顶层设计，就是自上而下、对全局统筹把握的总体规划及实施方案。国家总体事业需要有全局性的顶层设计，各方面、各领域工作是总体事业的子系统，也需要有相应的顶层设计。国家安全作为国家总体事业的一个子系统，其顶层设计要与国家总体事业相协调。搞好顶层设计，目的就是要明确国家大战略目标以及本方面、本领域工作的目标，以使国家各行业、各领域、各部门、各地区，亦即各子系统，在规划本单位工作时有所遵循，一切以国家利益为重，局部利益服从国家利益。

（二）增强维护国家安全保障能力

要健全国家安全保障体系，加大对维护国家安全所需的物资、技术、装备、人才、法律、机制等保障方面的能力建设，更好地适应国家安全工作需要。国家要加大对国家安全各项建设的投入，保障国家安全工作所需经费和装备。承担国家安全战略物资储备任务的单位，应当按照国家有关规定和标准对国家安全物资进行收储、保管和维护，定期调整更换，保证储备物资的使用效能和安全。鼓励国家安全领域科技创新，发挥科技在维护国家安全中的作用。国家采取必要措施，招录、培养和管理国家安全工作专门人才和特殊人才。根据维护国家安全工作的需要，国家依法保护有关机关专门从事国家安全工作人员的身份和合法权益，加大人身保护和安置保障力度。国家安全机关、公安机关、有关军事机关开展国家安全专门工作，可以依法采取必要手段和方式，有关部门和地方应当在职责范围内提供支持和配合。

（三）提高防范抵御安全风险能力

当前，在我国周边地区，国家安全压力骤然增大，我国海外商业利益和人身安全保护问题日渐凸显，各种可以预见和难以预见的风险因素明显增多。战略能源资源的稳定供应，国际运输通道的畅通，境外企业的财产安全，出国留学、工作和旅游者权益的维护等，都需要以我国国际安全地位和安全能力的有效提升为基础。特别是国际恐怖主义、分裂主义和极端主义对我国的渗透不断加强，"三股势力"在世界各地的活动很频繁，对无辜平民攻击的手段日益残忍。要把确保政治安全放在首位，依法严密防范、严厉打击敌对势力渗透颠覆破坏活动，坚决捍卫中国共产党领导和中国特色社会主义制度。深入开展反分裂斗争，坚决维护民族团结和国家统一。始终保持对暴力恐怖活动的高压态势，组织动员人民群众进行群防群治，深入推进"去极端化"工作，深化反恐怖国际合作，全方位构筑反恐怖安全屏障。

（四）提升安全机关干部队伍能力

习近平总书记指出，要总结经验，从严管理，努力打造一支坚定纯洁、让党放心、甘于奉献、能拼善赢的干部队伍。干部队伍强烈的忧患意识、清醒的底线思维、勇毅的担当精神，是贯彻总体国家安全观应有的精神境界。强化忧患意识、底线思维和担当精神，必须与强化战略定力结合起来。离开战略定力，极易导致"神经过敏"和战略误判，落入敌对势力设置的陷阱。当前，无论外部干扰如何变换花样，我们都要紧紧扭住坚持和发展中国特色社会主义、实现中华民族伟大复兴中国梦这个战略目标和时代主题，始终高度警惕国家被侵略、被颠覆、被分裂的危险，改革发展稳定大局被破坏的危险，中国特色社会主义发展进程被打断的危险。这样，就能在壮大实力的同时，强固安全底线，提升安全系数。

第三节　更注重宣传教育工作

各级党委政府要深刻认识国家安全宣传教育工作的重要性，牢固树立"国家安全无小事"的观念和意识，增强国家安全教育的紧迫感和责任感，认真组织落实好国家安全宣传活动，营造良好的社会氛围。

一、组织"国家安全教育日"主题活动

2015年7月1日，《国家安全法》通过并施行，同时还将每年的4月15日设立为"全民国家安全教育日"。"全民国家安全教育日"设立，是为了集中地向社会公众传播国家安全方面的知识，便于在短时间内起到良好的宣传效果，让更多的社会公众接触和了解到国家安全方面的法律知识，特别是懂得如何依法履行自身的维护国家安全方面的职责和义务。通过"国家安全教育日"主题学习活动，有利于贯彻落实"总体国家安全观"，有利于提高政府和社会公众维护国家安全的法律意识，有利于增强国家安全法普法宣传的效果。

围绕宣传教育主题，创新内容、方式和载体，开展丰富多彩的宣传教育活动，激发人民中蕴藏的强大正能量，不断提升全民国家安全意识，汇聚起维护国家安全的磅礴之力。把开展国家安全宣传教育同培育和践行社会主义核心价值观、同社会主义法治宣传教育结合起来，大力宣传总体国家安全观，加大对《国家安全法》及《反恐怖主义法》《反间谍法》等国家安全相关法律法规的普法宣传力度，让广大人民群众在教育活动中普遍掌握国家安全知识，提升国家安全意识，自觉维护国家安全。取得国家安全教育实效，坚持分类施教是关键。全民国家安全教育涵盖不同年龄和职业群体，应针对国家公务员、国家安全部门干部、大中小学生等群体和社会公众各自特点与需求，丰富完善不同层次、形式多样的活动载体；要坚持集中性宣传教育与经常性宣传教育相结合、宣传教育与实践养成相结合、思想教育与推进实际工作相结合，既注重专题培训和教育

活动，又注重完善教育规划和体系，把国家安全教育纳入国民教育体系和公务员培训体系，以各种人们喜闻乐见的形式促进宣传教育入耳入脑入心，推动全民国家安全教育再上新台阶。

> **延伸阅读**
>
> ### 全民国家安全教育日
>
> 国家的安全不仅关乎国家的兴亡，还关乎每个公民的切身利益。维护国家安全，需要发挥每个公民的力量，它关乎每一个公民的切身利益。维护国家安全，你我都是主角，国家安，家才安。
>
> 2015年7月1日，第十二届全国人民代表大会常务委员会第十五次会议通过了《中华人民共和国国家安全法》，该法自公布之日起施行。国家安全法第14条规定：每年4月15日为全民国家安全教育日。2021年4月15日，是第六个全民国家安全教育日。今年的主题是："践行总体国家安全观，统筹发展和安全，统筹传统安全和非传统安全，营造庆祝建党100周年良好氛围"。
>
> （资料来源：新华网，http://www.xinhuanet.com/legal/fzldzt/quanmgjaqjy6.htm，有改动）

相关链接：
全民国家安全教育日

二、加强国家安全新闻宣传和舆论引导

发挥主流媒体主渠道作用，全方位做好维护国家安全的舆论引导工作，营造维护国家安全的浓厚氛围，增强社会公众的国家安全意识。加强维护国家安全的正面宣传，大力宣传国家安全工作的大政方针、重大决策部署，深入学习宣传贯彻总体国家安全观。在各级各类媒体开设专题、专栏、专版，加强对国家安全的形势宣传、政策宣传、成就宣传。在公众中持续开展反恐、反分裂、反渗透、反泄密、反间谍、反破坏等专项宣传教育。适时推出维护国家安全的典型人物、感人事迹，通过多种形式宣传，形成维护国家安全人人有责、维护国家安全光荣神圣的舆论氛围。

运用新兴媒体扩大国家安全宣传。广泛运用多种新型传媒手段，开展国家安全宣传教育，扩大覆盖面、提升影响力，积极占领网上舆论阵地。办好政治安全、国土安全、军事安全、经济安全、文化安全、网络安全等网上主题宣传教育活动。利用人民群众喜闻乐见的各种形式,生动形象地宣传普及国家安全知识。开通国家安全宣传教育的政务网站、微博、微信等平台,完善咨询、举报互动机制。健全舆情研判处置机制,加强网上涉及国家安全的信息收集及分析研判,及时掌握舆情动向。完善各类国家安全突发事件网络应对机制,把握好时、度、效,发布权威声音,回应社会关切,掌握国家安全舆论引导的主动权。依法打击利用网络传播国家安全虚假信息、造谣行为,净化维护国家安全的网络环境。

> **延伸阅读**
>
> ### 国家安全宣传教育
>
> 2018年4月,教育部印发《关于加强大中小学国家安全教育的实施意见》,明确了8项重点工作:一是构建完善国家安全教育内容体系;二是研究开发国家安全教育教材;三是推动国家安全学学科建设;四是改进国家安全教育教学活动;五是推进国家安全教育实践基地建设;六是丰富国家安全教育资源;七是加强国家安全教育师资队伍建设;八是建立健全国家安全教育教学评价机制。
>
> 《国家安全法》第七十六条规定,国家加强国家安全新闻宣传和舆论引导,通过多种形式开展国家安全宣传教育活动,将国家安全教育纳入国民教育体系和公务员教育培训体系,增强全民国家安全意识。
>
> (资料来源:中华人民共和国教育部网,http://www.moe.gov.cn/jyb_xwfb/gzdt_gzdt/s5987/201804/t20180413_333028.html,有改动)

三、构建国家安全教育体系

教育部门及相关部门要认真落实"将国家安全教育纳入国民教育体系"的法定要求,把国家安全法律法规教育纳入《青少年法治教育大纲》,编写国家安全教育学生读本,系统规划和科学安排国家安全教育的目标定位、原则要求、实施路径。要发挥课堂教学主渠道作用,分阶段、分层次安排国家安全教育内容,构建大中小学有效衔接的国家安全教育教学体系。教育部门及相关部门要研究建设国家安全教育教学资源库,开设直接相关的在线开放课程,为学生提供更多的学习资源。要深入实施中国特色新型高校智库建设推进计划,组织开展国家安全专题研究,为维护国家安全提供智力支持。要开展多种形式的国家安全宣传教育活动。各地各校要大力宣传国家安全知识,广泛开展国家

开展国家安全专题讲座

安全知识竞赛、专题讲座、主题班会等活动，积极参与国家安全知识普及周、全国大学生信息安全竞赛等活动，引导广大师生牢固树立国家安全意识、坚决维护国家安全、坚定拥护中国共产党领导和中国特色社会主义制度。要研究建立面向学生的国家安全校外教育项目和教育基地，进一步增强国家安全教育的针对性、实效性。

国家安全教育除了要纳入国民教育体系，还要纳入公务员教育培训体系，党校（行政学院）举办国家安全专题研讨班，或者在主体班次开设国家安全专门课程，实现新录用公务员培训全覆盖，晋升领导职务的公务员培训达到较高比例。积极推动国家安全研究的智库建设，为维护国家安全工作提供智力支撑和决策参考。

相关链接：
国家安全教育在各地开展

四、维护国家安全法治意识

各级国家安全行政机关要在普及国家安全法律法规知识的同时，更加注重培养维护国家安全法治意识，努力营造全民学法尊法守法用法的良好氛围。要推动国家安全法律法规进机关、进乡村、进社区、进学校、进企业、进单位，促进国家安全法律法规宣传教育向面上拓展、向基层延伸。要抓好国家工作人员特别是领导干部这个"关键少数"，把国家安全法律法规作为国家工作人员学法用法的重要内容，纳入党委（党组）理论学习中心组学习内容，督促国家工作人员学习掌握国家安全法律法规知识，牢固树立总体国家安全观，依法履行维护国家安全职责。要坚持国家安全法治教育从青少年抓起，通过在各类青少年法治教育基地中增加国家安全法律法规主题内容，组织开展国家安全法治教育专题活动等，引导青少年从小树立维护国家安全意识。要注重以案释法，结合公开发布的典型案例，组织开展警示教育活动，从社会公众易于理解接受的角度，生动直观地普及宣传国家安全法律法规。要积极推进国家安全法律法规宣传方式方法创新，注重综合运用传统媒体和互联网以及微信、微博、客户端等新媒体新技术，扩大宣教覆盖面，增强渗透力，提高针对性和实效性。

我们党的根本工作路线是一切为了群众、一切依靠群众，国家安全工作也不例外。强化公民的国家安全意识和责任，是国家安全的固本之策和长久之计。新形势下，必须牢牢把握时代特色和世情国情，深入开展国家安全宣传教育，不断提升公民国家安全意识，夯实国家安全的社会基础。要牢固树立人人有责的安全理念，构筑牢不可破的人民防线和社会堤坝；充分发挥各级党委的主体责任，调动各级组织参与国家安全宣传教育的主动性积极性自觉性；丰富创新国家安全教育内容，使国家安全观念深入人心；切实加强宣传舆论引导力度，努力营造人人学安全、人人懂安全、人人护安全的良好社会氛围。

第四节　全社会共筑安全防线

作为社会成员，我们要牢记维护国家安全是全社会的共同责任，增强国家安全意识和法制观念，增强维护国家安全和利益的责任感、荣誉感，自觉维护国家安全利益，维护社会稳定，为实现伟大中国梦，建设美丽繁荣和谐中国创造良好的政治环境和社会环境。全国各族人民要团结起来，筑起维护国家统一、民族团结和社会稳定的铜墙铁壁。

一、维护国家安全人人有责

国家安全事关个人幸福、社会进步和民族复兴。国家安全得不到维护，人民群众的幸福生活就无从谈起，社会就不可能发展进步，民族复兴也就无法保障。

（一）国家安全是个人幸福的基本前提

国家安全是保障公民生命安全的基础。只有国家安定，公民的生命安全才能有所保障。民族不独立、国家不安全，其他一切都无从谈起。我国人民在中国共产党的领导下，经过艰苦卓绝的斗争，终于实现了民族独立、社会繁荣，彻底摆脱了落后挨打、积贫积弱的境地，国家安全得到极大加强和改善，人民的生命安全也获得了前所未有的尊重和保护。近年来，不仅国内人民群众安居乐业、秩序井然，即便是生活在海外的中国公民，一旦遇有如利比亚内战、也门内战等突发事件，强大的祖国也能迅速组织各方面力量及时撤侨，切实保护海外中国公民、组织和机构的安全和正当权益。

国家安全是公民实现发展的前提。安全才能发展，动荡必然落后。实现人的全面发展，要创造和维护有利于人的发展的环境。可持续的和平安全环境和秩序，正是保障人的全面发展的重要条件。新中国成立后，特别是改革开放以来，我国争取了一个长时间的安全稳定的国际国内环境，人民群众的物质财富和精神文明都取得了巨大发展。这充分表明，人民群众的收入增加和生活改善都与安全稳定的环境密不可分。

国家安全有助于提升公民的幸福感。幸福感既是人们对生活的客观条件和所处状态的一种事实判断，又是对于生活的主观意义和满足程度的一种价值判断。幸福感受政治、经济、社会、文化、人口、心理等许多复杂因素的影响，其中，国家安全是不可或缺的核心考量要素。幸福感的体验建立在对生命财产安全得到有效保障、未来生活持续保持稳定安定的心理安全感之上。没有国家安全和社会稳定，人民群众的生活就会受到威胁和侵害，就不可能体验到幸福感。

（二）国家安全是社会进步的重要条件

国家诞生以来，人类社会的进步就与国家安全紧密联系在一起。国家安全有保障、国家强盛时期，社会就欣欣向荣、发展迅速；国家安全受到重大冲击、国家衰落时期，社会就很难发展甚至停滞倒退。

国家安全是经济社会繁荣发展的基石。邓小平指出："中国的问题，压倒一切的是需要稳定。没有稳定的环境，什么都搞不成，已经取得的成果也会失掉。"新中国成立后，国家安全得到有效保障，为经济社会发展、人民生活水平提高提供了有利条件和环境。特别是改革开放以来，我国社会生产力、经济实力、科技实力不断迈上新台阶，国家和社会面貌发生历史性巨变，综合国力、国际竞争力、国际影响力大幅提升。

国家安全是社会文明程度提升的保障。社会进步不仅表现为物质财富的增长，而且体现为社会文明程度的提升，而文明程度的进步依赖于全民族文化素质的提升。新中国成立以来，在物质得到快速增长的同时，人民群众的文化素质大幅提高，精神文化生活日益丰富。据文化和旅游部统计数据显示，截至2020年底，全国共有公共图书馆3212个、博物馆5788个、文化馆3327个。总之，只有致力于维护国家安全，维护社会和谐稳定，人民才能安心从事生产经营、专心投入文化建设，社会才能发展进步。

（三）国家安全是守护中华民族命运共同体的重要保障

国家主权得到有效维护、国家安全得到切实保证，既是推动个人幸福、社会发展的重要保障，也是民族命运共同体安全和发展的重要标志。一个国家、一个民族的命运，只有处于相对没有危险和不受威胁的状态，并具备长期维持这种状态的能力，国家富强、民族振兴的宏伟目标才能真正实现。中华民族是我国各族人民共同组成的有机的、历史的、文化的共同体，也是由一个个中国人组成的国民集合体，有着共同的身份与信念，承载着共同的荣辱，肩负着共同的命运。守护中华民族命运共同体，坚守中华民族共有精神家园，就必须维护好国家安全，构筑起国家安全的钢铁长城。

社会主义建设实践证明，国家安全在中华民族复兴进程中具有不可替代的重要地位。新中国成立后，国家安全状况得到极大改善。我国废除一系列不平等条约，实现国家主权的完整；国内经济建设和社会改革稳步推进，对威胁国家安全的行径予以坚决打击。这意味着国家安全得到初步保障，从而实现了中华民族走向复兴的第一步，迎来了中华民族伟大复兴的曙光。改革开放以来，我国在经济建设领域取得了举世瞩目的伟大成就，改变了贫穷落后的面貌，为维护国家安全提供了良好保障，也初步奠定了中华民族走向复兴的物质基础。同时，中国共产党带领人民找到了实现中华民族伟大复兴的正确道路，即中国特色社会主义道路。

维护好国家安全是走中国特色社会主义道路、实现社会主义现代化的题中应有之义。21世纪中叶，我国要建成富强、民主、文明、和谐、美丽的社会主义现代化国家，实现这一宏伟目标需要全党全社会顽强奋斗、艰苦奋斗、不懈奋斗。当前和今后一个时期，国际国内形势发生深刻复杂变化，外部环境不稳定、不确定因素增多，我国发展存在不平衡、不协调、不可持续问题，面临诸多矛盾叠加、风险隐患增多的严峻挑战。只有坚持总体国家安全观，走中国特色国家安全道路，才能为实现国家安全治理的现代化，实现全面建成小康社会、建成社会主义现代化国家的宏伟目标提供坚实保障。

二、维护国家安全人人可为

我国是工人阶级领导的、以工农联盟为基础的人民民主专政的社会主义国家。国家的一切权力属于人民。人民是国家安全事务的参与者和管理者，是维护国家安全的力量源泉和坚强后盾。

（一）整合全社会力量建造安全"长城"

国家安全早已不限于保卫国家不被侵略的范围，而是拓展到政治、经济、社会、生态、信息等各个领域，与我们每个人的生活息息相关。作为一个最基本的公共产品，国家安全如空气一样无处不在，与你我密不可分。对普通人来说，维护国家安全就是维护自身安全，捍卫国家安全就是捍卫自己利益。

涵养全民国家安全意识，筑牢国家安全的群众基础。每个人身上都有着重要的使命与责任，要聚全民之心、集全民之智、举全民之力，贵在深入，重在持久。要以全民国家安全教育日为契机，坚持以总体国家安全观为指导，全面实施国家安全法，深入开展国家安全宣传教育培训，切实增强全党全社会国家安全意识。每个人都要明白自己并非置身事外，而是"战斗的一员"，要从自己做起，杜绝任何可能发生的安全隐患，切断从群众切身权益进而影响到国家利益的"导火线"。不当旁观者、不做局外人，自觉把维护国家安全当作应尽的义务和责任。

> **延伸阅读**
>
> ### 复兴路上的"朝阳群众""西城大妈"
>
> 2000多万人的首都北京，有着两大响当当的"神秘组织"，声名远播，屡建奇功。习近平总书记在2017年视察北京时，专门提到了"朝阳群众""西城大妈"。他说："人民城市人民建、人民管，光靠政府力量不够。北京有自己的好传统，如'朝阳群众''西城大妈'，哪里多一些红袖章，哪里就多一份安全、多一份安心。"从中轴线往东看，"朝阳群众"举报犯罪、排查隐患，耳聪目明、正义感爆棚；往西看，"西城大妈"为民服务、邻里守望，成为西城志愿服务的金字品牌。重大活动中，他们走上街头巷尾，放哨站岗，红马甲、红袖标、红帽子是标志性的"红"；日常生活中，他们的身影随处可见，就在我们身边。
>
> （资料来源：人民网，https://baijiahao.baidu.com/s?id=1648603450485537057&wfr=spider&for=pc，有改动）

（二）发挥公民和组织维护国家安全的法律义务

我国公民和组织应当履行下列维护国家安全的义务：遵守宪法法律法规关于国家安全的有关规定；及时报告危害国家安全活动的线索；如实提供所知悉的涉及危害国家安

6 践行总体国家安全观

全活动的证据;为国家安全工作提供便利条件或者其他协助;向国家安全机关、公安机关和有关军事机关提供必要的支持和协助;保守所知悉的国家秘密;法律、行政法规规定的其他义务。任何个人和组织不得有危害国家安全的行为,不得向危害国家安全的个人或者组织提供任何资助或者协助。机关、人民团体、企业事业组织和其他社会组织应当对本单位的人员进行维护国家安全的教育,动员、组织本单位的人员防范、制止危害国家安全的行为。企业事业组织根据国家安全工作的要求,应当配合有关部门采取相关安全措施。

延伸阅读

一位渔民的国家安全意识

黄运来是海南岛的一位渔民。2012年,他在近海捕鱼的时候捞到一枚"鱼雷"。他当即用手机拍下照片,发给了海南省国家安全厅的工作人员。经查,这是一个缆控水下机器人。它造型轻便,性能先进,功能强大,既能搜集我重要海域内各类环境数据,又能探测获取我海军舰队活动动向,实现近距离侦察和情报收集。这警示我们,所有公民和组织都应该提高维护国家安全的意识,肩负起维护国家安全的责任。

(资料来源:观察者网,https://www.guancha.cn/military-affairs/2015_08_22_331545.shtml,有改动)

相关链接:
维护国家安全,从我做起

专题讲堂

国家安全教育的两个阶段

随着中国改革开放逐步深入和国力的日益增强,我国的国家安全能力不断提高,但面临的挑战也在增多,国家安全形势趋于复杂严峻。因此,结合时代特点和实践特征,全面深刻地理解总体国家安全观,加强全民国家安全教育,提高全民国家安全意识,成为今后相当长时期内一项十分重要的基础性工作。

第一阶段

第一阶段是1993年我国首部《国家安全法》,即旧国家安全法(以下称为旧《国家安全法》)颁布实施以后,"国家安全宣传教育"就不时被提出来,从中央到地方几乎年年都会开展各种不同形式的国家安全宣传教育活动。但是，与以往的"国家安全机关"职责主要是情报与反间谍一样，1993年《国家安全法》实质上也是一部反间谍法，它只涉及国家安全的部分内容，因而20多年来的"国家安全宣传教育"事实上只是隐蔽战线的反谍保密教育，并不是完整意义上的国家安全宣传教育。

而以往没有"国家安全"之名的"国防教育"，在本质上也是国家安全教育，且是更重要的国家安全教育。就是说，不仅过去以"国家安全"之名开展的反谍保密教育是国家安全宣传教育的组成部分，没有直接以"国家安全"之名开展的国防教育也是国家安全宣传教育的重要组成部分。国防教育、保密教育、反间谍教育等，都是不同形式的国家安全宣传教育。

不过即便在传统安全观的视野中，国家安全也不仅仅是反谍保密，起码还包括军事国防这一重要的传统安全内容。因此，把国家安全宣传教育等同于反谍保密教育，不仅在后来的非传统安全观视野中是狭隘的，而且在传统安全观视野中也是狭隘的。然而奇怪的是，虽然传统国家安全领域并不局限于反谍保密，但长期以来的国家安全宣传教育却被有意无意限定在反谍保密教育的范围内。

事实上，在中央国家安全委员会设立之前，在总体国家安全观提出之前，在现行《国家安全法》颁布实施之前，虽然学术界早已创立了统一内部与外部、传统与非传统各方面安全问题的总体性国家安全理论——"国家安全学"，但实务部门却没有一个能够统领内部与外部、传统与非传统各方面安全工作的专门性国家安全机构，也难以开展包括外部与内部、传统与非传统各方面安全问题的总体性国家安全宣传教育活动。许多本应归于"国家安全宣传教育"名下的宣传教育活动，例如传统的国防教育，以及非传统的信息与网络安全教育，都没有能够统一到"国家安全教育"名下。这种情况，是在中央国家安全委员会设立、总体国家安全观提出、现行《国家安全法》颁布实施后，才逐渐开始出现转变。

第二阶段

第二个阶段，是2015年现行《国家安全法》颁布后，从以往不同名称、分门别类的国家安全教育，到统一完整的总体性国家安全宣传教育，这是近年来中国国家安全宣传教育的重要转变，也是中国国家安全宣传教育的重要创新。

总体国家安全观提出之后，不仅中央国安办开始组织编写以总体国家安全观为主要内容的宣传教育材料，而且宣传教育部门也开始把总体国家安全观作为国家安全宣传教育的主要内容。不过这些国家安全宣传教育活动虽然都在强调以总体国家安全观为指导，但由于一时还没有真正理解总体国家安全观的深刻含义和丰富内容，具体工作中对总体国家安全观的落实一时难以全面到位，常常还是把反谍保密作为国家安全教育的主要内容，具体负责国家安全宣传教育活动的还是以反间谍和情报工作为主的国家安全机关。这种现象说明，2014年和2015年，整体上还处于从反谍保密的国家安全宣传教育到总体性宣传教育的过渡阶段。

在总体国家安全观提出不久，中央国家安全办公室就开始组织编写以总体国家安全观为主要内容的宣传教育材料，宣传教育部门也开始把总体国家安全观作为国家安全宣传教育的主要内容，但在国家安全宣传教育方面具有里程碑意义的创新，则是现行《国家安全法》对"全民国家安全教育日"的确立，以及对国家安全教育进入国民教育体系和公务员培训体系的规定。

2015年7月1日第十二届全国人大常委会第十五次会议通过的现行《国家安全法》，将每年4月15日确定为全民国家安全教育日。显然，用法律的形式规定国家安全教育日，就是为了强化国家安全宣传教育，而把4月15日定为国家安全教育日，则是因为习近平在2014年4月15日主持召开了新成立的中央国家安全委员会第一次会议，并且在会上提出了具有战略性指导作用的"总体国家安全观"。对于国家安全宣传教育的形式和措施，现行《国家安全法》也有具体规定："国家加强国家安全新闻宣传和舆论引导，通过多种形式开展国家安全宣传教育活动，将国家安全教育纳入国民教育体系和公务员教育培训体系，增强全民国家安全意识。"

（资料来源：刘跃进《刘跃进国家安全文集》，中国经济出版社2020年版，有改动）

阅读推荐

《国家安全法治问题研究》（毕雁英等著，法律出版社）

本书的研究内容体现了总体国家安全观下我国国家安全立法领域、国家政治经济安全法治、国家社会安全法治、国家网络安全法治问题以及国家文化新闻出版安全法治领域的前沿发展，是国际关系学院国家安全与政府法治研究所持续深耕国家安全法特色研究领域的新成果。其中的观点和建设性意见不仅对进一步推进和完善国家安全法治建设具有重要的参考价值，而且为各领域的国家安全教育和执法培训提供了参考资料。

《百年大变局：世界与中国》（张蕴岭主编，中共中央党校出版社）

"百年大变局"的含义究竟如何认识，如何把"百年大变局"放在中国和发展视野下进行认识，正是本书探索和表达的。本书通过分析大变局中的世界秩序、大变局中的美国、历史上的"百年大变局"及演变动力、大变局中的世界经济、大变局中的世界政治等内容进行深入探讨，有助于我们全面理解"百年大变局"中的中国与世界。

思考练习：
第六章知识测试

参考文献

[1] 刘跃进.国家安全学[M].北京：中国政法大学出版社，2004.

[2]《总体国家安全观干部读本》编委会.总体国家安全观干部读本[M].北京：人民出版社，2016.

[3]《总体国家安全观教育读本》编写组.总体国家安全观教育读本[M].北京：光明日报出版社，2016.

[4] 严华、朱建纲.坚持总体国家安全观[M].长沙：湖南教育出版社，2017.

[5] 中共中央党史和文献研究院.习近平关于总体国家安全观论述摘编[M].北京：中央文献出版社，2018.

[6] 刘跃进.刘跃进国家安全文集[M].北京：中国经济出版社，2020.

[7]《国家安全知识百问》编写组.国家安全知识百问[M].北京：人民出版社，2020.

[8] 侯娜，池志培.总体国家安全观研究新探[M].北京：中国商务出版社，2020.

[9] 李大光.国家安全教育通识课[M].北京：北京时代华文书局，2021.

[10] 中国现代国际关系研究院.生物安全与国家安全[M].北京：时事出版社，2021.